Regine Kölpin (Hg.)
Aufgebockt und abgemurkst

In dieser Reihe bisher bei KBV erschienen:

Chillen, killen, campen - Regine Kölpin (Hg.)
Das Campen ist des Mörders Lust - Ralf Kramp (Hg.)

regine kölpin (hg.)

aufgebockt
und
abgemurkst

kurzkrimis
für campingfreunde

1. Auflage April 2012
2. Auflage Dezember 2012
3. Auflage September 2013
4. Auflage November 2014
5. Auflage Januar 2018
6. Auflage März 2021

© KBV Verlags- und Mediengesellschaft mbH, Hillesheim
www.kbv-verlag.de
E-Mail: info@kbv-verlag.de
Telefon: 0 65 93 - 998 96-0
Fax: 0 65 93 - 998 96-20
Umschlaggestaltung: Ralf Kramp
unter Verwendung von:
© Harvey Hudson - www.fotolia.de
Druck: CPI books, Ebner & Spiegel GmbH, Ulm
Printed in Germany
ISBN 978-3-942446-42-6

inhalt

vorwort

Campen – da scheiden sich die Geister. Für die einen ist es der Sinn des Lebens schlechthin, andere würden nicht einmal einen Fuß in einen Wohnwagen oder ein Wohnmobil setzen, geschweige denn, sich mit entspannter Miene auf der Luftmatratze in einem Zelt ausstrecken.

Aber auch die Camper sind nicht alle gleich.

Während die mobilen Globetrotter nicht einen Platz in ganz Europa auslassen, gibt es auch diejenigen, die jedes Jahr, Zugvögeln gleich, an den ein und selben Campingplatz zurückkehren. Dann kennt jeder die Standvögel, auch Dauercamper genannt. Eine feste Gemeinschaft auf jedem Platz, fest verschanzt und unverkennbar liebenswert.

Natürlich gibt es auch die jungen Camper, die mit dem Zelt auf dem Rücken, dem Fahrrad oder ihrem Bike durch die Weltgeschichte reisen, und die großen Gruppen, die in speziellen Rückzugsbereichen der Campingplätze ihre Zelte aufschlagen.

All diese Camper werden hier mörderisch bedacht, jeder bekommt seine Tatwaffe in die Hand und darf sich nach seiner Fasson austoben.

Weil ich selbst jahrelange Camperin bin, hat mir die Umsetzung dieses Buches sehr viel Spaß gemacht und ich bin mit großer Freude durch die tödlichen Geschichten meiner Kollegen gewandert. Wer aber nun glaubt, das alles sei ein Grund, jetzt aufzuhören, sich in den Ferien den Wohnwagen an die Anhängerkupplung zu hängen, der sieht sich getäuscht.

Ich bin weiter dabei. Jahr für Jahr und immer wieder. Und so wünsche ich Ihnen weiter ein mörderisches Campingvergnügen.

Regine Kölpin

RALF KRAMP

uschi, mein sonnenscheinchen

Wenn sie erst mal böse ist, ist Uschi fast noch schöner als sonst. Dann beißt sie verärgert die Zähne aufeinander, und ihre Wangenmuskeln zucken anmutig.

»Scheiße, nicht mal Handyempfang hier.«

Wir sind in der Eifel unterwegs. Es dämmert bereits, und bis zum nächsten Ort schaffen wir's zu Fuß sicher nicht mehr vor Einbruch der Nacht. Wir könnten versuchen zu trampen, aber die wenigen Autos, die bislang vorbeigekommen sind, machen einen Bogen um uns.

Liegt vermutlich an Uschi.

Sie ist zwei Köpfe größer als ich und fast doppelt so breit. Das könnte eine Erklärung sein. Diese Typen halten höchstens bei halb verhungerten Models an.

»Und jetzt?« Uschi guckt skeptisch zu dem alten Bauernhof hin, ein paar hundert Meter die Straße hinunter.

»Wir könnten mal fragen, ob wir auf der Wiese zelten können.«

Ich spüre ihren bohrenden Blick, der mich halb schräg von links oben trifft. Jetzt darf ich keinen Fehler machen. Es ist alles wunderbar eingefädelt. Bis jetzt hat sie sich meinen zarten Annäherungsversuchen wehrhaft entzogen, aber heute Nacht, da wird es geschehen. Ein enges Zweimannzelt. Wie drehen und wenden? Rücken an Rücken, Gesäß an Bauch, wohin mit meinen Händen, eine pralle Luftmatratze, überhaupt irgendwie alles prall und eng … Eine Welle der Euphorie rollt schon jetzt durch meinen Körper.

Sie schnauft und runzelt die Stirn. »Na gut. Eine Nacht wird das ja mal gehen.« Und dann setzt sie sich in Bewegung, und ich betrachte fasziniert ihr prächtiges Hinterteil, das vor mir her wogt und den Streifen heller Haut zwischen Hose und Shirt, auf dem kleine Schweißtropfen im Abendlicht glitzern. Mein zentnerschwerer Rucksack ist plötzlich federleicht. Ja, es sieht tatsächlich so aus, als habe ich das Zelt nicht umsonst mitgeschleppt! Das hat sie mir erlaubt, obwohl von Anfang unserer Tour an kein Zweifel daran bestanden hat, dass sie nur im allerdringendsten Notfall Unterschlupf darin suchen würde.

Wenn sie erstmal böse ist, marschiert Uschi noch energischer. Ich liebe sie. Und sie mich auch. Sie weiß es nur noch nicht.

Der kleine, verwinkelte Bauernhof besteht aus einem Fachwerkhaus und mehreren angebauten Scheunen und Schuppen aus Holz, Wellblech und Bimsstein. Um das Ensemble herum liegen Felder und Hecken, etwas geschützt an den Schuppen angrenzend liegt eine kleine Wiese, auf der ein paar Hühner herumlaufen, dann sind da ein paar Flecken alten Kopfsteinpflasters und eine schlammige Suhle, in der zwei Schweine mit ihren Rüsseln durch den Dreck pflügen. Von der angrenzenden Weide her glotzen ein paar Kühe neugierig zu uns herüber.

»Ist das nicht idyllisch, Uschi?«

Ihr Grunzen könnte man als verächtlich bezeichnen. Ich allein weiß, dass sie insgeheim genauso romantisch ist wie ich.

»Und wie soll ich meine SMS verschicken? Mit Brieftauben?«

Ach Uschi, mein Sonnenscheinchen.

Ich klingele beherzt an der Tür des Wohnhauses. Im Inneren ertönt eine herrlich altmodische Schelle. Ein Huhn guckt mit schief gelegtem Kopf von unten zu mir herauf. Uschi mit zusammengekniffenen Augen von oben auf mich herunter.

Eine alte Frau mit roten Bäckchen öffnet die Tür und wischt sich die Hände an den Seiten ihrer Kittelschürze ab. Ihre kleinen Augen blicken unsicher durch die starken Brillengläser auf die Ankömmlinge.

»Guten Abend«, sagt sie zaghaft, und hinter ihr ertönt eine krächzende Männerstimme. »Wer ist denn da, Erna?«

Ich bemühe mich um ein gewinnendes Lächeln. »Wir wollten fragen, ob wir unter Umständen auf der Wiese neben dem Schuppen unser Zelt aufschlagen könnten, meine Freundin und ich.«

Freundin. Das hört sich so gut an. Ich darf mich jetzt nicht zu Uschi umdrehen.

Sofort hellt sich der Gesichtsausdruck der alten Bäuerin auf. »Sie wollen zelten? Ja, nun, das ist … das ist ja … Herbert, komm mal schnell, hier sind zwei junge Leute, die bei uns zelten wollen!«

»Nur für eine Nacht«, beeilt sich Uschi zu sagen. Ihr großer Schatten fällt auf die kleine, zerbrechliche Frau mit dem silbergrauen Haarknoten.

»Aber sicher«, sagt unser Gegenüber zaghaft. Neben ihrem kleinen runden Gesicht taucht jetzt ein weiterer Kopf in der Türöffnung auf. Eine Knollennase wie sie im Buche steht, ein stoppeliges Kinn, hellblaue Äugelchen und dichtes, struppiges, weißes Haar. Wie gemalt, die beiden.

»Zelten?«, fragt der Bauer langsam und kratzt sich am Hinterkopf. »Das haben wir schon lange nicht mehr gehabt.« Er und seine Frau sehen sich an und zucken beide abwägend mit den Schultern. Stumme Einstimmigkeit. Verstehen ohne Worte. Mir lacht das Herz im Leib vor lauter Freude. Ein in Ehren ergrautes Paar. Uschi, denke ich, Uschi, so werden wir auch mal sein.

Sie haut mir derb in die Seite, so dass ich mit dem großen Rucksack beinahe das Gleichgewicht verliere, »Komm schon, los, das doofe Zelt muss aufgebaut werden, bevor es dunkel geworden ist.« Sie hat ja recht.

Der Bauer führt uns ums Haus. Er ist ein klapperdürres Kerlchen mit krummem Rücken. Als wir die kleine Wiese zwischen Wellblechschuppen und Hühnerstall erreichen, streckt er den knotigen Finger aus und lässt ihn vage kreisen. »Hier hinten irgendwo. Da seid ihr ein bisschen geschützt. Die Kühe sind eingezäunt, da kann euch nichts passieren.«

Die Sonne ist blutrot und erreicht schon die Spitzen des nahen Tannenwalds. Ich nicke anerkennend und sage: »Meine Güte, Sie haben ja alles an Vieh, was man sich nur vorstellen kann.«

»Aber keinen Handyempfang«, knurrt Uschi und zurrt sich ihren winzigen Rucksack von den Schultern.

»Achtzehn Kühe … paar Hühner und Heino, der Hahn … Purzel und Lilo, die Katzen … Cindy und Edeltraut, die Schweine und Fernando, das Karnickel«, sagt der Alte, kichert heiser und lächelt versonnen. »Schön, oder?«

Ich nicke ergriffen. »Schön. Wirklich schön.«

Bevor er davon trottet, sagt er noch: »Dann mal gute Nacht! Muss noch zur Vereinsversammlung ins Dorf.«

Ins Dorf? Nach meiner Karte ist das doch über zehn Kilometer entfernt.

Uschi fährt herum. Wie aus der Pistole geschossen entfährt es ihr: »Haben Sie etwa ein Auto?«

Was? Auto? Er kann uns mitnehmen? Ein Dorf? Eine Pension? Eine Ferienwohnung? Uschi und ich denken dasselbe, nur in unterschiedliche Richtungen.

Als er sich kurz umdreht und grinsend sagt: »Nee, Fahrrad«, atme ich erleichtert aus. Uschi schnauft verärgert.

Wenig später kämpfe ich mit den Stangen. Das Zelt ist uralt. Ich habe als Kind damit manchmal am Rursee gezeltet, zusammen mit meinem Freund. Da war es schon eng, und wir waren erst zwölf. Ich gucke lächelnd zu Uschi hinüber, die gerade die Luftmatratze aufpustet. Oh ja, das kann sie.

Ich deute auf die Matratze, die sich rapide füllt und zucke ein bisschen anzüglich mit den Augenbrauen. Sie dreht sich demonstrativ weg.

Als das Zelt steht, ist es schon dunkel. Ich habe eine kleine Gaslampe aufgehängt und mein altes Transistorradio eingeschaltet. Bee Gees, Nana Mouskouri ... es ist ja so gemütlich. Wenn ich rauchen würde, würde ich jetzt rauchen. Am Lagerfeuer. Und Uschi würde in meinem Arm liegen, und wir würden die Sterne zählen.

Uschi kniet auf der Luftmatratze und hämmert mit den Fäusten auf den Boden. Sie wälzt sich hin und her und hüpft mit dem Hintern auf und ab. »Im Leben werde ich kein Auge zutun, so bucklig, wie das hier ist.«

»Wir werden schlafen wie die Murmeltiere.«

»Hier ist gar kein Platz für uns beide.«

»Wir kuscheln uns aneinander.«

»Mach dir bloß keine Hoffnungen.«

»Ich singe dich in den Schlaf.«

»Untersteh dich.«

In diesem Moment nähern sich Schritte im Gras. Die Bäuerin ruft zaghaft »Huhu«, und als ich den Reißverschluss öffne, reicht sie mir einen großen Teller mit belegten Broten ins Zelt hinein. Ist das nett! Ich sage begeistert: »Uschi, Mensch, ist das nicht nett!«

»Die Wurst ist selbstgemacht«, sagt die Bäuerin stolz. Eine dicke Katze streicht ihr um die Beine.

Uschi greift gierig nach dem Teller, und zum ersten Mal seit unserer Ankunft huscht der Anflug eines Lächelns über ihr Gesicht. »Ja, das ist wirklich nett«, sagt sie knapp und verfällt in stummes Kauen.

Die Bäuerin strahlt und sagt freundlich: »In der Milchküche ist ein Klo. Das können Sie benutzen. Ein Waschbecken gibt's da auch.«

Ich schenke ihr mein strahlendstes Lächeln. »Sie und ihr Mann sind so freundlich zu uns.«

Sie senkt verlegen den Kopf. »Ach, das ist doch nichts. Wir freuen uns, dass mal Besuch kommt. Wir haben ja sonst nur uns, der Herbert und ich.« Ein versonnener Ausdruck legt sich über ihre Züge. »Und unsere Tiere. Die lieben wir über alles.« Sie streicht der Katze liebevoll über den Rücken.

»Sind sie schon lange verheiratet?«, fragt Uschi unverhofft.

»Achtundvierzig Jahre«, sagt die Bäuerin stolz. Uschi vergisst für einen Augenblick das Kauen und schluckt laut.

»So, ich gehe jetzt. Und wenn Sie sonst noch was brauchen, dann klingeln Sie vorne an der Haustür. Ich schließe jetzt ab, weil mein Mann noch in den Wald ist. Das Wild füttern.«

»Nein, er ist ins Dorf zur Versammlung«, korrigiere ich sie. Sie stutzt, sieht uns einen Moment lang verwirrt an und nickt dann langsam. »Ja, natürlich. Ins Dorf. Zur Versammlung«, murmelt sie und wackelt davon.

Uschi hat mir ein halbes Butterbrot übriggelassen.

Ich soll aus dem Zelt raus, während sie sich den Jogginganzug anzieht. Natürlich tue ich das. Ich tue alles, was mein Sonnenscheinchen sagt. Sie wirft einen beeindruckenden Schatten auf die Zeltwand, während sie sich umzieht. Ich höre ihr Ächzen. Als ich wieder rein darf, hat sie auch noch dicke Strümpfe und einen Schal angezogen, dabei ist es gar nicht kalt. Sie geht zur Toilette, und als sie zurückkommt, sagt sie: »Es stinkt da drinnen. Und das Wasser ist arschkalt.«

Wenig später liegen wir beide nebeneinander und versuchen, auf der Luftmatratze unser Gleichgewicht zu finden. Die Gaslampe ist aus. Wir hören das Rauschen des Windes in den nahen Bäumen. Ab und zu machen die Schweine im Stall Geräusche.

Etwas gurgelt laut durch die Nacht. »Hunger!«, mault Uschi. »Die paar Butterbrote ... Ich will ein ordentliches Stück Fleisch.«

»Morgen werden wir fein essen gehen.«

Sie wirft sich wortlos zur Seite, und ich werde fast von der Matratze katapultiert.

Als Uschi begonnen hat zu schnarchen, drehe ich mich ganz langsam zu ihr, um meinen Arm wie zufällig um sie zu legen. Das Schnarchen bricht abrupt ab, und sie knurrt: »Denk nicht mal dran.«

Ich fühle die Wärme ihres Körpers, kann ihre stabilen Rundungen spüren, ich bin glücklich. Begleitet vom leisen Quietschen der Luftmatratze schlafe ich irgendwann ein.

Ein Scheppern ... dann ein Husten ... schleifende Schritte im Gras ...

Draußen scheint es schon hell zu werden. Ich gucke auf die Uhr. Halb sechs.

Dann fällt jemand über die Spannschnur unseres Zelts. Zu einem lauten »Boing« erzittert unser Zeltdach.

Ich öffne den Reißverschluss und stecke den Kopf hinaus.

Der Bauer hat versucht, sein Fahrrad in den Schuppen zu rollen, was ihm offenbar gründlich misslungen ist. Es liegt neben der halb offenen Tür, und sein Vorderrad dreht sich langsam.

Er selbst liegt neben unserem Zelt und kichert heiser. Fahler Alkoholgeruch hängt in der Morgenluft. Irgendwie unwirklich, die Situation.

Hinter mir raschelt es. Mist, Uschi ist auch wachgeworden. Sie hat doch Urlaub, sie soll doch ausschlafen. »Wassnlos?«, brummelt sie.

Der Alte hat sich jetzt auf den Bauch gerollt und versucht, auf alle Viere zu kommen, um sich aufzurappeln, aber im taufeuchten Gras rutscht er mit den Knien weg. Ich will gerade aus dem Zelt klettern, um ihm zu helfen, als im oberen Stock des Bauernhauses mit lautem Gepolter ein Fenster aufgerissen wird. Die Bäuerin reckt den Kopf hinaus, und der sanfte Morgenwind lässt ihr offenes, langes Haar wie Silberfäden durch die Luft tanzen.

»Herbert!!!«, schreit sie schrill. »Wo warst du?«

Ein Ruck geht durch den Körper des alten Mannes. Sein enthemmtes Kichern hört schlagartig auf, und seine Augen weiten sich. »Wild … Wald … Waldwild füttern. Gefüttert … ich habe …«

Sie stößt einen schrillen Wutschrei aus und wirft das Fenster so heftig zu, dass die Scheiben durch die Morgenstille klirren.

Der Bauer wird jetzt hektisch. Er rappelt sich auf, rutscht weg, kommt schließlich ungelenk auf die Beine, strauchelt, fängt sich wieder und stürzt mehr, als er läuft, geradewegs auf den Eingang unseres Zelts zu.

»Ich hab doch nur …«, faselt er. »Waren doch nur ein paar Bierchen …, da kann doch keiner …« Und während er sich an mir vorbei durch den schmalen Eingang presst, wimmert er: »Das wird fürchterlich … fürchterlich!«

Uschi reißt ihre Wolldecke hoch, wie um ihre Blöße zu bedecken, die doch sowieso schon von mehreren Textilschichten bedeckt ist. »Was wollen Sie?«, quiekt sie, jetzt hellwach.

»Hilfe«, stammelt der Mann, »Helfen Sie mir … Erna ist … sie hat irgendwie rausgekriegt, dass ich …«

Gerade als ich zurück ins Zelt schlüpfen will, höre ich vom Haus her, wie eine Tür entriegelt wird. Als die Alte im Türrahmen erscheint, hat sie das Gesicht grimmig verkniffen, wie ein Racheengel. Sie steckt in einem verschossenen, violetten Morgenmantel und hat Gummistiefel an den Füßen. Mit weit ausholenden Schritten stapft sie auf unser Zelt zu. »Woher hast du das Geld, du verdammter Säufer!«

Ich habe den Eindruck, dass ein paar Worte der Besänftigung angebracht wären und gehe ihr zaghaft entgegen. Ich wedele unsicher mit den Händen. »Beruhigen Sie sich«, beginne ich, weiche aber wegen ihres forschen Schrittes gleich wieder zurück. »Der Drecksack hat Geld beiseitegelegt, damit er saufen kann!«, keift sie unbeirrt. »Oder er hat wieder irgendwas verkauft, was er …«

Plötzlich hält sie inne, bleibt wie angewurzelt stehen und reißt hinter ihrer Brille die Augen weit auf. Schreckensstarr guckt sie zu dem Schuppen aus Bimsstein hinüber und schnappt stumm nach Luft. Als ich ihrem Blick folge, entdecke ich gleich neben dem am Boden liegenden Fahrrad einen Karnickelstall, dessen offene Tür sanft im Windhauch pendelt.

Sie schreit wieder. »Fernando!!!« Und dann macht sie auf dem Absatz kehrt und läuft zurück ins Haus. Fernando, das Karnickel?

Unverständliche Wortfetzen dringen zu uns herüber und gehen schließlich in einem dumpfen Gepolter unter.

Im Zelt rauft sich der betrunkene Bauer die stoppeligen Haare. »Fernando«, jammert er. »Das blöde Karnickel ist wieder weg, und jetzt glaubt sie, ich hätte … Ach Gott, ach Gott.«

Uschi presst sich angstvoll an die hintere Zeltwand und kaut auf der Unterlippe. Ich möchte zu ihr, um sie zu trösten, aber zwischen uns kauert Bauer Herbert und beginnt ungehemmt zu weinen. »Das dämliche Kaninchen! Als würde ich für ein paar Bier …« Einen ordentlichen Satz kriegt er immer noch nicht hin.

Seine Frau schon.

»Komm da raus, du feiges Schwein!«, schreit sie. Als ich herumfahre, ist sie wieder auf der Bildfläche erschienen. In ihren Händen hält sie eine Flinte. Der Bauer, der unter meiner Armbeuge hindurch ins Freie linst, stöhnt laut auf. Er sieht aus, als würde er jeden Moment kollabieren.

Sie reckt die Waffe nach vorne, stellt sich breitbeinig in Positur, zielt und drückt ab. Ein krachender Schuss peitscht durch den kühlen Morgen, und auf der Weide wird eine Kuh zu Boden gerissen. Federnd schlägt sie auf, und ihre Beine werden in die Luft geworfen.

Der Bauer schreit, der Hahn kräht, die Schweine quieken erschrocken auf, und die restlichen Kühe galoppieren jetzt hellwach über die Weide.

»Das war für Fernando!«, schreit die Bäuerin. »Und jetzt komm raus da! Ich zähl bis drei! Eins …«

»Ich hasse dich!«, schreit der alte Mann.

»Ich habe dich zuerst gehasst! Zwei …«

Ich bin in Sekundenschnelle im Zelt und zurre den Reißverschluss zu. Bauer Herbert versucht jetzt hektisch, unter Uschis Decke zu kriechen. Uschi kreischt auf und versucht, ihn wegzustoßen.

»Lenken Sie sie ab«, wimmert er. Er erscheint mir jetzt schon deutlich nüchterner, als noch wenige Momente zuvor. »Ich muss zum Schuppen. Nur ein paar Meter. Wenn ich das Fahrrad erreiche, kann ich es vielleicht schaffen.« Er schüttelt mich rüde. »Verdammt noch mal, helfen Sie mir!«

»Drei!«

Ein zweiter Schuss zerfetzt mit einem Mal nicht nur den Sommermorgen, sondern auch unser Zeltdach. Feine Lichtfäden rieseln von einem Moment auf den anderen durch eine Handvoll Löcher in das Halbdunkel. Uschi winkelt jetzt ihre Beine an und stößt mit geballter Kraft ihre Füße in den graubraunen Wollsocken nach vorne. Die Zeltfront platzt auf, und der Bauer wird ins Freie torpediert.

Durch die flatternden Zeltfetzen hindurch beobachten wir, wie er sich mühsam aufrappelt, wieder strauchelt und nach vorne stürzt. Er kriecht auf dem Boden, nackte Angst verzerrt seine groben Züge.

Im Hintergrund ist seine Frau inzwischen dabei, die Schrotflinte nachzuladen. Die Patronenhülsen rutschen ihr aus den fahrigen Händen, sie bückt sich danach, hebt sie auf, schafft es, wenigstens eine in den Lauf zu schieben und lässt laut klackend die Waffe einrasten.

Hektisch versuche ich, die Zeltöffnung zu verschließen, aber der stramm gespannte Stoff entgleitet immer wieder meinen Fingern.

Der Bauer hat schon fast das Fahrrad erreicht, als der nächste Schuss fällt. Diesmal reißt es ihn zu Boden. Mit einem kehligen Schmerzensschrei hält er sich die Seite, bäumt sich gepeinigt auf.

Ich will etwas rufen, weiß aber nicht, was. Die Alte ist im Blutrausch, hat sich regelrecht in ein Tier verwandelt. Sie stürzt auf den Bauern zu und schwingt jetzt die Flinte wie eine Keule hoch über dem wirren weiß flatternden Schopf.

Anscheinend unter großen Schmerzen hat sich der Bauer halbwegs erhoben und verschwindet wimmernd in der Öffnung des Schuppens. Sein Fahrrad stellt für ihn keine Rettung mehr dar, diese Chance zu fliehen, ist endgültig vertan.

Jetzt lädt sie nach, wird plötzlich ganz ruhig, da sie weiß, dass ihr Opfer in der Falle sitzt, dass es nun keinen Ausweg mehr gibt.

Es ist still. Nur das Viehzeug macht leise Geräusche. Die Sonne kriecht über den Waldrand, das Licht verändert sich. Nichts bewegt sich.

Wie gebannt starre ich zu der bizarren Szene hinüber. Zeitlupe. Wie ein Film, denke ich. Wie ein besonders brutaler Film, der nicht wirklich ist, nur erfunden, ausgedacht, mit Schauspielern inszeniert, der jetzt gleich zu Ende ist.

Mit viehischem Gebrüll bricht plötzlich der Bauer aus dem Dunkel des Schuppens hervor, eine Mistgabel wie eine Lanze nach vorne gestreckt. Auf seinem Hemd ist schemenhaft ein riesiger roter Fleck zu erkennen. Die Bäuerin legt an, zielt kaltblütig, und ihr Schuss kracht im selben Augenblick los, in dem die drei Metallzinken der Mistgabel sich durch ihren schäbigen Morgenmantel und ihre welke Haut bohren.

Als sie gleichzeitig zu Boden sinken, fühle ich plötzlich zwei Hände, die von hinten um meinen Körper greifen. Sie zittern. Sie sind kalt. Uschi haucht mit brüchiger Stimme: »Bring mich bitte weg von hier.«

Sie lässt ohne zu murren die Luft aus der Matratze. Sie hat auch versprochen, von jetzt an das Zelt zu tragen. Den Riss will sie beim nächsten Halt zusammennähen. Sie kann nicht richtig nähen, aber sie hat versprochen, es zu versuchen. Ich bin der Meinung, dass sie das Trauma des heutigen Tages nur loswerden kann, wenn wir in der nächsten Nacht direkt noch einmal zelten.

Uschi teilt meine Auffassung. Sie nickt nur noch und beantwortet alle Fragen mit einem scheuen »Ja«.

Uschi, mein Sonnenscheinchen.

Während wir packen, versuchen wir krampfhaft, nicht zu den beiden Leichen hinüberzusehen. Wir werden möglichst spurlos verschwinden. Mit all dem hier haben wir nichts zu tun.

Uschi seufzt von Zeit zu Zeit schwer und zittert immer noch. Wenn sie Angst hat, ist sie sogar noch schöner, als wenn sie wütend ist, stelle ich zufrieden fest und betrachte sie wohlwollend, als sie sich ihr Gepäck auf die breiten Schultern wuchtet.

»Soll ich deinen Rucksack auch noch tragen?«, fragt sie leise. Ich schüttele gütig den Kopf.

Den trage ich lieber selber. Er ist ein bisschen schwerer geworden. Als ich das Zelt zusammengepackt habe, habe ich darunter Fernando gefunden. Uschi hat ihm das Genick gebrochen, als sie den Boden geebnet hat. Muss sie aber nicht unbedingt wissen.

An der nächsten Station tue ich so, als hätte ich einen fetten Fang im Wald gemacht. Ein schönes, ordentliches Stück Fleisch für mein Sonnenscheinchen. Ich werde es über einem Lagerfeuer braten, das wird romantisch. Und dann liegt Uschi neben mir, und wir zählen die Sterne.

abenteuerurlaub

Anneli kniff die Hinterbacken zusammen und stelzte verkrampften Schrittes über den staubigen Weg entlang der elend weitläufigen Zeltwiese. Es folgte das Labyrinth der Wohnwagen und Campingmobile. Die verfügten wenigstens über Bordtoiletten, dachte Anneli grimmig und versuchte den Gedanken daran sofort wieder zu verdrängen, weil allein schon die Vorstellung eines »Stillen Örtchens« in ihrem Verdauungstrakt unweigerlich Eruptionen der Kategorie »Vulkanausbruch« provozierte. Frühstückskaffeezubereitung mit abgekochtem Loire-Wasser. So eine Scheißidee. Im wahrsten Sinne des Wortes. Anneli brach der Schweiß aus. Wenn sie nicht schleunigst das Sanitärgebäude fände, würde sie hier inmitten tobender Blagen, lethargischer Liegestuhlzombies und bierbäuchiger Boulespieler explodieren. Schließmuskeltechnisch stand sie vor dem kompletten Kontrollverlust. Als endlich die gedrungene Bretterbaracke mit der Aufschrift »Lavatoire« in Sicht kam, mobilisierte Anneli ihre finalen Willenskräfte und strebte dem Ziel entgegen wie ein panisches Huhn dem schützenden Stall. Vergeblich riss sie an den Türen zweier besetzter Kabinen, erst der dritte Versuch führte hinein ins finstere Himmelreich. Leider stank es bloß bis zum Himmel, revidierte Anneli umgehend, betätigte den Lichtschalter und registrierte dann geschockt anstelle des erhofften Porzellanthrones ein gebrauchsspurenumflortes Loch im Betonboden. Vive la France. Just in diesem Moment wieder vehement einsetzende Magenkrämpfe machten jeden geordneten Rückzug unmöglich. Anneli ergab sich ihrem unausweichlichen Schicksal und wünschte dabei zähneknirschend ihrem Gatten Achim die Pest an den Leib.

Oder wenigstens die Diarrhö.

Eine Viertelstunde später trat Anneli erleichtert, aber keineswegs besänftigt, den Rückmarsch an. Achim trug schon die Schwimmweste, hatte das Zelt bereits abgebaut, verpackt und im Kanu verstaut. Wie auch alle anderen Klamotten bis auf den wasserdichten Seesack mit Annelis Sachen darin. Den hatte er demonstrativ auf der Wiese liegen gelassen. Betont gelangweilt hockte er auf dem Süllrand des Kanus und empfing sie mit vorwurfsvollem Blick. »Die schöne Morgenstimmung auf dem Fluss ist schon hinüber! Ging es nicht schneller?«

Anstelle einer gesprochenen Antwort schnappte sich Anneli ihren Seesack und feuerte ihn auf Achim. Der fing das Teil aufreizend lässig ab und legte es zu den anderen Sachen ins Boot.

»Dann können wir ja endlich los.«

»Hast du gesehen, was die hier für Toiletten haben?«, brach es nun doch aus Anneli hervor.

Achim zuckte nur mit den Schultern. »Ist halt Frankreich.«

»Ist halt Frankreich! Ist halt Frankreich!«, äffte ihn Anneli aufgebracht nach. »Das höre ich ständig von dir, seit wir in dieses verdammte Kanu gestiegen sind!«

Hör einfach mal auf zu nörgeln, dann muss ich das auch nicht ständig sagen, dachte Achim. Laut sagte er: »Abfahrt.« Er erhob sich vom Süllrand, packte das Kanu am Bug und warf Anneli einen auffordernden Blick zu. Die zögerte noch.

»Erst, wenn du mir versprichst, dass heute Abend nicht wieder so eine verdreckte Toilette auf mich wartet!«

Achim lächelte milde. »Versprochen. Heute garantiert keine verdreckte Toilette.«

Anneli musterte ihren Gatten misstrauisch, gab sich dann aber einen Ruck, streifte ihre Schwimmweste über und packte mit an. Mit vereinten Kräften zogen sie das beladene Kanu über das flache Ufer in den Fluss, ließen es aufschwimmen, kletterten hinein und stießen die Paddel am Grund ab, bis die Strömung das Boot erfasste. Dann schwangen ihre Paddel im Gleichtakt, bis Anneli ihren Schlag unterbrach und sich aufstöhnend einen zusammengelegten Pullover unter den Allerwertesten schob. Drei Tage auf einem Holzbänkchen mit Flechtsitz. Der absolute Folterwahnsinn. Das Muster trage ich wahrscheinlich noch Weihnachten auf dem Hintern, bedauerte sich Anneli. Und Achim würde es nicht mal bemerken, spann sie den Gedanken weiter. Der interessiert sich weder für mich noch für meine Probleme, schon lange nicht mehr. Spätestens, seitdem Achim seine Therapie begonnen hatte. Midlife-Crisis, lautete die Diagnose. Die Empfehlung des Therapeuten, endlich wieder zu lernen, die eigenen Bedürfnisse in den Vordergrund zu stellen, hatte Achim gründlich beherzigt. Mit 45 Jahren entdeckte er plötzlich seine bis dahin gut verborgene Persönlichkeit als Naturbursche. Nervte sie am Wochenende mit Fahrradtouren und Wanderungen, anstatt wie früher mit ihr auszuschlafen, gepflegt Essen zu gehen und den Tag im Kino oder auf dem Sofa ausklingen zu lassen. Und nun dieser Urlaub: Mit dem Kanu auf der Loire, Übernachtung auf Campingplätzen. Annelis Vorstellung von gelungenen Ferien bezog sich auf gepflegte Luxus-Resorts mit all-inclusive-Versorgung, aber ihr Protest war vergeblich gewesen. »Du warst doch noch nie zelten«, hatte Achim alle Einwände abgewürgt. »Und Urlaub in einer Ferienanlage haben wir immer gemacht. Jetzt bin ich dran, und ich will Kanu und Camping!«

Als ob sie ihn früher ständig zum bequemen Urlaub überredet hätte. Das war damals immer auch sein Wunsch gewesen. Damals teilten sie meistens die gleiche Meinung. Das war leider vorbei. 15 Jahre Ehe und nun das. Midlife-Crisis, so ein Quatsch. Zum Glück hatten sie keine Kinder, überlegte Anneli. Sonst hätte sie jetzt gleichzeitig Gören in der Pubertät und einen Gatten auf Egotrip, na danke. Anneli griff wieder zum Paddel. Noch nicht Mittagszeit und eigentlich auch nicht besonders warm. Trotzdem brach ihr schon der Schweiß aus. Vielleicht ja die Wechseljahre, haha. Eigentlich natürlich wegen der blöden Schwimmweste, aber die musste wohl sein, das sah Anneli ein. Die Loire strömte ziemlich kräftig, vor allem die Brückendurchfahrten hatten es in sich. Und besonders gute Schwimmer waren sie beide nicht. Ein weiterer Grund, die Entscheidung für den Kanu-Urlaub dämlich zu finden.

Dann begann es zu regnen.

Erst nur ein bisschen. Dann in einem kurzen Schauer. Dann im Stück, und es hielt nicht mehr auf. Sie wickelten sich in ihre Regenjacken, aber im offenen Boot sammelte sich bald das Wasser und schwappte ihnen in größer werdenden Pfützen um die Füße.

»Wie weit noch bis zum Campingplatz?«, schrie Anneli über die Schulter nach hinten.

»Kein Campingplatz!«, brüllte es zurück. »Heute nicht!«

»Was dann?«

»Überraschung!«

Sie wagte es kaum zu glauben. Vor Annelis geistigem Auge formten sich Träume von Luxussuiten, Marmorbädern, heißen Duschen, kühlen Drinks und weichen Betten. Wie süß von Achim. Die Tourenplanung war von A bis Z sein Ding gewesen, er hatte ein ganz großes Geheimnis daraus gemacht. Jetzt glaubte sie zu ahnen, warum. Anscheinend ging es ihm doch nicht nur darum, eigene Bedürfnisse in den Vordergrund zu rücken. Oder aber, verbesserte sich Anneli schwelgend, es ist sogar Teil seiner eigenen Bedürfnisse, mich zu verwöhnen. Nicht immer, aber wenigstens heute, nachdem drei Tage lang alles nach Achims Nase gelaufen war. Und was für ein guter Plan das von ihm war. Anneli war schon fast dazu bereit, ihm die letzten drei Tage zu verzeihen, und da ihre Fantasie ohnehin schon bei den weichen Betten angekommen war …

Ein eiskaltes Regenrinnsal bahnte sich den Weg zwischen Kapuze und Reißverschluss und zog Anneli zurück ins Hier und Jetzt. Die Realität war feucht und ungemütlich. Verbissen schaufelte sie Loirewasser und spähte sehnsüchtig zwischen den Paddelschlägen zu den Ufern. Steuerbord voraus standen Wohnwagen und Zelte, ein bunter Flickenteppich, der sich über einen grünen Hügel bis an den Fluss erstreckte. Achim steuerte das Kanu kommentarlos an dem Campingplatz vorbei, obwohl der Regen eher noch stärker wurde und es Anneli längst so vorkam, als würden sie nicht in einem Kanu sitzen, sondern die Loire in einer halbvollen Badewanne befahren. In einer Badewanne mit Kaltwasser, leider.

»Wie weit noch?«

»Drei Kilometer! Vielleicht vier!«

Da kommt doch gar nichts mehr, wunderte sich Anneli und versuchte sich an die Landkarte zu erinnern, auf die sie gestern noch einen pflichtschuldigen Blick geworfen hatte, obwohl sie ja bei der Tourenplanung sowieso nicht mitreden durfte. Bis zur nächsten Stadt müssten es aber wesentlich mehr als drei, vier Kilometer sein. Dazwischen lagen höchstens ein paar Kuhdörfer, und dort gab es keine Hotels. Jedenfalls keine, die sie für diese Strapaze auch nur annähernd angemessen entschädigen könnten.

Anneli wollte gerade zur Meuterei ansetzen und das Paddel niederlegen, da entdeckte sie es am Horizont: Eines dieser malerischen Loire-Schlösser mit schneeweißen Mauern und verspielten Zuckerbäckertürmchen inmitten einer gepflegten Parkanlage. Und dann hörte sie Achims Stimme von hinten rufen: »Siehst du das Schloss da? Ist jetzt ein Hotel …«

Anneli vermeinte zu schweben vor Glück. Ungefähr drei Sekunden lang. Dann schwenkte das Kanu hart nach Backbord und wurde von Achims wilden Paddelschlägen gegen das Ufer einer kleinen, mitten im Strom gelegenen Insel getrieben. Knirschend scheuerte der Bootsrumpf über Flusskiesel und rammte sich auf den flachen Strand. Verdattert starrte Anneli auf ihren Gatten, der barfuß und mit hochgekrempelten Hosenbeinen an ihr vorbei durchs regengepeitschte Nass stapfte, die Bugleine packte und das Kanu samt Frau ein Stück weiter aus dem Wasser zog.

»Aussteigen! Endstation!«

Irritiert stieg Anneli aus dem Boot und sah sich um. An Inseln wie dieser waren sie während der letzten Tage zu Dutzenden vorbeigefahren: Eine langgestreckte Sandbank, ein paar krüppelige Büsche und Schilfgräser – das war's. Das wirkte schon bei Sonnenschein nicht sonderlich aufregend. Bei strömendem Regen löste der trostlose Anblick jedoch umgehend Depressionen aus, bei Anneli jedenfalls. Achim schien die triste Kulisse zu beflügeln. Eifrig zog er das Kanu bis zum nächstgelegenen Gestrüpp, vertäute es an einem starken Ast und entlud Packsäcke und Vorratstonnen. Verständnislos beobachtete Anneli seine hektische Aktivität, dann raffte sie sich auf und stellte sich Achim in den Weg.

»Was machst du da eigentlich? Wieso räumst du alle Sachen raus?«

»Ich baue das Lager auf«, erklärte Achim feierlich. »Du darfst aber gerne mithelfen.«

»Bist du irre?«, platzte Anneli fassungslos. »Ich soll hier übernachten? Du hast mir eine saubere Toilette versprochen, weißt du das nicht mehr?«

Achim kramte in einer Tonne und präsentierte ihr grinsend eine kleine Plastikschaufel. »Wasser und Sand – hygienischer geht's gar nicht!«

Einen Moment lang suchte Anneli nach der versteckten Kamera. Das konnte einfach nur ein Scherz sein. Doch ein Blick auf Achim, der schon weiter wuselte und das Zelt ausrollte, überzeugte sie vom grausamen Ernst der Lage. In hilfloser Wut ließ sie sich auf einer Tonne nieder, auf deren konkavem Deckel sich der Regen zur Pfütze gesammelt hatte und prompt ihren Hosenboden durchnässte. Egal. Sie blieb einfach sitzen. Keinen Finger würde sie rühren! Sollte sich Achim sein tolles »Lager« hübsch selber bauen. Und auf keinen, wirklich auf gar keinen Fall würde sie in ein selbst gebuddeltes Loch kacken. Dann lieber an einer Überdosis Imodium verrecken. Anneli zog die schmale Blisterpackung mit dem Anti-Durchfall-Mittel aus der Hosentasche.

Die letzte Tablette. Das also auch noch.

* * *

Draußen heulte der Wind ums Zelt. Regentropfen beharkten die Plane in permanentem Trommelfeuer. Achim hätte es im Schlafsack ganz gemütlich gefunden, wäre da nicht das fiese Grummeln im Magen. »Selber schuld, wenn du Eintopf in Flussbrühe kochst«, war Annelis hämischer Kommentar gewesen, als er ihr vorhin sein Leid geklagt hatte. Mehr hatte sie den ganzen Abend nicht von sich gegeben, seit er – allein, ohne ihre Hilfe – das Lager errichtet hatte. In Ermangelung ihrer Anerkennung lobte sich Achim nun selbst.

Er hatte an alles gedacht und alles planmäßig ausgeführt: Zelt aufgebaut, Schlafsäcke trocken ausgerollt, Abendbrot zubereitet. Letzteres hatte Anneli komplett verweigert, weswegen er jetzt unter Magenschmerzen leiden musste – natürlich nicht wegen des verwendeten Flusswassers, so ein Quatsch, sondern weil er ihre Portion mitfuttern musste, da er das gute Essen nicht verkommen lassen wollte. Anneli ist schuld, dachte Achim. Alles könnte so schön sein. Sie lagen warm und trocken, ganz allein auf einer Insel. Das war doch Romantik pur, aber ausgerechnet seine Frau wusste das nicht zu würdigen. Sie lag in ihrem Schlafsack, drehte ihm konsequent den Rücken zu und sah sogar von hinten vorwurfsvoll aus.

Sein Magen grollte jetzt vernehmlich.

»Hast du noch eine Imodium?«

Statt einer Antwort nestelte Anneli an ihrer Jeans, die sie zusammengerollt und zum Kopfkissen umfunktioniert hatte, fingerte die leere Blisterpackung aus der Hosentasche und feuerte sie in Richtung Achim. Der stöhnte entnervt auf.

»Menno, ich muss schon wieder laufen …«

»Nimm die Schaufel mit. Wasser und Sand – hygienischer geht's doch gar nicht!«, zischte Anneli ihrem Gatten nach, als der sich endlich aus dem Schlafsack gepellt und in die Regenjacke gewickelt hatte. Achim blieb keine Zeit mehr für eine angemessene Replik, das spürte er unverkennbar. Er schlüpfte aus dem Zelt und rannte durch Nacht und Regen. Bloß so weit weg wie möglich, dachte er, sonst muss ich mir morgen den ganzen Tag von Anneli anhören, der Gestank habe sie nicht schlafen lassen. Er lief bis zum stromaufwärts gelegenen Inselende, kroch in ein Gebüsch, breitete die Regenjacke wie eine schützende Zeltplane auf den Zweigen über sich aus und verschaffte sich Erleichterung.

Das tat gut. Unglaublich gut.

Und friedlich war es hier. Okay, der Wind heulte. Der Regen prasselte. Es war nass. Sehr nass. Achim stellte plötzlich fest: Er hockte sozusagen mitten im Fluss, der bereits seine Knöchel umspülte. Aufgeschreckt beendete er die Sitzung, pflückte die Jacke aus dem Geäst und trat den Rückzug auf trockenes Gelände an. Hier blieb er stehen, um sich Überblick zu verschaffen.

Die Insel sah wesentlich kleiner aus als noch vorhin bei Tageslicht. Zum Glück habe ich darauf geachtet, dass unser Zelt auf dem höchsten Punkt der Sandbank steht, klopfte sich Achim nachträglich auf die Schulter. Und das Kanu ist absolut sicher festgebunden, doppelter Seemannsknoten, alles zweimal nachgeprüft. Trotzdem, überlegte er, sollte man nachsehen, ob der Fluss noch weiter ansteigt. Er trat ans nur noch wenige Schritte entfernte Ufer und zog ein paar Zentimeter vor der Wasserlinie mit der Schuhspitze einen Strich in den Sand. Es dauerte nicht lange, bis die Loire die Markierung überspülte. Der Dauerregen ließ nicht nach, steigerte sich eher in der Intensität. Achim beschlich nun doch ein ungutes Gefühl. Es wäre besser, das Lager abzubrechen und die Insel zu verlassen. Im Schlaf von der Flut mitgerissen zu werden entsprach dann doch nicht seiner Vorstellung von Freiheit und Abenteuer. Auch wenn er sich wohl bis in alle Ewigkeit Annelis Sprüche darüber anhören müsste, was er ihnen mit dieser Inselaktion eingebrockt hatte.

Achim eilte los und bremste sich erst, als er das Zelt bereits sah. Warte einfach, bis der Fluss schon fast in Annelis Schlafsack schwappt, sagte er sich. Dann rettest du sie aus höchster Not und stehst als Held da. Endlich mal. Sehr viel besser als die Deppenrolle, fand Achim. Und deshalb blieb er stehen und wartete. Sah zu, wie das Wasser langsam auf ihn zu kroch. Das Zelt auf dem winzigen Hügel umzingelte und dabei einmal mehr die Knöchel des Abwartenden netzte. Der Kontakt mit den kühlen Fluten ließ Achim erschauern und setzte sein Gedankenkarussell wieder in Gang. Auch eine Option: Er könnte das Kanu nehmen. Allein. Die Schwimmwesten lagen im Bootskasten. Anneli war eine noch schlechtere Schwimmerin als er, und er schwamm schon erbärmlich mies, gestand sich Achim ein. Ohne Kahn und Weste wäre er in dem reißenden Strom, als der sich die Loire gerade präsentierte, sicher verloren. Anneli erst recht. Ich nehme das Kanu, paddle ans Ufer, lasse das Boot wegtreiben, mache mich ordentlich nass. Warte auf den Morgen. Tue so, als wäre ich wie das Boot von der Insel gerissen und irgendwo an Land getrieben worden. Dann stundenlang in Ohnmacht gelegen. Aufgewacht und pure Verzweiflung: Wo ist meine geliebte Frau? Sie wollte unbedingt auf dieser Insel mitten im Fluss zelten, Monsieur le Gendarme, wie soll ich nur leben ohne sie?

Herrlich wirst du leben, dachte Achim. Keine aufreibende Scheidung und nur noch die eigenen Bedürfnisse befriedigen. Alles ganz einfach. Ach, wenn alles so einfach wäre …

Das Wasser stand ihm schon bis zu den Knien und leckte bereits an den Zeltleinen. Höchste Zeit, Anneli zu retten, ermahnte sich Achim und setzte sich in Bewegung, auf den Zelteingang zu – um dann doch wieder die Richtung zu wechseln. Erst nach dem Boot sehen, fiel ihm ein. Ohne Boot keine Rettung. Das Wasser stand längst hoch genug, um das Kanu fast bis ans Zelt zu ziehen. Und wenn er erst das Boot holte, konnte Achim noch ein wenig länger überlegen, ob er Anneli mitnehmen würde – etwas länger davon träumen, wie sein Leben ohne Anneli wohl aussehen mochte …

Der Strauch stand bereits halb unter Wasser. Der starke Ast ragte allerdings noch weit hervor – ohne Festmachertau. Und ohne Kanu. Achim stocherte in wachsender Panik vergeblich ums Gestrüpp herum, bis die steigende Flut ihn zurücktrieb. Kein Kanu.

Erst jetzt fiel ihm Anneli wieder ein, und er stapfte so schnell zurück zum Zelt, wie es das heftig an seinen Beinen zerrende Wasser zuließ. Das Zelt schwamm wie eine Flaschenpost auf der trüben Flut, nur noch von einer einzigen Leine gehalten. Achim kämpfte sich heran und riss den Eingang auf. Niemand da. Er hechtete hinein und landete auf dem klatschnassen Schlafsack seiner Frau. Leer. Keine Anneli…

Noch bevor Wut und Verzweiflung als wilder Schrei aus Achims Kehle drangen, fegte die ausladende Krone eines von der Flut mitgerissenen Baumes das Zelt aus der letzten Verankerung und drückte es unter Wasser. Wie eine tödliche Reuse verfing sich der große Stoffbeutel im gefällten Geäst, schleifte über schlammigen Grund und beulte sich heftig unter den wilden Befreiungsschlägen des darin Gefangenen, die erst allmählich verebbten.

Bis der Zeltsack endlich in der dunklen Ewigkeit des Stromes erschlaffte.

* * *

Einfach schlaff im Wasser liegen. Wohlig warm. Der Badeschaum duftete himmlisch. War ja auch kein Billighotel, dieses Château. Die Rechnung darf Achim dann morgen bezahlen. Geschieht ihm recht, dachte Anneli, genehmigte sich noch einen Schluck Champagner und stellte das Glas zurück auf das Marmorbord neben ihrer Luxusbadewanne. Schade, dass sie nicht Achims Gesicht sehen konnte, nachdem er von seinem Klogang ohne Klo zurückgekehrt war. Goldrichtig, dass sie die Gelegenheit genutzt hatte, um sich das Kanu zu schnappen und die paar hundert Meter bis zum Schlösschen zu paddeln. Jetzt hast du es, lieber Achim. Kein Kanu, keine Schwimmweste. Kannst die ganze Nacht lang in deinem Lager den Survival-Freak geben. Morgen schicke ich dir ein Rettungsboot.

Vielleicht.

himmel oder hölle

Als die Frösche im Frühling ihr Liebeskonzert anstimmten, beschloss ich, mein Quartier auf den Campingplatz zu verlegen.

Es war einfach nicht gut, immer am Straßenrand zu hausen, auch wenn mein Wohnmobil viel Komfort bot.

Doch ich wurde nicht jünger und musste an meine Sicherheit denken. Ein Campingplatz erleichterte mir auch sonst viele Dinge, es begann damit, dass in der Regel ein kleiner Einkaufsladen vorhanden war, ich keinen Waschsalon mehr aufsuchen musste und dass die Sanitärhäuser doch einiges an Bequemlichkeit aufwiesen.

Also wälzte ich den Campingführer, beschränkte mich aber auf Norddeutschland und fand schließlich einen mittelgroßen Platz, der mir die Dinge bot, die ich mir für ein angenehmes Campingleben vorstellte.

Es war kein Problem, einen Stellplatz zu ergattern. Ich hatte sogar Glück und konnte mein Gefährt in Meeresnähe auf den gelben Schienen gleich neben der Sektion der Dauercampergemeinde aufstellen. Abends rauschten mich nicht selten die Wellen in den Schlaf, morgens wurde ich vom Schrei der Möwen wach. Was für ein Leben.

Als Erstes machte ich mir einen Kaffee, dabei schaute ich aus dem Fenster und betrachtete die Herren der Schöpfung, die ihren Bierbauch in Feinripp über den Platz schoben. Da sie häufig im unteren Bereich in Ballonseide gehüllt waren oder ihre behaarten Beine in Shorts mit weißen Tennissocken steckten, wusste ich, dass ich angekommen war.

Die dazugehörigen Angetrauten entsprachen ebenfalls meinen Erwartungen. Unter engen Pullis in dezent türkisem Nylonstrick zeichneten sich meist Bäuche ab, die den Brüsten Konkurrenz machten und ihr Haar wallte in der Regel schlecht onduliert in platinblond und mit zahlreichen Kämmen und Spängchen gehalten.

Nach dem Kaffee spazierte ich ein wenig in der Anlage herum. Mich umfing der Geruch von Benzin aus den zahlreichen Rasenmähern, die für das gepflegte Ambiente auf dem Platz Sorge trugen. Stoppten sie, erklang das kurze, peppige Zusammenschlagen von Glas als untrügliches Zeichen dafür, dass die ersten Bierchen aus Flaschen gezischt wurden. So klang der Frühling.

Der Dauercampingbereich des Platzes machte seinem Namen alle Ehre, zumal sich die liebevoll gestalteten Vorgärten gegenseitig in der Fülle von Wimpeln, Fahnen und Gartenzwergen übertrafen. Kaum irgendwo fehlte ein Schild mit den entsprechenden Hinweisen, die zum Kampftrinken aufriefen oder zumindest einen Wink darauf gaben, in welchem Ort der Eigentümer der Gartenlandschaft zuhause war. Bei einigen Parzellen war es allerdings schon schwer zu erkennen, dass die Grundbausubstanz einen Wohnwagen beherbergte, dominierten doch die gestreiften Prachtbauten in Holz über dem Weiß und Beige der Campingwagen.

Ich war jedenfalls froh, endlich eine Bleibe gefunden zu haben und fest davon überzeugt, dass man mich mit offenen Armen in der Dauercampergemeinde aufnehmen würde, auch wenn ich in meinem Wohnmobil residierte und mir das befestigte Vorzelt nebst Küchenzeile und eingebautem Elektroherd fehlte. Das war alles eine Frage der Kontaktpflege.

Um 17 Uhr schwebte der erste Duft von Grillkohle in meine Nase und ich wusste, ich musste mich auf den Weg machen. All zu viel Zeit durfte ich nicht verlieren, zu rasch hatte man den Ruf weg, ein Eigenbrötler zu sein. Das Zeitfenster war eng gesetzt.

Den Nachmittag hatte ich schon genutzt, um auch den Rest des Platzes und meine Chancen dort auszuloten, doch da würde alles viel problematischer werden.

Auf diesen Stellplätzen tummelten sich meist Familien, die kein Interesse an einer Frau wie mir hatten, waren sie des Abends doch viel zu sehr damit beschäftigt, dem Nachwuchs das Etagenbett im Caravan schmackhaft zu machen. Die andere Klientel waren Alleinreisende, eben verliebte Paare, die sich gerade wiedergefunden hatten, da die Sprösslinge das traute Heim verlassen hatten oder einen Urlaub mit den Eltern nicht mehr ganz so attraktiv fanden. Der dritte Teil bestand aus Neulingen auf dem Gebiet der Liebe. Menschen, die sich abends noch mit einer Flasche Wein an den Strand setzten, um den Mond anzuschmachten. Mann, war das lange bei mir her.

Die übrigen Feten-Gruppen waren ohnehin indiskutabel, die kamen auf Campingplätzen immer paarweise oder waren so jung und immerzu pleite, dass sie nicht in Frage kamen. Also: null Chance.

Meine beste Möglichkeit beschränkte sich also auf die Kontaktpflege in unmittelbarer Nähe meines Wohnbereiches, den Dauercampern.

Als ich jetzt aus dem Mobil trat, begab ich mich gezielt in deren eingefriedeten Bereich, war sofort gefangen in einer anderen Welt. Hier glühten schon die Holzkohlen in voller Pracht, auf den meisten Rosten garten Steaks, Würste und fetter Bauch in einem kulinarischen Miteinander.

»Ich habe einen guten Kartoffelsalat«, sagte ich, nachdem ich mich mit Willy und Hertha bekannt gemacht hatte.

Sie reagierten wie geplant und schon bald gluckerte ein kühles Bier nach dem anderen durch unseren Hals und lockerte die Zungen.

Wie erwartet kamen die beiden schon seit Ewigkeiten hierher und schlugen regelmäßig am Wochenende an der Nordseeküste auf. »Ist ja ein Katzensprung. Drei Stunden Fahrt und ich bin an der guten Luft!« Herthas Brust wippte auf und nieder, als sie lachte.

Ich zupfte meinen Ausschnitt ein bisschen tiefer und beugte mich unauffällig zu Willy, der natürlich Stielaugen bekam.

»Was machst du denn so, wenn du nicht unterwegs bist?« Hertha schien meinen Angriff auf ihren Gatten nicht bemerkt zu haben.

»Ich arbeite mobil«, sagte ich. »Und kann es auch sehr gut von hier aus tun.«

Jetzt strich ich mit meiner Fußspitze über Willys Unterschenkel, hörte aber oberhalb der Tennissocke auf. Willy lächelte selig, das hatte seine Hertha sicher lange nicht mit ihm getan, das lief gut an. Ein Kunde war mir sicher und das schon am ersten Abend. Ich war wirklich unschlagbar.

Es kam, wie es kommen musste. Hertha gehörte zu den Frauen, die genügend Schlaf brauchten, um ihren ohnehin schon geschädigten Teint nicht noch mehr zu ruinieren. Um 22 Uhr war sie weg und ich hatte freie Bahn.

Willy war leicht flach zu legen. Er zierte sich ein bisschen, als er merkte, dass ich als Gegenleistung einen bräunlichen Schein verlangte. Da er aber voll auf seine Kosten kam, reute es ihn im Nachhinein nicht.

»Dass hier so was erlaubt ist auf dem Platz«, schüttelte er seinen Kopf, während er das Feinrippzelt von unten her über den prallen Bauch zog.

»Ist es ja gar nicht«, erwiderte ich. »Es ist bestimmt auch besser, wenn es unter euch Männern bleibt.« Ich zwinkerte ihm zu und er nickte verständnisvoll.

Mein Geschäft blühte. Die Ehefrauen bekamen nichts mit, ihre Gatten standen Schlange. Schon früh morgens hörte ich sie singend an meinem Domizil vorbeilaufen »… und jeden, den die Sehnsucht quält, ganz einfach Rosis Nummer wählt …«

Nun hieß ich zwar nicht Rosi, sondern Heidi, wie die von der Alm, das kam hier an der Küste als Exotik nämlich ganz gut an, aber ich verstand natürlich den tieferen Sinn dieses Songs.

Die Saison verlief prächtig. Wider Erwarten fanden sich auch ein paar der Schwer-, Alt- und Frischverliebten ein, und auch die Quote bei den Familienvätern war nicht schlecht.

Niemand vermutete hinter meinem unscheinbaren Mobil die Sünde, alle sahen mich als Alleinstehende, die sich mit Heimarbeit ihren Lebensunterhalt sicherte. Nach außen unterstützte ich den Eindruck, brauchte ja keiner wissen, dass ich die nasskalten deutschen Winter in meiner schönen Wohnung in Marbella mit Blick auf das Mittelmeer verbrachte.

Aber alles hat einmal ein Ende, jedes Euter einer Kuh ist irgendwann leer. Meines versiegte recht unverhofft und auf eine Art und Weise, die ich vorher nicht in der Planung hatte.

Eines schönen Morgens donnerte nämlich der Platzwart früh gegen meine Tür. Der Typ hieß zu allem Überfluss auch noch Herr Pfifferling, wahrscheinlich, weil er sich jeden Pfifferling zu Eigen machte.

Jedenfalls war ich um diese Zeit noch nicht am Start, immerhin musste ich lange arbeiten, nie war vor 23 Uhr Schluss. Mein Arbeitstag begann in der Regel nach dem Mittagessen, wenn die ersten Kinder und Ehefrauen ihre Schläfchen tätigten, die Männer sich für einen kurzen »Strandspaziergang zur Entspannung« zurückzogen und dabei einen kleinen Schlenker bei mir vorbei machten. Die Entspannung war ja binnen fünfzehn Minuten zu haben, sonst wurde es zu teuer und das fiel im Urlaubsbudget auf. Dem wütenden Gesicht des Pfifferlings nach wollte der aber keine Entspannung, sondern Ärger. Er gebärdete sich wie ein wütender Stier, stieß Laute aus, wie Prostitution sei hier untersagt und so.

Ich lächelte ihn an, zog ihn in mein rotes Bett und schon bald schwieg er beglückt. Trotzdem war das der Anfang vom Ende ...

Der Mann ließ einfach nicht locker und er zwang mich zu handeln. Er hatte mir nach der, für ihn doch angenehmen Nacht, tatsächlich am nächsten Morgen damit gedroht, die Polizei zu holen, wenn ich nicht am Folgetag verschwunden wäre.

Ich hatte danach die ganze Zeit überlegt, was ich tun sollte, doch nun stand mein Plan fest. Er war, zugegebenermaßen, nicht unbedingt christlicher Natur, der Pfifferling sollte die Sache nämlich nicht unbedingt überleben. Schließlich wollte ich doch im nächsten Jahr wiederkommen, so lukrativ wie das hier abging. Da konnte ich ihn einfach nicht gebrauchen. Es war so anstrengend, sich immer wieder einen neuen Kundenstamm aufzubauen, vor allem, wenn man schon mit gedämpftem roten Licht arbeiten musste wie ich, damit die Falten und Speckröllchen kaschiert waren. Das verstand der Typ natürlich nicht. Es gibt einfach Männer, die beseitigt man besser gleich.

Da es ohnehin bald Oktober war, würde ich meinen Flieger nach Marbella eben etwas eher buchen. Im nächsten Frühjahr würde Gras über die Sache gewachsen sein. Es war eine gute Saison gewesen, da konnte ich es mir leisten, vier Wochen früher zu reisen. Notfalls würde mir auch dort der ein oder andere Dickbauch zu Willen sein. Ich entschied mich für einen raschen Abgang, bevor die Herren von der Polizei unangenehme Fragen stellten, wenn zeitgleich der gute Herr Pfifferling die Augen für immer schloss. Da ein Kommen und Gehen auf dem Campingplatz normal war, würde ich gar nicht auffallen.

Trotzdem hätte ich vorsichtiger sein müssen. Ganz ehrlich. Ich habe eine Menschenkenntnis für drei, sonst könnte ich meinen Beruf nicht so spitzenmäßig ausüben. Ich hätte es dem Pfifferling ansehen müssen, dass er mir seine Schwäche nicht verziehen hatte, weil er im Bett einer Nutte gelandet war.

Schon am nächsten Abend baute ich ab, musste nur noch den Strom abziehen.

Ich kletterte aus der Tür, sah tatsächlich den Pfifferling mit verschränkten Armen am Parzellenrand stehen. Es regnete in Strömen und doch beobachtete er mein Tun genauestens. Sein Abgang würde etwas zeitversetzt erfolgen, ich hatte ihm eine gute Flasche Wein geschenkt, die mit wenigen ungesunden Kleinigkeiten, wie ein paar Spritzern Rattengift, meinem blutdrucksenkenden Mittel und anderen Herzmedikamenten aus der Hausapotheke angereichert war. Eben, was man so da hat. Der Wein war von kräftiger säuerlicher Note, dass man die dezenten Geschmacksnuancen nicht gleich schmecken würde. Ich wusste, dass der Pfifferling nicht widerstehen und die Flasche leeren würde: Dazu waren seine Poren rund um die Nase zu groß und die Adern zu blau. Erwartungsvoll hielt er das Fläschchen jetzt auch wie ein Baby im Arm. Er lächelte breit, glaubte wirklich, er habe gewonnen.

Als ich den Stecker abzog, hatte ich den ersten Kontakt mit dem Himmel, jedenfalls glaubte ich, dass es Sterne waren, die an meinen Ohren vorbeirasten. Im Nachhinein war mir klar, wie er diesen vermeintlich idiotensicheren Kasten manipuliert hatte. Das hat mir Petrus später geflüstert, der weiß so was. »Man muss nur die Erdung am Gehäuse lösen, neue Phase vor den FI Schalter legen und dann noch etwas Regen und die Sache ist geritzt.«

Ich hätte den Pfifferling nicht für so pfiffig gehalten, damit das mal klar ist. Er war mir tatsächlich zuvorgekommen, der Hund.

Ich bin jedenfalls da unten nicht mehr zuständig für das Männerglück, das hatte ich am Anfang vergessen zu erzählen. Ich kann mich im Augenblick nur noch nicht entscheiden, ob ich lieber rechts herum in die Hölle oder links herum zu den weichgespülten Klängen des Himmels will. In der Hölle ist ganz schön was los, die haben echt Spaß da unten. Aber es ist viel zu heiß, ich bin schließlich ein Nordlicht, mir fehlt das südländische Gemüt. Doch das Leben in der Blumenwiese deucht mir auch arg langweilig. Immer nur Friede, Freude, Eierkuchen und Blümchensex. Das ist auch nicht so richtig was für mich. Wie soll ich da genug verdienen?

Ich werde mal abwarten, wofür der Pfifferling sich entscheidet. Der ist nämlich auch eben angeschwebt und sieht echt nicht gut aus. Meine Mischung ist ihm nicht sonderlich bekommen, aber er hat es ja nicht anders verdient.

Nach Möglichkeit möchte ich ihn wirklich nicht in meiner Nachbarschaft haben. Wie soll ich hier mit so einem im Rücken in Ruhe arbeiten? Das ist ja schon da unten verdammt schiefgegangen.

boskoop

Es ist eine unnachahmliche Komposition, eine Assemblage von Düften. Da mischt sich der Hauch des nachmittags gemähten Grases mit dem Salz- und Teergeruch, der seit jeher von der Nordsee herüberweht. Das Odeur glühender Holzkohle vereint sich mit dem Wohlgeruch darauf brutzelnder Würste und Hähnchenkeulen zu einem Parfum, abgerundet durch eine leichte Brise Chlor aus dem eben noch lauthals frequentierten Freizeitbad just in der Mitte des Areals.

Jetzt ist es ruhig geworden auf *Camping de Grevelinge*. Die Herbstferien beginnen erst morgen. Morgen ist Freitag, und jede Menge Menschen aus Bonn, Köln, Krefeld und Duisburg werden wie jedes Jahr das Vorurteil widerlegen, dass es die Holländer sind, die mit dem Wohnwagen unterwegs sind. Ab morgen wird wieder Deutsch gesprochen auf *Camping de Grevelinge*.

Die alte Junghans Automatik, die Wim von seinem Vater geerbt hat, wie auch den Campingplatz, zeigt sieben Minuten vor elf. Die »Platzruhe«, die also seit dreiundfünfzig Minuten gilt, wird gestört durch eine nicht unbedingt virtuos gespielte zwölfsaitige Gitarre, und sieben oder acht Leute, die »Nights in White Satin« singen, nicht schön, aber laut, und genau da liegt das Problem.

»Freunde, es ist gleich elf Uhr. Also, packt die Gitarre ein, und seid ein bisschen leise, ok?«

»Ok, Wim! Nur noch ein Lied!«

»Ein Lied, ok!«

Von irgendwo vernimmt Wim noch ein Kofferradio, es spielt »Aan de Kust«, dieses wunderbare Lied von Blof, die Band kommt aus Vlissingen, und Wim kennt den Schlagzeuger. Da fällt ihm ein, Kofferradios gibt es heute gar nicht mehr. Es ist ein in eine Docking-Station gedocktes iPhone, das er hört, und es ist ein tolles Lied, aber es ist zu laut.

Die Musik kommt von irgendwo Richtung Aachtekerke. Wahrscheinlich Plätze 318 bis 324. Am besten geht Wim über den kleinen Trampelpfad durch die Hecke an die Gracht, dann muss er nicht an allen Wohnwagen und Zelten vorbei, dann kann er am Wasser entlang bis zur Nordwest-Spitze des Grundstücks.

Ein ganz kleines Lächeln legt sich auf Wims Lippen. Wenn er den Weg nimmt, kommt er vorbei an dem uralten Apfelbaum, wo sie als Kinder immer die hässlichen Äpfel gepflückt haben. Nee, schön waren die nicht, obwohl der Apfel so heißt: »Schöner von Boskoop«! Boskoop liegt irgendwo in der Nähe von Gouda, denkt Wim, und dann denkt er noch, jetzt hängt da nichts mehr, es sind viel zu viele Camper, die lassen dem Chef aber auch nicht einen einzigen Apfel übrig, da hängt bestimmt nichts mehr ...

Und dann sieht Wim, dass er an diesem Abend leider falsch liegt.

Da hängt was! Da hängt ein Mensch an einem Strick, und das ist ein verdammt hässlicher Anblick für einen Baum, an dem der »Schöne von Boskoop« hängen sollte. Irgendein Idiot hat sich aufgehängt, auf *Camping de Grevelinge*, einen Tag bevor die Karawane von Wohnwagen vor der Rezeption steht.

Wim ist der Chef auf diesem Campingplatz, und er ist für den Job des Nachtwächters eindeutig überqualifiziert. Ruud, der den Job normalerweise macht, ist aber eingeladen auf eine Hochzeit, und eine zeeländische Hochzeit dauert nicht nur bis zum Morgengrauen, es ist auch ausgeschlossen, einen der Gäste um kurz vor elf anzurufen, und dabei die Hoffnung aufrechtzuerhalten, dass jener noch annähernd nüchtern ist. Der liebe Gott hat den Genever ja nicht erfunden, damit er in Flaschen jahrelang vor sich hin vegetiert.

Nee, Ruud anrufen wäre jetzt vergebliche Liebesmüh. In der Kantine steht Arjen jetzt hinter dem Tresen. Die Saison beginnt erst morgen. Wenn er Glück hat, ist in dem alten reetgedeckten Haus neben dem Erlebnisbad gar nicht so viel los.

Wim geht los, dann läuft er, dann packt ihn die Angst, dann rennt er, und dann bricht er beinahe zusammen, kurz bevor er die Kantine erreicht. Er konnte nur noch an diesen Idioten denken, der sich an seinem Boskoop-Apfelbaum aufgehängt hat, deshalb hatte er völlig vergessen, dass ein Sechshundertmetersprint von seiner Kondition kategorisch abgelehnt wird.

Arjen stand ein bisschen gelangweilt an seinem Tresen. Ein einsames knutschendes Pärchen saß in seiner Kneipe, und das würde den Abend ganz sicher im eigenen Wohnwagen oder Zelt besser beschließen als in »Arjens Café«!

»Was ist denn mit dir los? Du bist ja nassgeschwitzt wie ein Eisbär in der Sauna?«

»Jetzt hör mal auf mit dem Scheiß, wir haben ein Problem! Am Apfelbaum neben 320 hat sich einer aufgehängt!«

»Echt …! Verdammt! Und morgen kommen die ganzen Gäste. Was hast du vor?«

»Keine Ahnung, gib mir ein Grimbergen, nee, gib mir zwei!«

Am Fuße dieser beiden Biere generierte das Unternehmergehirn des Wim Vermeer eine Argumentationskette. Diese lässt sich wie folgt zusammenfassen:

1. Wenn morgen Hunderte von Krefeldern, Duisburgern und Kölnern *Camping de Grevelinge* bevölkern, sollte der Platz

nicht von rotweißen Trassierbändern, weiß-orange-blauen Polizeiwagen und möglichst vielen Blaulichtern übersät sein.

2. Wir haben mit der neuen Saunalandschaft auf dem Nachbarcampingplatz *In de Boppard* schon Ärger genug. Mehr brauchen wir nicht.

3. Gib mir noch ein Grimbergen!

»Arjen, so viel steht fest: Der Kerl muss weg. Aber die Frage ist ja: »Wohin muss er?«

»Ich hab's. Du kennst den alten Baum bei *In de Boppard*, wo wir im Herbst immer Birnen geklaut haben. ›Vereinsdechantsbirne‹ hießen die Dinger.«

Wim brauchte einen Moment, bis er begriff: »Ja, natürlich, komm, mach den Laden hier zu!«

Arjen war etwas vorsichtiger: »Hey, wir haben kurz vor zwölf, lass uns noch ein Stündchen warten!«

»Bist du bescheuert. Wenn einer bei uns am Boskoop-Baum vorbeikommt, dann ist nicht fünf vor zwölf, dann ist nicht nur diese Saison gelaufen. Hier ist mal wirklich Zeit Geld.«

»Ok!« Arjen ging kassieren. Erwartungsgemäß hatten die beiden letzten noch anwesenden Gäste kein Problem damit, den Heimweg antreten zu müssen.

Arjen schloss die Tür, verriegelte das Sicherheitsschloss, beide machten sich auf den Weg. Er hatte seinen VW Passat Variant neben dem Supermarkt geparkt. Wim rannte vor zum Boskoop-Baum. Da war kein Stuhl, keine Fußbank, nichts. Dieser Idiot musste auf den Apfelbaum geklettert sein, das Seil festgemacht haben, und dann ist der runtergesprungen. Wenn der Scheiß-Ast durchgebrochen wär, würde er noch leben.

Aber der Ast war nicht durchgebrochen. Und was sollte Wim jetzt machen? Wie sollte er das Seil lösen. Auf den

Baum klettern und dann? Da hängt der Typ dran, da kannst du nicht mal eben so einen Knoten lösen.

Da hörte Wim das ersehnte Motorengeräusch. Eine Minute später holte Arjen eine Standleiter aus dem Passat Variant. Wim kletterte auf den Baum, lag wie die Schlange Kaa im Dschungelbuch auf dem Ast. Arjen stand auf der Standleiter und hob den Idioten dreißig Zentimeter an, so dass Wim den Knoten lösen konnte.

Es war kein großes Problem. So ein Passat hat eine Rückenlehne, die in der Lage ist, durch Umklappen eine ebene Ladefläche mit immensem Stauraum zu produzieren, und bis zu *In de Boppard* waren es nur 900 Meter.

Die Junghans Automatic zeigte ein Uhr vierundvierzig, als Wim und Arjen am Tresen von »Arjens Café« standen. Es gab nicht viel zu spülen, die beiden Männer hatten das gleiche Glas auch ein zweites Mal genutzt, und ein drittes Mal, … und ein achtes Mal.

»Stell dir vor, morgen auf *In de Boppard*: irgendwann geht einer spazieren vorbei am Birnbaum, und dann sieht der …, und unsere Bücher für das nächste Jahr sind schon wieder voll! Ha!«

Der große bleiche Mond sorgte dafür, dass die tiefe Nacht gar nichts so finster erschien, als der alte Nachtwächter mit seinem treuen Hund »Woff« eine letzte Runde um den Campingplatz machte. Kurz vor dem mächtigen Birnbaum befahl er dem Hund: »Sitz!« Dann fingerte er das Mobiltelefon aus der Manchesterhose und drückte die Taste mit dem grünen Telefon. Nach einer kleinen Weile sprach er in das Gerät: »Klaas? Tschuldige, dass ich dich geweckt habe. Aber er hängt wieder hier!«

die krabbe auf der kribbe

Ich hatte sie nicht kommen hören. Das Wasser am Kribbenkopf rauschte viel zu laut. Außerdem war ich reichlich zugedröhnt. Hier kam selten jemand her. Darum war es ja auch mein Platz.

»Störe ich?«, fragte die Stimme. Ich hatte gerade tief inhaliert und verschluckte mich fast an dem Rauch.

»Das ist kein Privatgelände, leider«, entgegnete ich, ohne mich umzusehen.

Sie kauerte sich neben mir hin und guckte in die Strömung. »Eigentlich schön hier.«

Ich rauchte.

Nach einer Weile schauderte sie: »Huh, was für eine Gewalt! Das reißt einen vom Hingucken ja schon mit sich!«

Ja. Es saugt alles aus dir raus. Jeden Dreck, der sich in dir angestaut hat. Du guckst aufs Wasser, es zieht und tut gut.

»Hm«, sagte ich.

»Wohnst du auf dem Campingplatz?«, wollte sie wissen.

Wie kam die blöde Kuh dazu mich zu duzen? Ich sah ganz bestimmt nicht so aus, als müsse man mich siezen. Aber *sie* trug Stoffhosen mit Bügelfalte. So viel konnte ich in der Dunkelheit immerhin erkennen. Außerdem hatte sie irgendein Parfüm an sich, das es tatsächlich schaffte, sich durch den Geruch von süßem Rauch, Moder, Dieselmotoren und Freiheit auf unangenehme Weise bemerkbar zu machen.

»Kennen wir uns?«, knurrte ich.

»Ja«, entgegnete sie.

Ich zog den Kopf tiefer zwischen die Schultern, ohne den Blick zu wenden. Keine Fragen! Ich habe nichts getan! Ich will eure Fragen nicht hören!

»Ich hab euren alten Tabbert gesehen«, setzte sie hinzu.

»Sie sind von der Polizei.« Ich guckte immer noch nicht hin. Woher nahmen die sich eigentlich das Recht so zu tun, als wär ich ein Kind oder sonstwie minderbemittelt? Weil man *einmal* Scheiß gebaut hat!

Sie lachte. Es klang nicht echt. Eher irgendwie überrascht. »Ja. Tatsächlich. Ich bin tatsächlich zur Polizei gegangen.«

»Ich bin clean«, sagte ich.

»Das sieht man.« Spöttisch.

»Rauchen ist nicht verboten«, stellte ich klar, »und mehr hab ich nicht.«

»Ich bin nicht deswegen gekommen, Linn.«

Ich ließ es eine Weile auf mich wirken. Mein Name ist Linda. Linn nannten mich nur drei Menschen auf der Welt: meine Mutter, mein Vater und meine Großmutter. Meine Mutter war gestorben, als ich dreizehn war. Krebs. Das war fast zwölf Jahre her. Die Tusse da war weder mein Vater noch meine Oma. Weiter fiel mir nichts dazu ein. Ich guckte auf die kleinen Schnellen am Fuß der Kribbe, ließ meine Gedanken verwirbeln, hörte das Kreischen der Möwen in meinem Kopf hallen. Schrei lauter, kleine Krabbe! Keiner da, der dich rettet! Schrei! Ich kann dich nicht hören!

Sie setzte sich auf einen der Granitsteine neben mir, streckte ein Bein aus, zog das andere an, stützte den Kopf auf und musterte mich von der Seite. »Ich bin Doreen. Tims Mutter.«

Ich schloss die Augen. Das Rauschen war ganz tief in mir drin. Es zog mächtig. Ich hatte dem nichts entgegenzusetzen. Gar nichts.

* * *

Nachdem meine Mutter gestorben war, hatte mein Vater den kleinen Campingwagen gekauft. Ich glaube, es war ein Kompromiss. Er wollte eigentlich nur weg. Weil es mich gab, konnte er nicht einfach abhauen. Und jetzt hatten wir den Wagen und kein Geld mehr, um auch damit wegzufahren. Also machten wir Urlaub auf dem Campingplatz vor der Stadt. Camping Berger. Am Tage mit Blick auf den Kölner Dom irgendwo hinter der Rodenkirchener Autobahnbrücke, abends auf die Lichter von Westhofen. Rundherum eine alteingesessene My-home-is-my-Caravan-Gemeinde, die sich tagsüber auf Klappliegen in der Sonne räkelte und jeden Abend grillte. Über dem ganzen Platz waberte der Geruch von Sonnenöl und Bratfett. Die meisten der Wagen waren seit Jahrzehnten nicht mehr bewegt worden, dafür aber mit allem versehen, was das Spießerherz begehrte: Spitzengardinchen, Veilchentöpfe und Wackeldackel neben mit Häkelhäubchen versehenen Klorollen.

Mein Vater vergrub sich in seine Bücher. Ich hockte mich auf eine der Kribben, wie die Dinger hier hießen – Vater nannte sie Buhnen – die den Schwimmerbereich eingrenzten, und träumte mich weg. Von einem Holländer, dessen Eltern ein paar Tage Station machten, um den Dom und die Museen abzuklappern, kriegte ich den ersten Joint meines Lebens, und so ließ es sich schließlich aushalten.

Bis Doreen kam.

»Was machst du da?«, hatte das Kind gefragt. Ich saß an der Spitze der Kribbe, beobachtete die vorbeifahrenden Schiffe und guckte nur kurz über die Schulter. Es balancierte dicht hinter mir von Stein zu Stein, hüpfte auf eine flache grasbewachsene Stelle neben mir und hockte sich hin. Ganz hinten, am Anfang der Kribbe, sah ich seine Mutter. Sie stand dort mit verschränkten Armen, beobachtete den Kleinen und unterhielt sich mit meinem Vater.

»Was machst *du* hier?«, konterte ich. »Kribben sind gefährlich für so kleine Krabben wie dich.«

»Pah, gefährlich!« Der Junge lachte.

»Wenn du ins Wasser fällst, bist du weg«, sagte ich.

»Ich kann schwimmen!«

»Das nützt dir überhaupt nichts, wenn du in den Strudel gerätst. Es reißt dich weg.«

»Ich bin schon groß«, beharrte er.

Ich hatte keinen Bock mehr. »Du bist ein dummes kleines Gör, nichts weiter«, sagte ich, guckte stromabwärts und ignorierte den Jungen, der jetzt aufstand, bis ans Wasser und um die Kribbenspitze herum balancierte.

Von weit hinten kam die Stimme seiner Mutter: »Tihimm! Komm zurück!«

Und was machte das kleine Arschloch? Zog die Hose runter, richtete seinen kleinen Pimmel auf und pisste in die Strömung. Sein Kreuz drückte er dabei kräftig durch, dass er einen schön hohen Bogen hinkriegte. Er begann mir zu gefallen.

»He, kleine Krabbe«, drohte ich, »wenn du so weiter machst, gibt's Hochwasser, und der Rhein nimmt dich zur Strafe mit!«

»Linn!«, hörte ich meinen Vater von Ferne, »hol den Jungen da weg!«

»Ph«, machte der Junge, »ich bin aber keine kleine Krabbe!«

»Tim!«, rief die Frau wieder, von der mir jetzt einfiel, dass sie sich am Abend vorher als Doreen vorgestellt hatte. Sie war in einem quietschgelben Käfer mit Hamburger Kennzeichen am späten Nachmittag auf den Nachbarplatz gefahren, den die Holländer ziemlich verdreckt hinterlassen hatten. Eigentlich standen in unserer Reihe nur Wohnwagen. Aber sie zerrte eine kleine Hundehütte aus dem Wagen und begann mit Zeltstangen und Planen zu hantieren. Natürlich hatte mein Vater auf ihre hilfesuchenden Blicke hin sein Buch Buch sein lassen und war ihr beigesprungen. Das Kind flitzte herum, fröhliches Chaos verbreitend, während ich im Wagen blieb und die obligatorische Ferienkarte an meine Patentante vollendete: »… mir prima, das Wetter ist gut. Ich hoffe, dir geht es auch gut. Deine Linda.« Wieso eigentlich hatte Vater bisher keinen einzigen Versuch gemacht mit mir etwas zu unternehmen, statt nur am Campingplatz rumzuhocken?

Die Erwachsenen kamen näher. Tim hüpfte ihnen entgegen und sprang auf den Arm seiner Mutter, die mit dem Kind auf dem Arm schwankend von Stein zu Stein balancierte, was meinen Vater veranlasste, sie am Ellbogen zu stützen. Neben mir angekommen, ließ Tim sich wieder runterrutschen und schrie laut »Boah!«, weil ein Containerschiff gerade ziemlich dicht vorbei fuhr und einen mächtigen Wellenberg vor sich her schob. Das Dröhnen des Motors und die schäumende Gischt machten es unmöglich den Kommentar seiner Mutter zu verstehen, aber ihrem Gesichtsausdruck nach ermahnte sie ihn. Als es ihn wieder zum Kribbenkopf zog, hielt sie die kleine Hand fest umklammert. Eigentlich sah sie noch ziemlich jung aus.

Mein Vater erzählte später, sie sei schwanger geworden, als sie noch zur Schule ging. Mittlerweile lebte sie allein und versuchte das Abitur nachzuholen. Es klang bewundernd. »Sie versucht das Beste aus ihrem Leben zu machen.« Und nach einer Pause: »Hilft ja nichts, sich in seinem Loch zu verkriechen.«

In den nächsten Tagen las er kaum noch. Wenn er nicht mit den neuen Nachbarn spazieren ging, in der Bucht zwischen den Kribben rumschwamm und für Tim flache Steine auf dem Wasser titschen ließ, entdeckte er die kleine Wohnwagenküche für sich und probierte allerhand aus, was wir dann abends zu viert an dem wackeligen Campingtisch zu uns nahmen. Er machte auf Hausmann, als hätte er sein Leben lang nichts anderes getan! Dabei hatte er, solange meine Mutter lebte, nie einen Kochlöffel in die Hand genommen! Noch nicht mal zum Abtrocknen hatte er sich herabgelassen, das war immer mein Job.

Doreen revanchierte sich mit einer Dose Ravioli oder Linsensuppe, die sie auf ihrem kleinen Kartuschenkocher aufwärmte.

Ich hasste sie von Tag zu Tag mehr. Tim ging mir zwar auch auf den Zwirn, aber er konnte ja nichts dafür. Und irgendwie konnte man ihm auch gar nicht böse sein.

Ich weiß nicht, ob er es als persönliche Herausforderung empfand, mich aus meinem Schneckenhaus zu locken, ob er spürte, dass wir ein ähnliches Problem hatten, oder ob er mich wirklich mochte. Vielleicht war es ja auch so, dass die beiden Erwachsenen ihn zu mir schickten, um ihre Ruhe zu haben. *Erwachsene*! Diese Doreen war doch ein halbes Kind! Und mein Vater gebärdete sich geradezu pubertär, wie er um sie herumgockelte! Wahrscheinlich bildete sie sich noch was darauf ein, dass so ein alter Mann was an ihr fand!

Jedenfalls kam Tim dauernd zu mir auf die Kribbe gedackelt. Einmal schwamm er sogar vom Ufer dorthin und trieb dicht an die Strömung am Kribbenkopf. Ich bin ihm schließlich entgegen geschwommen, hab ihn auf die Steine gezogen und mit meinem Handtuch trocken gerubbelt.

»Siehst du? Ich bin keine kleine Krabbe!«, sagte er halb bibbernd, halb triumphierend.

»Oh nein«, zog ich ihn auf, »du bist ja schon fast bis an die gefährliche Kribbe geschwommen! Also eine *mittlere* Krabbe!«

»*Gar* keine Krabbe!«, protestierte er.

»Darf ich dich denn Däumling nennen?«

Das ließ er sich gefallen: »Der Däumling ist tapfer!«, meinte er.

»Und klein!«, neckte ich.

Das ließ er nicht gelten: »Wer tapfer ist, ist nicht klein!«

»Aber noch lange nicht groß«, beharrte ich.

Er dachte nach. »Mama ist groß«, entschied er schließlich.

Da knallte in mir eine Sicherung durch. »Groß? – Ich zeig dir mal, wie groß deine Mama ist!« Ich hab mit Daumen und Zeigefinger Maß genommen und ihn hindurchgucken lassen. »Siehst du sie da hinten am Strand neben meinem Vater?«, hab ich gesagt, »sie ist so klein, dass sie zwischen meinen Daumen und Zeigefinger passt!«

Er war beeindruckt.

»Und so« – ich presste die Finger zusammen – »kann ich deine Mutter zerquetschen!«

»Dann hau ich dich!«, schrie er empört und tat es. Aber ich hielt seine kleine Hand fest. »Wenn deine Mutter sich mal solche Sorgen um dich machte wie du dir um sie! Stattdessen macht sie mit meinem Vater im Sandkasten rum! Wenn *das* nicht Kindergarten ist!«

Zwei Tage später war er verschwunden.

Mein Vater und Doreen waren abends ins Autokino gefahren. Tim sollte dafür mit mir im Wohnwagen übernachten. Ich hatte ihm sogar vorgelesen. Aus seinem Lieblings-Märchenbuch. Vom tapferen kleinen Däumling. Um neun Uhr war er eingeschlafen, ich eine Stunde später vielleicht.

Das Kino musste schon um zehn Uhr beendet gewesen sein. Aber es war weit nach Mitternacht, als die beiden mich weckten. Doreens hysterische Schreie brachten kurz darauf alle Bewohner des Platzes auf die Beine.

Drei Tage lang haben die Bullen jeden Blumentopf auf dem Campingplatz rumgedreht und jeden Camper ins Kreuzverhör genommen. Es wimmelte von Presse, Fernsehen, Rundfunk. Und immer wieder Polizei.

Die Welt war damals noch etwas prüder. Man sagte den Kindern, dass sie niemals mit Männern mitgehen sollten, die ihnen Süßigkeiten anboten. Was mit Kindern passierte, die das nicht beachteten, blieb ein Mysterium. Genau dieses Mysterium vermutete man in Tims Fall, weshalb der Verdacht sich gegen alle Männer richtete, die das Pech hatten, in jener Nacht im Umkreis von zehn Kilometern zugegen gewesen zu sein. Selbst mein Vater blieb davon nicht ganz verschont, obwohl die Kindesmutter ihm doch höchstpersönlich ein Alibi gab und Tims Nochamlebensein bis zu unserem Zubettgehen von den Grillgemeinschaften rund um unseren Wohnwagen bezeugt wurde.

Auch Doreen wurde immer wieder in die Mangel genommen. Ob sie des Kindes überdrüssig gewesen sei? Ob sie vielleicht die Chance gewittert habe, ein freieres Leben ohne es zu beginnen? Es gab da eine Lücke von über zwei Stunden zwischen dem Moment, wo der quietschgelbe Käfer das Autokino verlassen hatte, und der Rückkehr zum Platz, den die beiden damit erklärten, dass sie sich an der Rodenkirchener Uferpromenade, später am Wassersaum aufgehalten und unterhalten hätten. Zeugen bestätigten, dort etwa um die Zeit ein eng umschlungenes Pärchen beobachtet zu haben,

konnten aber aufgrund der Dunkelheit niemanden identifizieren. *Unterhalten* hatte die blöde Schlampe das genannt!

Einen kleinen Jungen hatte keiner gesehen. Tja, statt ein
Auge auf meinen Vater zu werfen, hätte sie besser mal ihren
Sohn im Auge behalten!

Natürlich hat man mich auch wieder und wieder befragt.
Ob ich eifersüchtig gewesen sei? Ob ich meinem Vater die
sich andeutende Romanze missgönnt hätte? Ob ich sehr an
meiner Mutter gehangen hätte?

Das einzige, was sie mit ihrer beschissenen Fragerei erreichten, war, dass es mir erst richtig bewusst wurde, *wie*
eifersüchtig ich war, *wie* übel ich meinem Vater seinen Flirt
mit Doreen nahm und *wie* sehr ich an meiner Mutter hing.
Ich rutschte immer tiefer in mein Loch. – Ob ich irgendein
verdächtiges Geräusch wahrgenommen hätte? Irgendwann
fing ich einfach an zu schreien: »Ich hab *geschlafen*, ich hab
nichts *mitgekriegt* und nichts *getan*!«, und hielt mir die Ohren
zu, sobald jemand Fragen stellte.

Doreen fuhr nach Hamburg, wir kehrten in unsere Wohnung zurück. Schule fing wieder an. Alles ging noch eine
Nummer beschissener weiter als nach dem Tod meiner
Mutter. Es half auch nicht, dass fast ein halbes Jahr später
die fast skelettierte Leiche eines Fünfjährigen in einem Ha-
fenbecken bei Millingen angeschwemmt wurde, die nach
dem Zahnbefund Tim zugeordnet werden konnte. Der Körper des Jungen war vermutlich in eine Schiffsschraube geraten. Eine Todesursache ließ sich nicht mehr feststellen. Mein
Vater machte im nächsten Jahr noch einen Versuch mit mir
in Ferien zu fahren, nach Holland. Es war ein Desaster. Danach blieb der Wagen auf dem Campingplatz stehen. Mein
Vater mied ihn. Aber ich war oft da. Ich fing das Kiffen an,

flog von der Schule, haute ab, kam in eine Therapie, hing wieder durch, verlor einen Job nach dem anderen, wollte von nichts etwas wissen.

* * *

»Jetzt nimm endlich die Hände von den Ohren, Linn«, sagte Doreen ruhig. »Ich will von dir wissen, was passiert ist in der Nacht.« Sie hob die glimmende Tüte, die mir aus den Fingern gerutscht war, auf und schleuderte sie in den Rhein. Der Joint trudelte in der Luft, drehte sich ein paar Mal um sich selbst und erzeugte einen Funkenregen, bis er mit leisem Zischen versank. Ich hatte die Hände fallen lassen. Der Rhein rauschte und gluckste viel zu laut, als dass man das Zischen hätte hören können, aber ich *spürte* es geradezu körperlich.

»Ich hab geschlafen«, sagte ich. »Ich hab nichts mitgekriegt. Er ist aufgestanden und abgehauen, als ich schlief.«

»Warum hätte er das tun sollen?«

Ich seufzte. »Er war der *Däumling*«, sagte ich, »und *ich* war die Krabbe.«

»Was redest du da, Linn? Wieso Däumling und Krabbe?«

»Ich hab ihn so genannt. Kleine Krabbe. Er konnte es nicht leiden.«

»Na, und? Deswegen wollte er abhauen?«

»Ich hab ihm an dem Abend Bechsteins Märchen vorgelesen. Er wollte die Geschichte vom kleinen Däumling hören. – Kennst du das Märchen noch?«

Doreen schüttelte verwirrt den Kopf. »Keine Ahnung – ja, doch, der Däumling rettet seine Brüder vor dem Menschenfresser.«

»Du hast etwas Entscheidendes vergessen«, sagte ich und wunderte mich selbst, dass ich auf einmal so klar im Kopf war, »die Eltern haben ihre Kinder ausgesetzt. Wie bei Hänsel und Gretel.«

»Sie waren in Not, nicht wahr?«

»*Not?*«, fragte ich wütend. »Egal! – Die Brüder verirren sich, werden gefangen und sollen geschlachtet werden. Sie schlafen in dem Kinderzimmer, wo auch die Töchter des Menschenfressers liegen. – Hattest du deinen Sohn schon mal woanders übernachten lassen? Vielleicht fühlte es sich für ihn so an!«

Doreen schüttelte den Kopf.

»Der Däumling ahnt Schlimmes«, fuhr ich fort, »er nimmt den Mädchen die Krönchen ab und setzt sie seinen Brüdern auf. Der betrunkene Oger tastet in der Nacht nach den Köpfen und schlachtet die Kinder ohne Krönchen, die eigenen Töchter! Dann weckt er seine Frau und sagt ihr – das habe ich all die Jahre seitdem *wörtlich* im Ohr – er sagt: »Geh und richte die *Krabben* zu!«« Ich schwieg.

Doreen guckte fragend. »Und?«

»Tim war empört. Er warf mir vor, dass ich ihn *Krabbe* genannt hatte. Und dabei sei er doch der *Däumling*, der sich eben *nicht* abschlachten lasse. Und dann haben wir uns wieder gestritten, ob er nun groß sei oder nicht.« Ich sah Doreen zum ersten Mal direkt in die Augen. »Weißt du eigentlich, was das für ein toller Kerl war?«

»*War*«, wiederholte Doreen bitter, »ja, er ist *tot*.«

»Er war ein *Held*«, insistierte ich, »er hat sich nicht auf die Kribbe gehockt so wie ich und sich tot gestellt. Er ist drum herum geschwommen.«

»*Was* ist er? Um die Kribbe – ? – Wann? Woher weißt du?«

»Er hat es mir gesagt! Er hat gesagt, er *schafft* es. Noch in *der* Nacht.«

»Und du?«

»Ich hab gelacht und gesagt: »Ja, *heute* Nacht noch! Du schläfst jetzt ein, und dann träumst du davon, dass du um die Kribbe schwimmst – durch die tödlichen Stromschnellen!« Und hab ihm versprochen, dass ich ihn danach nie wieder »kleine Krabbe« nennen würde. Ich hab ihm einen Gutenachtkuss gegeben, und er ist gleich eingeschlafen. Mehr hab ich nicht mitgekriegt. – Ich hab im Traum nicht dran gedacht, dass er es *machen* würde!«

Wir schwiegen. Der Himmel, bis zu diesem Moment ziemlich wolkenverhangen, gab einen noch etwas griesgrämigen Mond frei, der eine glitzernde Brücke über den Fluss zu unseren Füßen legte. *Wieder* sah ich in den funkelnden Wellen den kleinen blonden Kopf auf- und abtauchen. Er kämpfte sich durch die Schnellen und verschwand.

»Warum hast du das nie erzählt?«, flüsterte Doreen.

»Lieber Himmel! Wie groß *war* ich denn? – Was hast *du* denn mit deinem schlechten Gewissen gemacht?«

»*Es* mit mir.« Sie schlang die Arme um die Beine.

»Außerdem hab ich doch *auch* einfach gehofft, er würde noch gefunden, und es wäre vielleicht alles ganz anders gewesen.«

Und schließlich: »Vielleicht hab ich es ja auch jetzt erst richtig verstanden.«

»Weißt du«, meinte Doreen nach einer kleinen Ewigkeit, »ich wollte die ganze Zeit irgendeine Spur finden, irgendwas, was zu einem Mörder führt. Die ganzen Jahre. Und auf einmal denke ich, es ist jetzt gut.« Sie stand auf. »Danke, Linn.«

Ich warf einen Blick auf den kleinen blonden Kopf, der mir vom Wasser aus zuwinkte. Ich winkte zurück und richtete mich ebenfalls auf.

»Ja. Ich glaub, es ist höchste Zeit«

natürlich wild

Ein Wildcamping-Bericht

Seid's ihr noch bei Trost? Macht's, dass ihr wegkommt! Aber sofort! Schleicht's euch!« Der Grünberockte stapft mit wuchtigen Schritten durchs Unterholz auf unser Zelt zu. Die gezwirbelten Enden seines voluminösen Backenbartes wippen. Sie wippen ungnädig.

Jäger hassen Wildcamper.

Jetzt und für alle Zeit und immerdar. Auch noch nach dem Ende unserer Erde, wenn die Sonne erst zum roten Riesen und dann zum weißen Zwerg und letztlich zum schwarzen Loch wird, wenn das Universum beschließt, doch wieder in sich zusammenzufallen, selbst dann noch, in dieser zeitlich unendlichen Ferne, werden Jäger Wildcamper hassen.

Weil wir angeblich die Beute vertreiben. Oder eine Brandgefahr für den Wald darstellen. Alles haltlose, aber typische Vorurteile gegen Wildcamper.

Wir Wildcamper sind jedoch ganz anders. Wir machen kein offenes Feuer, wir lassen keinerlei Müll zurück, wir sind mucksmäuschenstill und wir vertreiben kein Wild. Im Gegenteil. Mir hat schon mal ein Damhirsch aus der Hand gefressen. Wahre Geschichte! Ich kann enorm gut mit Tieren.

Onkel Schorsch und ich sind überhaupt gut zur Natur. Das müssen wir auch, denn wir sind eins mit ihr. Wir gehören nämlich zu den letzten, natürlich lebenden, wirklich freien Menschen auf diesem Globus - zu den Wildcampern. Den Hardcore-Wildcampern!

Hardcore-Wildcampen ist die angesagteste neue Trendsportart. Sagt Onkel Schorsch.

Es ist im Grunde ganz einfach: Man gibt blind Koordinaten in sein GPS-System ein und fährt dann los. Wo immer man landet, da wird gecampt. Keine Ausnahmen! Wir lagerten schon an den unglaublichsten Locations. In der Ortsmitte von Pissen im Landkreis Merseburg-Querfurt. Wahrer Name! Auf dem Gelände der Kläranlage von Murrhardt im Rems-Murr-Kreis. Oder eben im tiefen, tiefen Wald. Wie jetzt gerade. Im Bayrischen Wald.

Mein Onkel Schorsch hat das Hardcore-Wildcampen erfunden. Mein Onkel Schorsch erfindet so allerlei. Ist nicht immer sinnvoll oder nützlich, aber wer bin ich, dass ich was dagegen sage, schließlich hat mich mein Onkel aufgenommen, als meine Mutter mit dem Postboten durchgebrannt ist. Da war ich zehn. Wer mein Vater war, kam nie raus. Der Postbote jedenfalls nicht, der hat einen afrikanischen Migrationshintergrund. Mein Vater muss aber aus Asien kommen. Weil ich aussehe wie Mao selig. Sagt Onkel Schorsch.

Meine Mutter war offenbar immer schon multkulti.

Onkel Schorsch macht das nichts. Für ihn bin ich Schorschi junior und damit gut.

Der Backenbart-Jäger in seiner schmucken Loden-Tracht schwingt im Näherkommen drohend seine Flinte. Er scheint echt sauer zu sein. Vielleicht, weil sein Wald jetzt ein Loch hat?

Als wir an der Stelle angekommen sind, die das GPS-System ausgespuckt hat (also, fast an der Stelle, der Wald wurde irgendwann zu dicht für unseren Geländewagen und da hat

Onkel Schorsch beschlossen, dass der Annäherungswert auch gilt), war es früher Nachmittag.

Onkel Schorsch hat gleich die Kettensäge rausgeholt und eine Schneise ins buschige Unterholz geschlagen, damit ich das Zelt aufbauen kann. Also, okay, das ist jetzt irgendwie schon ein Eingriff in die Natur, aber beim Wildcampen muss ein Mann manchmal tun, was ein Mann tun muss. Sagt Onkel Schorsch. Ursprünglich hat er das zu mir gesagt, als wir einmal in einem Maisfeld nahe Halle an der Saale ohne Toilettenpapier campierten und ich nötig musste. Damals habe ich ganz praktisch gelernt, dass die Blattspreiten von Maisblättern leicht rau, mitunter zerstreut behaart und zum Rand hin wellig sind. Beim Wildcampen lernt eben nicht nur der Kopf, sondern auch der Hintern. Mehrwert, nennt Onkel Schorsch das.

Während ich das Zelt aufbaute und die überzähligen Heringe – bei mir sind immer Heringe überzählig – in Form eines Glück bringenden Pferdehufes in den Boden rammte, hat er den Platz rundherum nach Spuren von Wild überprüft, nach Fußabdrücken, aber auch nach Ausscheidungen. Nicht, dass wir mitten in der Nacht von einem Bären aus dem Zelt gezerrt und gefressen werden. Onkel Schorsch achtet immer sehr auf Sicherheit.

Mir ist nie wohl, wenn wir im Wald wildcampen. Nicht wegen der Tiere. Wegen der Menschen. Marodierende Rumänenbanden. Oder eben Jäger.

»Was, wenn uns mal einer erschießt?«, habe ich den Onkel gefragt. »Das kann doch passieren.«

»Ja klar, oder dir fällt ein Meteor auf den Kopf«, hat er geantwortet. Damit war für ihn das Thema erledigt.

Aber jetzt, angesichts des grantigen Backenbarts, kommen meine Ängste wieder hoch. »Schleicht's euch, hob i gsagt!«, dröhnt er und schwenkt die Flinte.

Onkel Schorsch und ich kommen aus Hannover, wo man Hochdeutsch spricht, deswegen verstehe ich die Eingeborenendialekte in den entlegeneren Winkeln der Republik nicht immer, aber es ist doch eindeutig herauszuhören, dass der Mann uns hier nicht haben will.

Onkel Schorsch bleibt die Ruhe selbst.

Ich bekomme dagegen stressinduzierten Schluckauf. Wie immer, wenn ich unter Druck stehe. *Hicks.*

Plötzlich schießt aus dem Unterholz – und wegen demselben bis dato unsichtbar - der Rauhaardackel des Backenbartjägers hervor.

Ich vergesse kurz meinen Schluckauf, weil ich Tiere total lieb habe und ich enorm gut mit Tieren kann, also beuge ich mich vor, um dem Dackel meine Hand entgegenzustrecken, damit er daran schnuppern kann. Die Geschosslaufbahn des Dackels führt auch direkt auf mich zu und ich lächele schon der schleckenden Hundezunge entgegen und der Dackel hechelt schwer und ... verbeißt sich knurrend in meine Hand.

Ich schreie.

Und bekomme wieder Schluckauf. *Hicks.*

Weil man aber nicht gleichzeitig schreien und Schluckauf haben kann, muss ich abwechselnd schreien – *aaaah* – und hicksen – *hicks.*

Aaaa, hicks, grrr, aaah, hicks, grrrr, aaah, hicks.

Onkel Schorsch und der Jäger stehen daneben und schauen uns an.

»Pfeifen Sie Ihren Hund zurück«, verlangt Onkel Schorsch.

»Ihr Bub hat Waldi provoziert«, verteidigt der Jäger seine Kampfmaschine.

Ich höre nur heraus, dass der Jäger mich für den Sohn von Onkel Schorsch hält, und freue mich riesig, weswegen ich den Schmerz kurzzeitig vergesse und nur noch hickse. *Hicks.*

Grrrr.

»Gutes Hundi«, sage ich zu dem Dackel, aber der funkelt mich nur aus schwefelgelben Hundeaugen diabolisch an. Das ist kein Tier, sondern eine Kreatur der Hölle. Kein Wunder, dass er mich gebissen hat. Ein echter Hund hätte das nicht getan. Weil ich nämlich enorm gut mit Tieren kann. *Hicks.*

»Hören Sie, guter Mann ...«, fängt Onkel Schorsch an, wird aber von dem Jäger schnöde unterbrochen.

»I bin net Ihr guter Mann. Und ihr fangt's euch eine Anzeige wegen unerlaubten Campens ein, damit des klar is'. Wenn's hier einen Handy-Empfang hätt, hätt i schon längst die Polizei verständigt.« Der Jäger zieht einen Notizblock aus der Lodenjackeninnentasche und notiert sich das Kennzeichen von Onkel Schorschens Kleinwagen.

Grrrr.

Hicks.

Ich versuche, Waldi abzuschütteln, aber der Dackel hat offenbar so eine Beißsperre und hängt fest und lässt auch dann nicht locker, als sein Körper wie eine Marionette hin und her geschleudert wird. Das mache ich natürlich nicht lange, damit der Hund kein Schleudertrauma bekommt.

»Ich bitte Sie, wir können uns doch sicher gütlich einigen«, verhandelt Onkel Schorsch. »Wie wäre es denn erst einmal mit einem schönen, kühlen Bier? Schorschi, hol die Kühltasche aus dem Kofferraum.«

»Nix! Ihr verjagt's mir das Wild«, brummt der Jäger und steckt das Notizbuch wieder weg. »Und ihr habt's euch am Wald vergangen.« Anklagend zeigt er auf die Kettensäge, die Onkel Schorsch noch in der Hand hält.

Ein echter Kerl hat auch eine echte Säge, sagt Onkel Schorsch immer. Er sägt gern. Nicht immer punktgenau. Seine Kumpels nennen ihn Acht-Finger-Schorsch.

Ich weiß noch – das ist eine meiner schönsten Kindheitserinnerungen –, eine Kettensäge war das erste Weihnachtsgeschenk von Onkel Schorsch an mich, als ich damals für immer zu ihm kam. Das Kinderkettensägen-Set »Bosch mini«: eine kleine Kettensäge mit realistischem Sägegeräusch, die beim Sägen blinkte, und dazu einen Helm und gestreifte Arbeitshandschuhen.

Also, Onkel Schorsch hat nicht wirklich viel weggesägt, nur ein paar Büsche und so ein paar nadelige Babybäume. Wir haben ja auch nur ein Zwei-Mann-Zelt, das braucht nicht viel Platz.

»Lassen Sie uns doch wie Erwachsene darüber reden«, sagt Onkel Schorsch und … geht auf den Jäger zu und … stolpert über den Glücksbringerpferdehuf aus den überzähligen Heringen, die ich in den Boden gerammt habe, und … im Stolpern geht irgendwie die Kettensäge an und … Onkel Schorsch fällt nach vorn und ganz knapp am Jäger vorbei … und die jaulende Kettensäge fällt auch nach vorn … aber nicht am Jäger vorbei.

Tja …

Onkel Schorsch hat immer gesagt, man kann gar nicht früh genug zum Mann initialisiert werden, und hat mich von Anfang an zu den sonntäglichen Horrorfilmabenden mit seinen Kumpeln mitgenommen. Ich habe Popcorn spachtelnd *Saw 1* bis *3*, *Final Destination 1* bis *4*, *Haus der 1000 Leichen*, *Kill Bill* und natürlich *Texas Chainsaw Massacre* gesehen, aber nichts davon war so gruselig wie die Blutfontäne, die jetzt aus dem Schulterstumpen spritzt, an dem eben noch der linke Arm des Jägers hing.

Der Jäger ist so entsetzt, dass er nicht mal schreit.

Waldi ist so entsetzt, dass er aufhört zu knurren und mich loslässt.

Ich bin so entsetzt, dass ich in Ohnmacht falle.

Als ich wieder aufwache, herrscht Totenstille im Wald und der Jäger liegt am Boden. Seine Beine zucken zwar noch, aber Onkel Schorsch sagt: »Der ist hinüber.«

Wenn es Handyempfang gegeben hätte, hätten wir den Notarzt verständigen können, aber das hätte wohl auch nicht viel gebracht: Wir waren mitten im Wald, da kann kein Hubschrauber landen.

Ich rappele mich auf.

Waldi macht »Wuff!«, wedelt mit dem Schwanz und packt den abgetrennten Arm in Höhe des Handgelenks.

»Schau dir den an, der will apportieren«, freut sich Onkel Schorsch.

Ich erbreche mich in unseren Picknickkorb, woraufhin sich Onkel Schorsch schon weniger freut.

»Was machen wir denn jetzt?«, frage ich, nachdem alles aus mir raus ist, und wische mir mit dem Hemdsärmel über den Mund.

Onkel Schorsch wirft die Kettensäge wieder an.

»Hol schon mal die Kühltasche«, sagt er zu mir.

50.33851 N Breite, 6.95498 E Länge, Höhe 588,4 Meter. Das sind unsere neuen GPS-Koordinaten.

Was geil ist, denn das liegt quasi direkt am Nürburgring. Auge in Auge mit dem Asphalt, Nase an Nase mit den Auspuffgasen.

An einer Wiese in Hanglage mit Blick auf einen etwas abgelegeneren Streckenabschnitt. Es findet gerade kein Rennen statt; offenbar werden nur zwei neu entwickelte Autos getestet, das muss so sein, denn die tragen alle so eine Art Verhüterli, einen Überzug, damit die Industriespione der Konkurrenz keine Details erkennen können. Hat Onkel Schorsch gesagt.

»Hast du den scharfen Senf bekommen?«, fragt Onkel Schorsch, als ich mit Waldi vom Einkaufen zurückkomme.

Ja, Waldi.

Wir haben Waldi natürlich nicht zurückgelassen. Allein im Wald hätte der Dackel doch nicht überlebt.

»Es gab nur den mittelscharfen Senf«, sage ich zu Onkel Schorsch.

Er brummt unzufrieden.

Vor ihm auf dem Holzkohle-Kugelgrill brutzelt das Fleisch. Für meinen Geschmack schon ein bisschen zu gut durch, aber Waldi baut sich sabbernd vor dem Grill auf und wartet auf seinen Anteil.

Man liest ja immer, es würde wie Huhn schmecken. Manche sagen auch, wie Pute. Andere wie Schwein. Ich finde, man schmeckt immer durch, was es in Wirklichkeit ist. Darum bekomme ich das Fleisch auch nur mit viel Senf runter. Der scharfe Senf wäre besser gewesen, aber den gab's nicht.

Plötzlich taucht – wie aus dem Nichts – ein eleganter, älterer Herr mit einem Weimaraner auf.

Waldi und der Weimaraner beschnüffeln einander.

»Ist Ihre Dackelin rollig? Dann müssen wir eingreifen, mein Thor ist nämlich nicht kastriert«, sagt er, statt einer Begrüßung.

Ich schaue auf der Plakette am Halsband von Waldi nach und tatsächlich, da steht Waldburga. Also gut, was soll's, ich habe nie behauptet, dass ich im geschlechtlichen Auseinanderhalten besonders gut bin.

»Ich hoffe, es ist okay, dass wir uns hier für eine Nacht niedergelassen haben?«, fragt Onkel Schorsch, immer noch im Campinghocker sitzend. »Ein Bier?«

»Ich bitte Sie, wir sind doch ein freies Land«, sagt der Herr. »Und zu einem Bier sage ich nicht nein.«

Onkel Schorsch zieht zwei Henkelflaschen aus der Kühltasche.

»Wollen Sie mitessen? Es ist genug für alle da«, bietet Onkel Schorsch an, obwohl ich heftig den Kopf schüttele.

»Sehr gern«, sagt der Herr.

»Schorschi, hol den zweiten Klappstuhl und den Gästeteller«, befiehlt Onkel Schorsch.

Ich starre ihn nur an.

»Nun mach schon, Junge. Lass unseren Gast nicht warten.«

Also mache ich es.

Neben unserem Geländewagen kopulieren Weimaraner Thor und Dackel Waldi. Das gibt dann demnächst wohl Weimardackel. Oder Dackleraner.

Unser Gast beugt sich zum Grill vor. »Riecht köstlich«, befindet er.

Ich stelle den zweiten Klappstuhl gleich neben Onkel Schorsch auf. Der sticht eine Gabel in eines der Fleischstücke, wuchtet es auf einen Pappteller, schnüffelt kurz und sagt: »So lobe ich mir das: gutes Essen, über einem nichts als der Himmel und dazu ein kühles Bier. Ja, das ist das wahre Leben.«

»Wie recht Sie haben«, kommentiert der Herr und beißt ab. »Hm«, sagt er gleich darauf, »schmeckt etwas eigenartig.«

Onkel Schorsch beißt ebenfalls zu, kaut und spuckt in hohem Bogen wieder aus. Der Gast entsorgt seinen Bissen vornehm in seinem Taschentuch.

»Was ist das?«, verlangt Onkel Schorsch von mir zu wissen und springt auf die Beine.

»Kräutertofu, extra zum Grillen. Der Arzt hat gesagt, du sollst kein Fleisch mehr essen, Onkel Schorsch. Und außerdem, finde ich, sollte man keine Tiere essen.«

Wie gesagt, ich mag Tiere.

Was jetzt?

Haben Sie etwa geglaubt, dass wir den Jäger in Einzelteilen zerlegt im Kühlbeutel mit uns führen und häppchenweise in unserem Verdauungstrakt entsorgen?

Unsinn! Den toten Jäger haben wir im bayrischen Wald verbuddelt. Er ruhe in Frieden.

Also echt, Hardcore-Wildcamper sind doch keine Kannibalen! Das ist übrigens auch eines dieser haltlosen, aber typischen Vorurteile ...

PETER GERDES

greetsieler gerechtigkeit

Das Leben ist schön, aber teuer«, sagt der bullige Mann und grinst. »Man kann's natürlich auch billiger haben, aber dann ist es nicht so schön.« Sein Blick ruht geringschätzig auf dem Wohnmobil seines Nachbarn. »So wie in Ihrem Fall, mein Lieber! Schund auf Rädern, kann ich nur sagen. Natürlich auf *Fiat*-Basis. Wissen Sie überhaupt, wofür *Fiat* steht? Fehler in allen Teilen!« Für seinen eigenen Witz kann er sich mächtig begeistern. »Immerhin können Sie den Wert Ihrer Karre leicht verdoppeln: einmal volltanken! Hähä!« Sein Lachen blubbert wie dicke Bratensoße.

Tiedeken wird schlecht. Schlecht vor Wut.

Was ist das nur für ein Großkotz, denkt Tiedeken, während er versucht, die herabwürdigenden Äußerungen seines ungehobelten Stellplatznachbarn zu überhören und gute Miene zu wahren. Was ihm nicht gelingt. In ihm brodelt es. Klar, der Kerl da fährt einen *Arto*, ein teures Teil, vollgepackt mit Luxus vom Ledersofa bis zum Kristallkelchhalter und auch mit allerhand sinnvollen Sachen, das muss Tiedeken zugeben. Dagegen kann sein *Elliot* nicht anstinken. Aber ist das denn ein Grund … ist das eine Art … ?!

»Oh Schatz, schau mal!« Tiedekens Frau steht in der Tür, ein scharfkantiges Stück Plastik in der Hand. Sieht aus wie der Zahnputzbecherhalter aus dem WoMo-Bad. Oder vielmehr ein Teil davon. »Da ist mir gerade ein Missgeschick unterlaufen«, sagt sie kleinlaut. »Einmal umgedreht, schon war's passiert.«

Tiedeken sagt nichts. Gerne hätte er seine Frau beruhigt und getröstet, aber er beißt lieber die Zähne zusammen. Er weiß schon, was kommt.

Der Bulle blubbert schon wieder vor Schadenfreude. »Was ich sage, der reine Plunder!«, dröhnt er, damit es auch bloß jeder mitkriegt. »Wie kann man sich nur solchen Mist andrehen lassen! Mann, Sie müssen ja blind sein wie ein Maulwurf. Oder blöd vor Geiz! Von wegen Geiz ist geil. Man sieht ja, was dabei herauskommt. Dreimal billig wäre mir echt zu teuer!«

Tiedeken und seiner Frau hat es die Sprache verschlagen. Der Bullige kostet seinen Triumph noch ein paar Sekunden aus, dann dreht er ab und wendet sich Richtung Dorf. Ein paarmal noch blubbert feistes Lachen zu den Tiedekens herüber, auch noch, als der Bullige längst zwischen den Reihen der anderen WoMos verschwunden ist.

»Machen Sie sich nichts draus.« Tiedekens Stellplatz-Nachbarin von der anderen Seite linst um den Fahrradträger herum. »Erziehung ist Glückssache, und dieser Typ hat einfach Pech gehabt!« Sie lacht hell, und die Tiedekens lachen erleichtert mit. Trotzdem, so ganz können sie sich vom Druck der eben erlittenen Demütigung nicht freimachen. Das wird wohl noch dauern.

»Der Mann beleidigt alles und jeden, und es scheint keinen zu geben, mit dem er sich nicht anlegt.« Die Nachbarin nähert sich ein paar Schritte, und Frau Tiedeken winkt sie zu sich unter die Markise, was nach Eigenheim-Maßstäben einer Einladung auf die Terrasse entspricht. »Irgendwie kann der wohl nicht anders. Ist ja vielleicht sogar krankhaft«, erzählt die Nachbarin weiter und setzt sich auf den angebotenen Campingstuhl. Kunststoff, weiß, aus dem Baumarkt. Nicht so edel wie die hauchdünn bespannten, federleichten Alurohrdinger aus dem Fachhandel, die vor dem *Arto* stehen, aber viel billiger und bestimmt genauso bequem, verteidigt sich Tiedeken im Stillen. Als er sich dabei ertappt, wächst seine Wut auf den Bulligen weiter.

»Ach, über Sie ist er auch hergezogen?«, fragt seine Frau die Nachbarin voller Mitgefühl.

Die schüttelt den Kopf. »Nein, das nicht. Aber heute früh, beim Brötchenholen, hat er die Bedienung im Mühlenladen fürchterlich runtergeputzt. Von wegen, dass dieser ganze Biokram doch bloß Betrug sei, nichts als grünes Öko-Gewäsch, um den Leuten ein schlechtes Gewissen einzureden und ihnen so das Geld aus der Tasche zu ziehen. Und das in einer Lautstärke, dass nicht nur jeder im Laden, sondern auch draußen vor der Tür jedes Wort verstehen konnte! Die junge Frau war völlig fertig mit den Nerven und den Tränen nahe.«

»Nicht zu fassen!« Tiedeken ist ehrlich entsetzt. Die Nähe zu den Zwillingsmühlen am Ortseingang ist ein gewichtiges Argument für den Wohnmobilstellplatz in Greetsiel, der ansonsten nicht wirklich anheimelnd ist. In der Mühle Schoof, der roten, bekommt man nicht nur Brötchen, sondern auch fast alles andere, was der Camper so zum Leben braucht, einschließlich erstklassigem Wein und spannenden Ostfriesland-Krimis. Außerdem gibt es dort ein nettes Mühlen-Café, ebenso wie in der anderen, der grünen Mühle, und hin und wieder sogar Lesungen und Konzerte. Ein echter Glücksfall für WoMo-Touristen. »Was denkt sich dieser bullige Blödmann bloß dabei, sich dort so aufzuführen!«

»Ja, nicht wahr?« Die Nachbarin greift dankbar nickend nach dem Kaffeebecher, den Frau Tiedeken ihr zureicht, und trinkt genüsslich. »Dabei kann er noch von Glück reden, dass der Besitzer der Mühle gerade nicht im Laden war! Als der später von dem Vorfall erfuhr, ist er fuchsteufelswild geworden.« Noch ein Schluck Kaffee, ein anerkennendes Heben der Augenbrauen. »Genau wie der Mann auf diesem kleinen Dampfer am Hafen.«

»Was für ein Dampfer?« Tiedeken liebt historische Dampfschiffe, deshalb weiß er genau, dass es so etwas in Greetsiel nicht gibt. Aber für viele Menschen sind eben Schiffe, die keine Segel tragen, automatisch Dampfer.

»Na, diese *MS Gretchen*, mit der man Rundfahrten machen kann, durch den Hafen und bis zu dieser großen Schleuse«, erklärt die Nachbarin. »Besonders groß ist das Schiffchen ja nicht, und von Komfort kann man auch nicht wirklich sprechen. Aber irgendwie ist das doch gerade reizvoll, nicht?«

Die Tiedekens nicken synchron.

»Unser Meckerfritze sieht das selbstverständlich anders«, fährt die Nachbarin fort. »Dem hat überhaupt nichts gepasst, weder am Schiff noch an der Tour, und der Kuchen hat ihm natürlich auch nicht geschmeckt. Das hat er alles lauthals rausposaunt, wie es seine Art ist. Die Leute an Bord haben mehr auf ihn geachtet als auf die schöne Aussicht! Und der Steuermann, der hat gekocht vor Wut. Wenn der nicht an seinem Steuerruder hätte bleiben müssen, wäre er dem Störenfried bestimmt an den Kragen gegangen, ganz egal, wie bullig der ist.«

»Kann ich gut nachvollziehen«, entfährt es Tiedeken im Brustton innerster Überzeugung.

»Mein Mann und ich waren heilfroh, als wir von dem Schiff endlich wieder runter waren und ein paar Meter Sicherheitsabstand zwischen uns und diesen peinlichen Burschen legen konnten«, erzählt die Nachbarin weiter. »Wir haben genau drauf geachtet, wohin er gegangen ist. Und als wir gesehen haben, dass er ins *Fischerhus* essen gehen wollte, sind wir lieber ins *Hohe Haus* gegangen. Denn bestimmt hat dieser Bullige auch am besten Essen und an der freundlichsten Bedienung noch etwas auszusetzen! Davon wollten wir uns auf keinen Fall den Appetit verderben lassen.«

»Das kann ich gut verstehen«, sagt Frau Tiedeken. »Noch etwas Kaffee? Ich habe auch noch ein paar Stücke Kuchen da, lecker und gesund, auch aus dem Mühlenladen. Na, wie wär's?«

Die Nachbarin strahlt.

* * *

Als Tiedeken am nächsten Morgen kurz nach sieben gerade zum Brötchenholen aufbrechen will, klopft es an die Tür des Wohnmobils. Draußen steht ein mittelgroßer, drahtiger Mann um die Vierzig mit ausdrucksloser Miene. »Kramer, Kriminalpolizei«, stellt er sich vor und präsentiert seinen Dienstausweis. »Wenn Sie mir bitte folgen würden?«

»Um Gottes Willen, wohin denn? Und warum?« Tiedeken ist ebenso erschrocken wie seine Frau, die mit großen Augen hinter der Badtür hervorspäht. »Was ist denn passiert?«

»Zum Mühlencafé, gleich dort drüben.« Den zweiten Teil der Frage lässt der Beamte unbeantwortet. »Ihre Frau kann Sie gerne begleiten, wenn sie möchte.«

Natürlich möchte sie das.

Der Weg zur Mühle Schoof führt zwangsläufig am Luxusgefährt des bulligen Großkotzes vorbei, und in Tiedeken keimt eine böse Ahnung auf. Der teure *Arto* steht still und verschlossen da, kein Kaffeeduft ist zu wittern, nicht einmal der Vorgarten unter der Markise ist bestuhlt. Was, wenn das Auftauchen der Polizei etwas mit diesem Mann zu tun hat? Wenn der Bullige mit seinen Frechheiten an den Falschen geraten ist und der ihm das dreiste Maul nachhaltig verschlossen hat? Himmel, wie schrecklich, denkt Tiedeken. Nicht unverdient, sicher, aber doch schrecklich.

Aber was will die Polizei dann von ihm?

Das Mühlencafé empfängt ihn unerwartet anheimelnd. Frisch aufgegossener Tee dampft in blau-weißen Kannen auf Messingstövchen, Butter glänzt auf Korinthenstuten. Obwohl das Café noch gar nicht geöffnet hat, sind mehrere Personen anwesend, lauter Männer; jeder sitzt an einem Tischchen für sich, keiner bedient sich von den typisch ostfriesischen Leckereien. Was vermutlich an den beiden Männern liegt, die vorne am Tresen stehen.

Der eine ist der bullige Großkotz. Er lebt also, denkt Tiedeken und ist erleichtert. Jedenfalls sagt ihm das sein Verstand; mit dem Herzen ist er eher nicht dabei. Aber wie sieht der Kerl aus! Ein Auge schillernd und dick zugeschwollen, eine geheftete Platzwunde quer über der linken Augenbraue, das Nasenbein geschient, das Kinn verpflastert. Schrammen und Schürfwunden überall im Gesicht. Ein Netzverband, der von seinem fast kahlen Hinterkopf bis über seinen Specknacken reicht, lässt an einen Rollbraten denken; seine vorsichtigen Bewegungen und sein aufdringliches Gestöhne weisen auf derbe Prellungen an weiteren Körperstellen, vielleicht sogar auf eine angebrochene Rippe und den entsprechenden Druckverband hin. Tiedeken weiß, wie weh das tut.

Ein zufriedenes Lächeln umspielt seine Lippen.

Der andere Mann ist ebenso groß und genauso bullig wie der Bullige. Seine weißblonden Haare sind zu einer Bürste gestutzt; seine Hände hat er in die Taschen eines zerknitterten Trenchcoats gerammt. »Hauptkommissar Stahnke, Kripo Leer/Emden«, stellt er sich vor. »Mein Kollege Kramer und ich unterstützen unsere Auricher Kollegen, weil die zur Zeit überlastet sind und wir gerade zufällig hier in Greetsiel waren, auf Segeltour, drüben im Yachthafen. Es geht, wie unschwer zu erkennen ist, um einen Fall von Körperverletzung ...«

»Von schwerer Körperverletzung!«, blafft der Bullige dazwischen.

Mit einem grimmigen Seitenblick bringt der Hauptkommissar ihn zum Schweigen. »Also Körperverletzung, begangen am gestrigen Abend, nach Aussage des Opfers gegen zwölf Uhr, am Hafen, in der Nähe des Siels. Und Sie, meine Herren« – seine kreisende Handbewegung nimmt von den Sitzenden nur Frau Tiedeken aus – »sind allesamt verdächtig!«

»Was?!« Tiedeken zuckt von seinem Stuhl hoch. »Aber ich ... ich ...«, stottert er empört, »Wie kommen Sie denn ... das ist doch wohl ...« Seine Stimme erstirbt, Tiedeken sinkt auf seinen Platz zurück. Ihm ist etwas klar geworden.

Die anderen drei Männer sind gleich sitzen geblieben. Ihnen ist das wohl schon länger klar.

»Jeder von Ihnen«, fährt Stahnke fort, »hegt einen massiven Groll gegen das Opfer. Die Gründe dafür sind durch Zeugenaussagen belegt. Außerdem hat jeder von Ihnen gegenüber Dritten die Absicht bekundet, die erlittene Kränkung dem hier anwesenden Opfer heimzuzahlen. Entweder ganz offen oder aber in verdeckter, aber deutlich zustimmender Form.« Sein Blick ruht kurz auf Tiedeken.

So so, denkt der, die liebe Stellplatznachbarin.

»Herr Glogowski«, wendet sich der Hauptkommissar an den bandagierten Bulligen, »erkennen Sie einen der hier Anwesenden als den Angreifer von letzter Nacht wieder?«

Tiedeken mustert die anderen aus den Augenwinkeln. Gleich neben ihm sitzt der Besitzer der Mühle, den kennt er aus dem Laden. Der Mann einen Tisch weiter hat es nicht für nötig befunden, seine Elbseglermütze abzunehmen; seiner ganzen Erscheinung nach könnte er der Steuermann der *Gretchen* sein. Der Mann ganz auf der anderen Seite trägt weißes Arbeitszeug, das ihn als Koch ausweist. *Hohes Haus* steht auf der Brust eingestickt. Alles klar, denkt Tiedeken. Uns alle hat dieser Glogowski gestern schwer beleidigt, und wir alle hätten ein Motiv gehabt, ihn gründlich zu vermöbeln. Er ist gespannt, was der Bullige dazu zu sagen hat.

»Sagen Sie mal, sind Sie eigentlich taub?«, schnauzt der zurück. Diesmal lässt er sich von Stahnkes bösem Blick nicht beeindrucken. »Ich hab' Ihnen doch schon mal gesagt, dass ich nichts gesehen habe! Es war dunkel. Nachts ist es dunkel, hallo, schon mal davon gehört? Sogar hier bei Ihnen in der Einöde, wo alles hundert Jahre später passiert als anderswo, geht irgendwann mal die Sonne unter!«

Tiedeken bereitet sich auf die geharnischte Antwort vor, die der Hauptkommissar diesem Frechkopf doch bestimmt geben wird. Die aber bleibt überraschenderweise aus. Stahnke schweigt. Stattdessen sagt Kramer ganz ruhig: »Mäßigen Sie sich bitte und beantworten Sie unsere Fragen in der gebotenen Art und Weise. Sie haben also den Angreifer nicht sehen können, weil es dunkel war. Gibt es vielleicht etwas, wodurch Sie den Täter identifizieren könnten? Seine Stimme etwa oder einen bestimmten Geruch?«

»Gesagt hat er nichts«, knurrt der Bullige. »Nur geprügelt, wortlos! Immer drauf mit beiden Fäusten, immer drauf. Und gerochen … ja, irgendwie schon, aber nach nichts Bestimmtem. So … insgesamt etwas muffig, verstehen Sie? Irgendwas hing ihm in den Klamotten. Aber was, kann ich nicht sagen.«

»Gemüffelt hat er? Nach Küche? Nach Schiff? Nach altem Gemäuer?« Stahnke mustert die Verdächtigen der Reihe nach. Tiedeken atmet schon auf, als der Hauptkommissar ergänzt: »Oder nach Wohnmobil?«

Tja, da ist schon etwas dran. Wenn man länger in einem doch recht engen Kasten unterwegs ist, in dem unter anderem auch gekocht wird, dann kann es schon sein, dass einem Gerüche in den Klamotten hängen, die man selber gar nicht mehr wahrnimmt. Bei alten Häusern ist das ähnlich, bei Schiffen und Booten noch viel schlimmer, da kommen Diesel und Bilgenwasser hinzu. Eine Restaurantküche ist in diesem Vergleich natürlich Spitzenreiter, dafür wechseln und waschen Köche auch viel öfter ihre Kleidung. Noch ist also keiner der Verdächtigen aus dem Rennen.

Als Nächstes fragt der Hauptkommissar die Alibis ab. Es stellt sich heraus, dass der Steuermann spät abends noch an seinem Schiff gearbeitet, der Koch den Kühlraum inspiziert und der Mühlenbesitzer nach einer Veranstaltung den Kornboden aufgeräumt hat. Alle waren zum fraglichen Zeitpunkt allein. Tiedeken lag kurz vor Mitternacht in seiner Koje, in einen spannenden Inselkrimi vertieft. Seine Frau könnte das bezeugen – wenn sie nicht schon tief und fest geschlafen hätte. Ihren fragenden Blick quittiert Tiedeken mit einem leichten Kopfschütteln. Mit einer Lüge soll sie sich nicht belasten, schließlich hat er sich ja nichts vorzuwerfen.

»Keiner von Ihnen hat also ein hieb- und stichfestes Alibi«, fasst Stahnke zusammen. »An sich ist das nichts Ungewöhnliches. In diesem Fall aber hilft das uns allen nicht gerade weiter.«

»Mehr fällt Ihnen dazu nicht ein?«, poltert der Bullige los. »Mann, dass die Leute hier unten alle ein bisschen bekloppt sind, wusste ich ja schon vorher. Dass die Ostfriesen aber *so* dämlich sind, die Polizei allen voran, das ist ja wohl der Hammer! Aber ich hätte es ahnen müssen. Schon gestern

habe ich ja sofort gesehen, wie unfähig Sie sind. So ein be-
scheuertes …«

»Jetzt reicht es mir aber!« Der Hauptkommissar kann sich
nicht länger beherrschen, platzt laut heraus. »Was bilden Sie
sich eigentlich ein, sich solche Unverschämtheiten zu erlauben! Kein Wunder, dass Sie sich ständig Feinde machen. Ich
frage mich, warum Sie nicht schon längst jemand …« Stahnke unterbricht sich, atmet tief durch. »Sie verlassen jetzt erst
einmal den Raum und lassen uns in Ruhe arbeiten. Halten
Sie sich in Ihrem Dings, Ihrem Wohnwagen, zu unserer Verfügung, verstanden?«

»Wohnwagen? Wohnwagen?« Der Bullige schnappt nach
Luft. »Ja, wissen Sie denn überhaupt nichts? Kennen Sie
nicht einmal den Unterschied zwischen …«

»Raus!!« Stahnke drängt den tobenden Bulligen vor sich
her aus dem Raum, was er erstaunlicherweise schafft, ohne
die Hände aus den Manteltaschen zu nehmen. Die Tür des
Cafés fällt hinter den beiden Männern zu.

Drinnen herrscht einen Moment betroffene Stille. Dann
sagt Kramer ganz ruhig: »Zeigen Sie mir bitte mal Ihre Hände.«

Verblüfft folgen alle dieser Aufforderung. Kramer geht
langsam von Tisch zu Tisch, leicht vornübergebeugt wie
ein Lehrer, der im Landschulheim die Fingernägel seiner
Schutzbefohlenen inspiziert. Die Hände des Steuermanns
sind schwielig, seine Nägel haben Ölränder. Die kräftigen
Hände des Kochs sind rosig geschrubbt. Die Hände des
Mühlenbesitzers weisen keinerlei Auffälligkeiten auf, ebenso
wenig wie die von Tiedeken.

»Den Wunden im Gesicht des Herrn Glogowski nach zu
urteilen, hat der Angreifer sein Opfer mit bloßen Fäusten trak-
tiert«, erläutert Kramer sein Vorgehen. »Das dürfte angesichts

der Härte der Schläge und der Statur des Angegriffenen kaum ohne Spuren an den Händen des Täters abgegangen sein. Und Sie, meine Herren, weisen solche Spuren allesamt *nicht* auf.« Kramer seufzt leise. »Was uns ebenfalls nicht weiter bringt.«

Plötzlich fällt Tiedeken etwas ein. »Was hat der Glogowski eigentlich gerade gemeint?«, fragt er.

»Gemeint? Womit?« Kramer ist die Aufmerksamkeit in Person.

»Na, als er sagte, er hätte schon gestern bemerkt ... na ja, von wegen Unfähigkeit und so. Worauf bezog sich das?«

Kramer lächelt. »Vermutlich auf unser Anlegemanöver«, sagt er. »Mein Vorgesetzter und ich sind nicht gerade eine eingespielte Crew, wissen Sie, deshalb ist uns da etwas schiefgegangen. Mit so einem alten Segelboot ist das aber auch nicht einfach. Ich stand vorne und habe die Leine wohl zu früh belegt, dadurch lag unser Boot plötzlich quer in der Box. Fast hätten wir die Nachbarboote beschädigt. Ich fürchte, ich habe damit den Hauptkommissar, der am Ruder stand, schlecht aussehen lassen. Dass der Herr Glogowski just in diesem Moment am Ufer stand, war natürlich Pech. Sie können sich vorstellen, dass der die Häme gleich kübelweise über uns ausgeschüttet hat, und zwar lauthals! Na, ich bin ja Anfänger, mir kann's egal sein, aber ...« Er stockt.

Die Tür öffnet sich. Stahnke erscheint, die Hände in den Taschen.

Kramer tritt nahe an ihn heran und schnuppert. »Typischer Bilgenmuff«, konstatiert er.

Die Augen seines Vorgesetzten runden sich. »Spinnst du?«, flüstert er.

»Zeig mal Deine Hände«, sagt Kramer ruhig.

»Was?« Jetzt steht auch Stahnkes Mund offen.

»Bitte.«

Der Hauptkommissar erkennt, dass sein Kollege es ernst meint. Langsam zieht er seine rechte Hand aus der Manteltasche. Alle Augen sind auf ihn gerichtet.

Tiedeken zählt drei Pflaster auf den Knöcheln.

Die Hand verschwindet wieder. Stahnke und Kramer blicken einander ratlos an.

Unvermutet erhebt sich Frau Tiedeken. »Dann brauchen Sie uns ja wohl nicht mehr«, stellt sie fest. »Die Sache ist ja erledigt. Stimmt's?«

Der Steuermann zieht seine Füße an. »Jau, erledigt!«, bekräftigt er und richtet sich auf. Auch der Koch und der Mühlenbesitzer erheben sich und nicken bestätigend.

Im Hinausgehen klopfen sie dem Hauptkommissar allesamt anerkennend auf die Schulter. »Gute Arbeit!«, knurrt der Steuermann noch. Dann gehen sie in verschiedene Richtungen davon.

Tiedeken bleibt noch kurz stehen und wirft einen besorgten Blick auf Kramer. Ist wirklich alles erledigt?

Aber Kramer grinst. Ja, es scheint wirklich alles erledigt zu sein.

»War das nun Recht?«, fragt Tiedeken auf dem Heimweg.

»Recht wohl nicht«, antwortet seine Frau. »Aber gerecht.«

Tiedeken läuft ein Schauer über den Rücken. Greetsieler Gerechtigkeit, denkt er und nimmt sich vor, künftig nur noch einwandfreie Höflichkeit an den Tag zu legen. Nicht nur, solange sie in Greetsiel sind.

JENNIFER B. WIND

stille wasser

> *»Willst du für eine Stunde glücklich sein, so betrinke dich.*
> *Willst du für drei Tage glücklich sein, so heirate.*
> *Willst du für acht Tage glücklich sein, so schlachte ein Schwein*
> *und gib ein Festessen.*
> *Willst du aber ein Leben lang glücklich sein,*
> *so schaffe dir einen Garten.«*
>
> Weisheit aus China

Zügig schwimmt Lydia Runde um Runde. Versucht zu verdrängen, was sich unter ihr verbirgt; jenseits vom grün schimmernden Nass, unter dem Kies, dem Schlamm und den Schwimmpflanzen. Im Verdrängen und Verleugnen ist sie Meisterin. Wie damals, als sie alle Warnungen in den Wind schlug, das mulmige Gefühl im Bauch ignorierte und Manfred trotzdem heiratete.

Diese Tageszeit liebt sie besonders. Angenehm kühl umspielt das Wasser ihren Körper, taudurchtränkt riecht die Luft. Ihre Köpfchen fest geschlossen, warten die Seerosen auf den ersten Sonnenstrahl. Alleine ist Lydia nicht, sondern in Gesellschaft von Molchen, Fröschen, Libellen und Schmetterlingen in allen Farben. Der Teich lebt. Zärtlich lässt sie ihren Blick schweifen, bis er sich an ihrem Wohnwagen festzusaugen scheint. Allmählich verblasst die Erinnerung an eine Zeit der Angst und des Schmerzes. Vorbei sind die Tage und Nächte der Schwäche und Selbstaufgabe. Für Lydia markiert der Wohnwagen das Ende der Not.

Seit drei Jahren ist er nun in ihrem Besitz, genauso wie dieses romantische Grundstück mit dem Schwimmbiotop, das rundherum mit Büschen und Schilf zugewachsen ist. Beides schützt sie vor der Welt und den Menschen draußen. Es kommt ihr vor, als würden die Wiesenblumen ihre Vergangenheit zudecken und die Bäume, Sträucher, Zäune oder Mauern sie vor den Dämonen bewahren. Denn auch wenn sie einer Bedrohung entkommen war, weiß sie doch, dass das Böse niemals schläft.

Ihr jetziges Zuhause verdankt sie einer Anzeige, der sie beinahe keine Beachtung geschenkt hätte, weil sie in der Rubrik *Camping* unter *Wohnwägen, Mobilheime, Campingbusse und Zubehör* stand. Nur durch Zufall bemerkte sie das Inserat, weil ein Teil ihres Frühstückskaffees auf diese Stelle geschwappt war, als sie sich zu Tisch setzte und die Immobilienseiten durchstöbern wollte: *Moderner Luxus-Wohnwagen/ Caravan (L 8,53 m; B 2,52 m) zwei Schlafräume, Duschbad, Küche, Wohnraum; mit Vorzelt, komplett eingerichtet, plus Zubehör, auf Waldgrundstück an idyllischem Ort in der Nähe von Stubenberg am See zu verkaufen. Teichanlage wurde vorbereitet. Besichtigung jederzeit!*

In der Anzeige stand keine genaue Adressangabe, geschweige denn ein Name, nur eine Telefonnummer. Schon nach dem ersten Läuten meldete sich eine männliche Stimme, wieder kein Name, einfach nur ein kurzes: »Hallo?«

Lydia stellte sich vor und bekundete ihr Interesse am Wohnwagen. Der Mann am anderen Ende der Leitung, der anfangs nur abgehackt und heiser ins Telefon sprach, wurde nach einer Weile lockerer. Zwar schien er ein humorloser Langweiler zu sein, aber das war Lydia egal, schließlich hat sie nicht auf eine Partnersuchanzeige geantwortet.

Schon für den nächsten Tag vereinbarten sie einen Besichtigungstermin. Pünktlich um 15 Uhr fuhr Lydia zu dem zugewachsenen Grundstück, wo der Besitzer bereits wartete. Die Hände in die Taschen seiner Cordhose vergraben, stand er vor dem Wohnwagen und bewegte den Mund, als würde er mit jemandem sprechen. Vielleicht kaute er auch nur, dachte Lydia bei sich. Doch als er in ihre Richtung sah, biss er sich, wie ertappt, auf die Unterlippe.

Festen Schrittes ging sie auf ihn zu und reichte ihm die Hand. »Lydia Klammer, wir haben gestern telefoniert.«

Der Mann starrte auf ihre Hand und wich einen Schritt zurück.

»Klar.«

Irritiert ließ Lydia ihren Arm wieder fallen. Vielleicht war er einer dieser Typen, die Angst vor Bakterien hatten. Seltsam wie er ihrem Blick auswich. Seinen Kopf hielt er leicht nach vorne gebeugt, das sandfarbene Haar fiel ihm dicht über die Stirn und verdeckte sein rechtes Auge. Es war eine Frisur, wie sie Teenager heutzutage trugen, oder die Mitglieder einer Boyband. Bei einem Mann jenseits der Vierzig, wie sie ihn altersmäßig schätzte, wirkte der Schnitt unpassend, überhaupt zusammen mit diesem seltsamen Kleidungsstil. Wer trug schon Cordhosen im Hochsommer und einen Kaschmirpulli dazu? Pullover und Hose hingen an ihm, als hätte er die Kleidungsstücke einem Wrestler geklaut.

Vermutlich fror er mangels Fettpolster auch im Sommer.

Ungeduldig zwirbelte Lydia eine Haarsträhne über ihrem Zeigefinger. »Darf ich ihn mir nun ansehen?«

Der Dünne stolperte zwei Schritte rückwärts, schielte zwischen den Haarsträhnen hervor, genau auf die Kuhle zwischen ihren Brüsten und leckte sich kurz mit der Zungenspitze über den rechten Mundwinkel. »Was denn?«

Ein schiefes Grinsen folgte.

Spätestens jetzt hätte sie einfach kehrtmachen, zu ihrem Wagen gehen, und in die Stadt zurückfahren sollen. Es war offensichtlich, dass mit diesem Mann etwas nicht stimmte. Nur hätte sie nicht auf Anhieb sagen können, was. Vielleicht war sie durch ihre Vergangenheit hypersensibel. Sein Körperbau erinnerte sie an Manfred. Schon bei der Hochzeit war Alkohol beinahe das Einzige gewesen, das er zu sich nahm, wenn man von den Zigaretten absah.

Gut möglich, dass der Verkäufer bloß ein geiler Bock war, dem die Zeit in einem Wohnwagen nicht gut bekommen war. Vermutlich verkaufte er den Stein des Anstoßes deshalb. Lydia wies mit der Hand in dessen Richtung. »Den Caravan, den Sie verkaufen wollen.«

»Klar.«

Durch das einsame Leben dürfte ihm der Sprachschatz abhanden gekommen sein. Lydia würde das nicht passieren. Für sie wäre diese Abgeschiedenheit hier oben genau das Richtige. Das perfekte Versteck. Schon bei der Anfahrt hat sie sich in die Gegend verliebt. Von der Kuppe der Straße aus konnte sie das Tal überblicken, einschließlich des malerischen Stubenbergsees, auf dem Segelboote dahin schaukelten. An diesem Tag schwebten unzählige Heißluftballons am klaren Himmel. Alles wirkte wie eine kitschige Filmkulisse.

Das Grundstück am Ende der Straße, von einer hohen Backsteinmauer umgeben, fügte sich nahtlos in dieses Bild ein.

Eingesäumt von meterhohen Tannen stand der Wohnwagen am Rande, gleich neben dem schmiedeeisernen Eingang, über den sich Wicken in allen Farben rankten. Zusätzlich schmückten violette und weiße Clematis die Mauer. Auf der gegenüberliegenden Seite grenzte ein blühender Weidenzaun den Grund vom Wald ab. Jede Menge Insekten tummelten sich in diesem Naturgarten, der ihr vorkam wie eine verwunschene Zauberwelt aus einem Märchen.

Mitten in diesem Paradies klaffte ein Riesenloch in der Erde. Vorsichtig beugte sich Lydia vor.

»Das sollte ein Teich werden«, erklärte der Mann. »Tief genug, um auch Kois zu halten, dann dürfte man aber darin nicht schwimmen.« Seufzend strich er sich das Haar aus dem Gesicht. »Bin nie fertig geworden.«

Ihren Zeigefinger in Grübelpose ans Kinn gedrückt, kräuselte Lydia ihre Nase. »Da fehlt doch nur noch das Wasser.«

»Oh nein, das ist komplizierter.« Gleichgültig zuckte der Mann mit den Schultern. Als er die augenscheinliche Neugierde in ihrem Gesicht sah, hob er zu einer Erklärung an: »Man benötigt eine reißfeste Teichfolie, die man mit Steinen beschweren muss, und anschließend gleichmäßig mit Kiesel und Sand auffüllen. Die flachen Randzonen sind mit verschiedenen Wassergräsern, Schilf und Seerosen zu bepflanzen. Da gibt es ein eigenes Schema für alles. Eine Teichpumpe wäre auch nicht schlecht, besonders Kois brauchen reines Wasser. Kostet halt alles extra.« Erleichtert, als hätte er gerade einen Marathon geschafft, atmete er aus, steckte die Hände wieder in die Hosentaschen und blinzelte zwischen dem Haarbüschel, das ihm wieder ins Gesicht gefallen war, hervor.

»Warum verkaufen Sie?«, wollte Lydia wissen.

»Ich wollte eigentlich ein Haus haben.« Resigniert kratzte er sich am Kopf. »Aber das Grundstück hier ist als Grünland geführt, daher darf man nicht bauen. Mein Antrag auf Umwidmung wurde schon dreimal vom Bürgermeister abgelehnt. Vielleicht haben Sie ja mehr Glück. Ich verkaufe übrigens nur den Wohnwagen, der Grund ist zu pachten. Mein Vertrag läuft aus. Bis Ende des Monats ist die Pacht bereits bezahlt. Sie könnten dann sofort übernehmen.«

Lydia nickte und ging ohne ein weiteres Wort auf den Caravan zu. Ein Keuchen dicht hinter ihr verriet ihr, dass er ihr folgte. Im Vorzelt sprang er an ihr vorbei und öffnete die Türe zum Wohnwagen. Lydia atmete tief ein, wappnete sich für das Schlimmste. Schließlich hat sie schon einige Junggesellenwohnungen gesehen.

Wider Erwarten schlug ihr kein unangenehmer Dunst entgegen, sondern ein angenehmer Geruch nach Lilien, Moschus und Vanille, zudem war es drinnen warm, gemütlich und vor allem blitzsauber. Überrascht sah sie sich um. Das Wohnmobil war sehr geschmackvoll und modern eingerichtet, bis auf den rustikalen Essbereich. Mit Dekorationen hatte der Besitzer gespart. Nur ein Kerzenleuchter stand am Esstisch, der mit einer Damastmitteldecke abgedeckt war. Auf dem Dreiecksbrett in der Sitzecke stand eine Holzskulptur, die aussah wie ein Totempfahl. Der Mann folgte ihrem Blick. »Aus Mexico.« Seine Augen begannen zu leuchten. »Handgeschnitzt. Hab ich von einem Straßenhändler in Yucatan gekauft.«

»Hat es eine spezielle Bedeutung?«

»Ich glaube, es dient zur Abwehr der bösen Mächte und Dämonen.«

Als er das sagte, fiel Lydia auf, dass sein Grinsen ebenfalls etwas Teuflisches hatte, aber vielleicht bildete sie sich das auch nur ein. Nach allem, was sie in der Vergangenheit erlebt hatte, würde sie wohl nie wieder einem Mann ihr Vertrauen schenken.

Genauestens inspizierte sie die verschiedenen Bereiche, die – bis auf das Bad –, nur mit Falt- oder Schiebetüren abgetrennt waren. Sie legte sich aufs Bett, öffnete die Küchenschränke, stieg versuchsweise in die Dusche, beäugte kritisch die chemische Toilette und kontrollierte das Vorzelt auf Dichtheit und Funktion. Zuletzt setzte sie sich auf die Terrasse, sog die Waldluft ein und ließ ihren Blick ein letztes Mal über das Grundstück schweifen. Der Mann setzte sich ebenfalls auf einen der Stühle und betrachtete sie. Das Klingeln von Lydias Mobiltelefon störte die beschauliche Stimmung. Statt der Nummer des Anrufers erschien »unbekannter Teilnehmer« am Display. Lydia blinzelte. Einen Moment lang setzte ihr Herzschlag aus. Erschrocken schlug sie die Hand vor den Mund. Sie hatte ihre Nummer doch erst vor einer Woche gewechselt. Mit zitternden Händen drückte Lydia den Anrufer weg. *Verdrängen und verleugnen. Darin bist du gut.* Ungeniert beobachtete der Verkäufer sie dabei, wartete bis sie wieder ruhig atmete und sich unter Kontrolle hatte. Er stellte keine Fragen, jedoch erweiterten sich seine Pupillen, als er ihr wieder in die Augen sah. »Ich muss morgen eine Woche lang weg. Wenn Sie wollen, können Sie in dieser Zeit hier wohnen.« Nervös wackelte er mit den Beinen. »Auf Probe.« Er räusperte sich. »Ich berechne Ihnen selbstverständlich nichts, Sie müssten sich nur selbst versorgen. Unten beim See gibt es einen großen Campingplatz, da können Sie Wasserkanister oder Gasflaschen kaufen. Die Betreiber helfen Ihnen sicher auch, wenn Sie sonst etwas benötigen.«

So sonderbar der Vorschlag auch klang, er gefiel Lydia. Die Versorgung stellte kein Problem dar, sie besaß schließlich ein Auto, mit dem sie in den Ort fahren konnte, um Lebensmittel und Hygieneartikel einzukaufen. Bei der Gelegenheit würde sie die Einheimischen kennen lernen und hätte genug Zeit zu entscheiden, ob ihr das abgeschiedene Leben im Wohnwagen überhaupt zusagte. Andererseits musste sie mit der Einsamkeit klar kommen, wenn sie weiterleben und vor allem überleben wollte. Also nahm sie das Angebot an.

Für eine Nacht buchte sie ein Zimmer am *Michelhof*, einer urigen Reitschule mit angeschlossener Pension, somit hatte sie es tags darauf nicht weit. Bereits am nächsten Vormittag nahm sie den Schlüssel für Grundstückstor und Wohnwagen entgegen und atmete auf, als der zerbeulte Fiat des Besitzers aus dem Tor fuhr.

Nachdem sie die neu erworbenen Lebensmittel und Hygieneartikel aus den Einkaufstüten und die wenigen Kleidungsstücke aus ihrer Reisetasche in die Kästen verstaut hatte, setzte sie sich mit einem Buch und einem Glas Orangensaft auf einen der Teakholzstühle, die auf der Terrasse, über die das Vorzelt gespannt war, standen. Sie genoss die Ruhe und entspannte sich.

Bereits nach drei Tagen hat sie sich eingelebt und wusste, dass sie den Caravan sofort kaufen würde, sobald der Besitzer wieder zurückkam. Inmitten der Natur fühlte sie sich wohl und konnte sich gar nicht mehr vorstellen, jemals wieder in die Stadt zu ziehen. Sie war gerade dabei das Abendessen, einen einfachen Thunfischsalat, zuzubereiten, als sie ein Geräusch hörte. Die Wohnwagentür war nur angelehnt, also vermutete Lydia, der Wind hätte daran gerüttelt. Doch dann hörte sie von draußen ein Husten, – ein sehr vertrautes Husten. *Manfred!* Ihr Körper reagierte sofort. Schlagartig begannen ihre Hände zu zittern. Das Salatblatt, das sie gerade wusch, entglitt ihr. Ihre Beine fühlten sich an wie Pudding, ihr Herz trommelte so schnell wie die Flügel eines Kolibris. Ihr gesamter Organismus war auf Alarmbereitschaft eingestellt. Was sollte sie nur tun? Wie hat er sie diesmal bloß so schnell gefunden? Gab es denn nirgendwo auf der Erde ein Fleckchen, an dem sie sich vor ihrem Ehemann verstecken konnte? Panisch blickte sie sich im Wohnmobil um, dann zog sie ein Tranchiermesser aus der Lade und steckte es hinter ihrem Rücken in den Bund ihres Rocks. Nur Sekunden später quietschte auch schon die Tür. Sein diabolisches Grinsen war das erste, was sie sah. Er trat ein und ließ die Tür hinter sich zu fallen.

»Hey Sandy Baby!« Sein Atem stank nach Alkohol und Tabak, seine Augen glänzten, seine Wangen und die Nase schimmerten rot – wie immer. All die verlorenen Jahre an seiner Seite krochen zurück in ihr Gedächtnis. Ihr ganzes Leben hatte sich durch die Heirat mit ihm verändert. Aus den hintersten Winkeln ihres Gehirns zogen die grausamen Bilder vorbei: Die Nächte, in denen sie sich vor lauter blauer Flecken kaum im Bett umdrehen konnte; die Tage, die sie nur zu Hause verbringen durfte, dank seiner Kontrollsucht; die Freunde, die er mit seiner misanthropischen Ader vergraulte; die Babys, die er ihr aus dem Bauch prügelte, weil er sein Geld nicht mit ihnen teilen wollte. Jeden Cent verbrauchte er für seine Spiel- und Trunksucht. Er widerte sie an.

»Ich bin nicht dein Baby und ich heiße nicht Sandy!« Nachdrücklich nickte sie und verschränkte schützend die Arme vor ihrer Brust.

»Mir doch egal, wie du gerade heißt.« Nach einem heiseren Krächzen, das tief aus seiner Kehle kam, spuckte er auf den Boden. »Lisa, Eva, Karla, Sandy, du kannst deinen Namen noch hundert Mal ändern Baby, ich finde dich überall.« Lachend klopfte er sich mit der Rechten auf den Schenkel, als hätte er einen Witz gemacht und nahm ihr Gesicht in seine klebrigen Hände. »Kuschelig hast du es hier. Da können wir gleich los legen.«

Lydia schluckte den säuerlichen Mageninhalt, der sich den Weg in ihre Mundhöhle gebahnt hat, hinunter. *Verdräng den Ekel! Sei nicht mehr das schwache Mäuschen! Sei stark! Lass dich von der Angst nicht einnehmen!* Seine Hände wanderten über ihren Körper, erst zögernd, dann fordernd. Er riss an ihrem

Rock und schob gleichzeitig ihr T-Shirt hoch. Dabei sabberte er ihre linke Ohrmuschel voll und stöhnte: »Baby, du gehörst mir, schon vergessen?«

Wie konnte sie das je vergessen? Wie konnte sie jemals vergessen, dieses Ungeheuer geheiratet zu haben? Sie hörte das Öffnen eines Reißverschlusses und das Aufklatschen seiner Hose auf dem Boden.

Bitte nicht, lass das nicht wahr sein!

Seine Finger wanderten zwischen ihre Schenkel, die sie fest zusammenpresste.

»Lass doch Baby, komm endlich mal wieder deinen ehelichen Pflichten nach.«

Dieses Monster! Er biss in ihr Ohrläppchen. Der brennende Schmerz ließ sie zusammenzucken, dadurch wurde ihr stärker bewusst, was hier geschah. Es musste aufhören, ein für alle mal. *Denk nach*, schalt sie sich, *reiß dich zusammen! Das ist deine Chance!* Sanft öffnete sie ihre Schenkel und ließ sich von ihm auf den Mund küssen. Sein Körper entspannte sich. Gezielt griff sie hinter ihrem Rücken nach dem Messer und stach, ohne noch einmal inne zu halten, mit voller Wucht, dreimal auf ihn ein. Mit weit aufgerissenen Augen lag er zuckend am Boden. Lydia spuckte ihm ins Gesicht. »Ich sagte, ich bin nicht dein Baby!«

Nur wenige Sekunden später tat ihr Mann seinen letzten Atemzug. Erst als Lydia sich vergewissert hatte, dass er tot vor ihr lag, sackte sie zu Boden und weinte. Zunehmend wurde ihr klar, was sie gerade getan hatte. Entsetzt stürzte sie ins Bad und übergab sich.

Benommen ließ sie kaltes Wasser über ihre Arme laufen, wusch sich die Hände und das Gesicht. Ihr Spiegelbild sah sie fragend an. Was sollte sie jetzt tun? Mittlerweile war die Sonne untergegangen, hoch stand der Halbmond am Himmel. Zitternd setzte sich Lydia auf den Rasen, rauchte eine Zigarette und starrte auf das Loch im Garten. Nach dem letzten Zug ging sie schnurstracks hinein, zog ihren toten Ehemann aus, wickelte den Körper in Frischhaltefolie und schleifte ihn in den Garten, wo sie ihn ins Loch warf. Neben dem Komposthaufen fand sie Gartenwerkzeuge, unter anderem auch eine Schaufel. Damit kroch sie in das Loch, schob das Folienpaket an den Rand und begann zu buddeln.

Nachdem sie ihren Mann begraben hatte, ging sie zurück zum Wohnwagen, um das Chaos zu beseitigen. Zuerst säuberte sie das Messer, bevor sie es im Schlafzimmer unter ihr Kopfkissen legte, wie sie es immer gemacht hatte, seit sie das erste Mal vor ihrem Mann geflohen war. Es dauerte Stunden bis sie all das Blut entfernt hatte, das bis in die kleinste Ritze eingedrungen war. Während sie die Küchenfronten scheuerte, erhaschte sie einen Blick auf ihr Gesicht, das sich in der Backofentür spiegelte. Ein Lächeln umspielte ihren Mund; irgendwie wirkte sie befreit und glücklicher als zuvor. Erschöpft fiel sie erst nach Mitternacht in einen tiefen Schlaf.

Im Traum schwamm sie einsam in einem trüben Gewässer, weit und breit war kein Ufer in Sicht. Hoch und immer höher wogten die Wellen und schlugen über ihrem Kopf zusammen. Ihre Gliedmaßen wurden schwer, ihre Zähne klapperten aufeinander. Ihr Körper zitterte, um der Kälte zu trotzen. Nach und nach verdunkelte sich der Himmel. Ein dumpfes Grollen drang an ihr Ohr, ein Geräusch wie aus einer anderen Welt. Aufgeschreckt flog eine Schar Krähen von einem Baum. Einer Kakerlake gleich saß die Angst auf ihrer Schulter und ließ sich nicht abschütteln.

Panisch blickte sie um sich, bevor sie in die Tiefe gezogen wurde. Sie rang nach Atem, ruderte mit den Armen, versuchte zu schreien, blinzelte durch das schleimige Wasser. Im fahlen Licht blickte sie in ein Auge. *Ein Auge??* Schlagartig war sie hellwach. Das hier war kein Albtraum! Keine nächtliche Erinnerung an ihr jahrelanges Martyrium. Es war real!

Jemand lag auf ihr, sie spürte die Beckenknochen dieses Menschen an ihrem Oberschenkel. Die Hand, die er auf ihre Nase und ihren Mund drückte, war ebenfalls knochig. In ihrem Brustkorb brannte es, ihre Lunge schrie nach Sauerstoff. Ein Schauder lief ihr über den Rücken als sie erkannte, wer gerade versuchte, sie zu vergewaltigen: Der Dünne, der ihr das Wohnmobil überlassen hatte. Ihre Gedanken überschlugen sich. *Warum? Warum passiert mir das immer wieder? Gibt es so viele verrückte Männer da draußen?* Sie ertrug das nicht mehr.

Tief in ihrem Inneren begann es zu brodeln. Zorn loderte in ihren Eingeweiden und legte ungeahnte Kräfte frei. Lydia wehrte sich, schlug um sich, biss den Angreifer in den Daumen, dass er sie kreischend losließ, aufsprang und belustigt mit dem linken Auge ansah. »So hab ich dich gar nicht eingeschätzt. Schließlich zitterst du sogar, wenn das Telefon klingelt.« Ein süffisantes Grinsen folgte. »Mal was anderes, kämpfen zu müssen, als immer dieses Gewimmer und Geflehe zu hören.« *Gott, er macht das öfter!*, dachte sie entsetzt, biss sich auf die Unterlippe und überlegte ihren nächsten Schritt. Sie durfte sich jetzt keinen Fehler erlauben. *Zeig ihm nicht, dass du Angst hast!* Der Dünne nutzte die Zeit, um sich die Unterhose abzustreifen. Aus der Nachttischschublade zog er einen Gegenstand hervor, den Lydia nicht sofort erkennen konnte. Dabei lächelte er sie die ganze Zeit an. Nackt kniete er, nun sichtbar erregt, vor ihr auf dem Bett. Ein paar Handschellen baumelten an seinem Zeigefinger. Breit grinste Lydia zurück. Ohne es zu wissen, hatte er ihr die Sache erleichtert. Irritiert über ihr Lächeln stutzte der Vergewaltiger und strich sich über die Haare, seine Männlichkeit fiel in sich zusammen. In seinem Gesicht fand ein eindrucksvolles Mienenspiel statt. Dieses Überraschungsmoment nutzte Lydia, um unter ihr Kopfkissen zu greifen. Mit einem lauten Schrei warf sie sich auf den Angreifer und stach zu.

In einem Magazin für Psychologie hatte Lydia gelesen, dass es einfacher wurde, je öfter man eine Straftat beging. Nur das erste Mal stellte eine Überwindung dar, später wurden Schuldgefühle und Skrupel immer geringer, bis sie ganz verschwanden. Damals konnte sie sich das nicht vorstellen, aber das neue Folienpaket war deutlich leichter zur Grube zu schleifen. Beherzt warf sie den Dünnen hinein, bevor sie selbst in das Loch stieg und wieder zur Schaufel griff.

Die Erde war schwer und lehmig, in der Nacht hatte es anscheinend geregnet, zusätzlich war der Boden voller Steine. Lydia schwitzte und keuchte vor Anstrengung. Nach einer Weile blieb die Schaufel stecken, das fahle Mondlicht fiel auf einen Fetzen Stoff. Lydia bückte sich danach, vermochte ihn aber nicht aus der Erde zu reißen. Sie kniete sich hin und begann, mit bloßen Händen, Stück für Stück die Erde abzutragen. Bis sie einen blauen Damenpumps fand. Als sie ihn aufheben wollte, bemerkte sie, dass ein Fuß darin steckte, der mit dem blauen Stoff, der sich als Jeanshose entpuppte, bekleidet war. Aufgeregt grub sie weiter. Nervös sah sie sich dabei um. Bald hatte sie einen ganzen Menschen, eine Frau in Lydias Alter, vor sich liegen. Stumm betrachtete Lydia die Leiche – dann erinnerte sie sich.

Hastig krabbelte sie aus dem Loch, lief zu ihrem Wagen und rumorte im Kofferraum. Nach einer Weile fand sie, was sie suchte. Fieberhaft blätterte sie in der Zeitung der Vorwoche, bis sie in das lächelnde Gesicht einer Frau blickte. Zitternd las sie den Artikel:

Die 35-jährige Burgenländerin Charlotte Krieger wird seit einer Woche vermisst. Vor fünf Tagen wurde sie in Graz an einer Tankstelle gesehen. Die Frau hat langes dunkles Haar, braune Augen und trug zuletzt Jeans, Bluse und blaue High Heels. Der Fall könnte mit der, seit einem halben Jahr vermissten, Kathrin Brauner und der, seit drei Monaten vermissten, Elisabeth Fritsch zu tun haben, die ebenfalls beide in Graz zuletzt gesehen wurden. Das BKA hat eine SOKO einberufen, da von einem Serientäter ausgegangen wird ...

Lydia stockte der Atem. Mit dem Zeitungsartikel in der Hand lief sie zurück zum Teichloch. Im Schein des Mondes verglich sie das Foto mit der Leiche, die sie gefunden hatte. Auch wenn der Verwesungsprozess bereits eingesetzt hatte, das war zweifellos die Frau auf dem Bild. Würgend schlug Lydia sich die Hand vor den Mund. Auf wie vielen Leichen stand sie gerade? Sollte sie die nächste sein? War der Besitzer gar nicht weggefahren? Hatte er sie die ganze Zeit beobachtet? War der Wohnwagenverkauf nur ein Trick, um alleinstehende Frauen herzulocken?

Lydias Herz raste, verzweifelt rang sie nach Luft. Sie musste abhauen, heute noch. Nachdem ihr Mann tot war, konnte sie doch überall leben. Er war keine Gefahr mehr für sie. Eilig grub sie die Frau wieder ein und begrub den Dünnen daneben. Während sie aus der Grube stieg und durch den Garten ging, dachte sie darüber nach wie schade es war, dass sie nun nicht hier leben konnte. Aber sie konnte es auch nicht riskieren, die Sache mit der vermissten Frau der Polizei zu melden, denn die würde den Grund sicher sofort absperren, alles aufgraben und dabei auch ihren Mann und den Dünnen finden. Würden sie ihr glauben, dass sie aus Notwehr gehandelt hatte? Niemand wusste doch von ihrem jahrelangen Martyrium. Aus Angst hatte sie ihn nie angezeigt, war in den letzten zwei Jahren bloß immer wieder vor ihm geflohen.

Nachdenklich verlangsamte sie ihren Schritt, sah sich um und öffnete die Türe zum Wohnwagen, um noch ein letztes Mal alle Spuren zu beseitigen. Bevor sie einschlief, beschloss sie zu bleiben.

Auf der Gemeinde war man sehr erfreut über ihren Pachtantrag. Außerdem versicherte ihr der Bürgermeister, dass es sich keineswegs um Grünland, sondern um Bauland handelte. Allerdings gab es Bestimmungen, laut denen sie nur einen Bungalow in vorgegebener Größe bauen durfte.

Aber erst mal ließ sie den Teich fertig stellen.

Mit hochrotem Kopf taucht Lydia aus dem Wasser und prustet. Die Maurer, die gerade beim Tor hereinkommen, pfeifen anerkennend, bevor sie auf den halben Rohbau zugehen, um ihre Arbeit wieder aufzunehmen. Schon in drei Monaten wird Lydia in ihr neues Haus einziehen.

Ein Schmetterling fliegt über ihren Kopf hinweg. Lydias Golden Retriever Welpe Lucky läuft dem fliegenden Insekt nach. Er bellt aufgeregt, was Lydia schmunzeln lässt. Unweigerlich denkt sie an das Sprichwort: *Stumme Hunde und stille Wasser sind gefährlich.*

Mit einem lauten Platschen landet Lucky im Wasser und spritzt dabei die Bauarbeiter nass. Lydia betrachtet die schimpfenden Arbeiter, streichelt den hechelnden Hund, sieht dem Schmetterling nach, wirft den Kopf in den Nacken und lacht.

CORNELIA KUHNERT

nur die harten kommen in' garten

Ein Hauch von Frühling liegt in der Luft, als Gesine im Morgengrauen nach Hause kommt. Im Blumenbeet vor ihrem Haus haben sich über Nacht sogar schon die ersten Tulpen herausgewagt.

»Bin wieder da, Loddar«, ruft sie, kaum dass sie die Wohnungstür aufgeschlossen hat. »Ich pack nur schnell zusammen, dann können wir los.«

Gesine weiß, dass Lothar schon seit Wochen auf besseres Wetter wartet. Diese Enge in der Dreizimmerwohnung ist nichts für ihn. Lothar braucht frische Luft. Und seine Kumpels. Eine gute Ehefrau kennt ihren Mann eben besser als der seine eigene Westentasche. Und eins steht fest: Die Zeit ist reif fürs Angrillen, auch wenn sie hundemüde ist und sich am liebsten ins Bett legen würde. Ein Seufzer entweicht ihrer üppigen Brust. Früher hat sie die durchwachten Nächte im Krankenhaus einfach besser weggesteckt – genau wie vieles andere auch. Aber Jammern hilft nicht. Hat noch nie weitergeholfen.

Gesine öffnet das Tiefkühlfach. Mit einem Lächeln auf den Lippen holt sie Schinkengriller und Thüringer Rostbratwürste heraus und legt sie zu den Spreewaldgürkchen in den Korb. Letztes Jahr hatte die Saison für sie auf dem Campingplatz am Parksee Lohne ein abruptes Ende gefunden. Schnee Ende Oktober, dann der dauernde Frost.

»Bestimmt sind die anderen auch schon auf dem Platz«, freut sie sich. »Bei Ramona und Siegfried bin ich mir nicht sicher, aber Monika und Werner sind garantiert da.«

* * *

Eine halbe Stunde später ist alles im Wagen verstaut. Der
neue Skoda ist zwar nicht groß, aber durch die Hecktür kann
man ihn gut beladen. Im Unterschied zum Panda, den sie
vorher hatten. Gesine startet den Wagen.

»Jetzt geht's los!«

Vom Sahlkamp bis zur Bothfelder Straße muss sie an
keiner Ampel halten. »Grüne Welle«, schnurrt sie und freut
sich. Sie passiert den Laher Friedhof, dann geht es rechts weiter Richtung Varrelheide, die Straße führt direkt hinter der
Autobahn entlang. Keine zehn Minuten später biegt sie von
der Kreisstraße in den Alten Postweg ab. Noch ein paar hundert Meter vertrautes Ruckeln auf dem Kopfsteinpflaster,
schon kommt das Schild des Campingplatzes. Jetzt geht alles
ganz schnell. Vertrautes Winken vor der Schranke, vorbei am
Holzhaus mit den frisch gestrichenenen roten Fensterläden,
ein paar Meter über den befestigten Weg, dann steht sie vor
ihrem Wochenendheim. Erste Reihe mit Seeblick. Dafür hat
Gesine hart kämpfen müssen. Erst nach fünf Jahren räumten
die alten Kuchenbeckers den Platz, und Lothar und sie konnten mit ihrem Wohnwagen nachrücken. Ist nicht einfach gewesen, ein bisschen nachhelfen und tricksen musste sie auch,
aber das ist schon ewig her und längst vergessen.

Gesine füllt den Kühlschrank mit den mitgebrachten Vor-
räten, legt die Äpfel in die Schale und trägt sie zum Tisch.
Vorsichtig schiebt sie die bordeauxfarbene Dose an die Seite
des Esstisches.

»Das Auto von Monika und Werner kann ich schon sehen.
Hab ich mir doch gedacht, dass die auch da sind.« Gesine
steckt das Kabel des Fernsehers in die Steckdose. »Mach's dir
bequem, Loddar, ich putz derweil ein bisschen.«

Mit dem vertrauten Geplapper des Fernsehsportjournalisten im Rücken, fegt Gesine den aufgebockten Campinganhänger aus. Vor zehn Jahren haben Lothar und sie ihn bei einem Gebrauchtwarenhändler in Altwarmbüchen gekauft. Ein echtes Schnäppchen. Die aktuellen Modelle sind zwar noch komfortabler, aber ihr »Dethlefs« ist immer noch tipptopp.

Gesine rollt den Plastikvorhang hoch. Was ist das denn? Sie bückt sich und schaut genauer hin. Das Vorzelt hat an der Seite einen Riss.

»Nichts hält ewig«, stöhnt sie auf. Aber es gibt Schlimmeres. Mit ein bisschen Klebeband ist das am nächsten Wochenende ruckzuck repariert. Vielleicht kauft sie aber auch einfach ein neues Vorzelt. Das von den Schuppkes in der übernächsten Reihe rechts am Weg springt ihr schon seit zwei Jahren ins Auge. Geld ist ja jetzt da.

Draußen klappert es. Gesine reckt den Kopf. Ob Werner und Monika kommen? Nein, das silberne Auto kennt sie nicht. Muss neu sein. Obwohl, Gesine stellt sich auf Zehenspitzen, der kahle Hinterkopf kommt ihr bekannt vor.

»Ich glaub, der Josef hat sich einen Geländewagen gekauft. Wo der bloß immer das Geld für neue Autos her hat?« Dabei soll er letztes Jahr fast pleite gewesen sein, grummelt Gesine in sich hinein. Monika hat ihr das bei einer Tasse Kaffee gesteckt. Ja, Monika hat ein Händchen dafür, den Leuten Sachen zu entlocken, die sie eigentlich gar nicht preisgeben wollen. Und nicht nur das. Monika hat den siebten Sinn und bekommt Dinge mit, die sie überhaupt nicht sehen soll. Ein tiefer Seufzer entweicht Gesine bei diesen Gedanken, denn genau das beunruhigt sie. Monika ist die Einzige, die das mit dem Unfall der Kuchenbeckers nicht geglaubt hat. Dabei hatte nicht einmal die Polizei Zweifel.

* * *

Monika hat schon seit zwei Tagen Urlaub und ihren Wohnwagen längst auf Hochglanz poliert. Jetzt strebt sie in Jeans
und dem Bench-Fleecepullover ihrer siebzehnjährigen Tochter auf eine der Holzbänke des *Seesterns* zu, der stets gut-
besuchten Gaststätte des Campingplatzes. Dort sitzt bereits
Ramona. Von Monikas hauteng getragenen Jeans ist ihre
langjährige Stellplatznachbarin Diätenlichtjahre entfernt. Ramona bevorzugt komfortable Trainingsanzüge, Zelte, wie
Ramonas Mann Siegfried immer sagt. Dabei hat Siegfried
überhaupt keinen Grund zum Lästern, findet Monika. Mit
eigenen Ohren hat sie gehört, wie ein paar kleine Kinder
gelästert haben, dass Siegfried aussieht wie eine schwangere
Frau im neunten Monat.

»Möchtest du auch eine?« Ramona fischt eine Packung
Filterzigaretten aus der Seitentasche ihres Trainingsanzuges
und hält sie ihrer Stellplatznachbarin hin. Monika schüttelt
den Kopf.

»Nee, danke. Rauchen schadet der Gesundheit. Weißt du
doch.« Monika genießt Ramonas überraschten Gesichtsausdruck, dann bricht sie in lautes Lachen aus. »Los, frag nicht
lange, gib mir ne Fluppe.«

»Und sonst so?« Ramona reicht ihr die Schachtel und zündet erst sich und dann Monika mit dem Einwegfeuerzeug
die Zigarette an.

»Alles paletti.«

»Sicher?«

»Aber klar doch.«

»Und dein Auge? Was hast du denn da?«

»Ach, nur ein blauer Fleck«, winkt Monika ab.

»Sicher?«

»Ja. – Bin gestolpert?«

»Wieder über Werner?«

»Hör schon auf!«

»Du darfst dir das nicht immer gefallen lassen.«

Monika zieht den Rauch so tief in ihre Lunge, dass es wehtut. Das wiederholt sie dreimal, dann lächelt sie Ramona an. »Das hellere Blond steht dir übrigens gut.«

»Findest du?« Kokett zieht Ramona das Oberteil ihres türkisfarbenen Jogginganzugs über ihre Bauchrolle.

»Nur ein bisschen länger könnten deine Haare sein.«

»Ich weiß, hast du mir im Herbst schon gesagt, aber das dauert eben.«

»Soll ich dir ein paar Extensions machen?«

Ramona sieht überrascht auf. »Extensions?«

»Kennst du das nicht? Das ist echt der Hammer. Bei uns im Salon ist das im Moment der Renner.« Monika streicht sich über ihre blondierten Haare. »Entweder machen wir es mit Flechten oder mit Kleben. Metall geht …«

Monikas Blick wandert zum anderen Seeufer. »Sag mal, ist das dahinten nicht Gesine?« Ihre Stimme wird mit jedem Wort leiser.

»Sieht so aus. Es gibt nur eine, die immer im gleichen roten Jogginganzug rumläuft.«

»Wie es der wohl geht?«

* * *

Schon von weitem entdeckt auch Gesine Monika und Ramona vor dem *Seestern*, eingenebelt in einer Rauchwolke.

»Mahlzeit«, begrüßt sie die beiden Frauen kurz darauf.

»Hallo Gesine.« Monika springt auf und drückt Gesine fest an sich. »Schön, dass du wieder da bist.«

Gesine stößt einen tiefen Seufzer aus. »Find ich auch. Der Winter war verdammt lang.«

»Jaa«, kommt es gedehnt von Monika. »Ich wollte ja immer mal vorbeikommen. Aber dann war ... plötzlich Weihnachten. Ich ...«

»Lass man gut sein«, wimmelt Gesine Monikas Gestotter ab.

Ramona hält die Luft an und starrt zu Monika. Ihr rechter Mundwinkel zuckt dabei nervös. Gesines wache Augen registrieren das, genauso wie die zitternden Finger der anderen.

»Was ist denn los mit dir?« Gesine tätschelt Monikas Hand. »Du wirkst so angespannt.«

»Ich ...« Mehr bekommt Monika nicht über ihre Lippen. Stattdessen zieht sie an ihrer Zigarette und bläst den Rauch in Ramonas Richtung. Ein hilfesuchender Blick folgt dem Qualm. Ramona bemerkt es jedoch nicht. Sie zählt die Steine auf dem Boden.

»Wie sieht es heute Abend mit Angrillen aus? Dieses Jahr sind wir an der Reihe. Ich habe Würstchen mitgebracht.«

Als keine Antwort kommt, hakt sie nach: »Ihr seid doch dabei?«

»Ich weiß nicht«, weicht Ramona aus.

»Und du, Monika?«

»Also ... die Sandy ist endlich mal übers Wochenende mit auf den Platz gekommen. Die können wir jetzt schlecht alleine im Wohnwagen lassen. Die zickt sowieso schon rum, dass sie keine Lust mehr hat, mitzukommen. Ist ein schwieriges Alter im Moment.«

»Bring sie doch einfach mit. Das würde den Loddar freuen.«

Gesine blickt erwartungsvoll von der einen zur anderen, keine der Frauen antwortet. In der Eiche über ihnen zwitschert ein Fink, der Ruf eines Kuckucks hallt aus dem Wald, sonst ist es still.

Monika atmet tief ein und aus und seufzt schließlich: »Ich weiß wirklich nicht, ob das eine gute Idee ist.«

»Was soll daran nicht gut sein?«

»Lass uns doch erst mal alles ganz ruhig angehen.« Ein zögerlicher Blick trifft Gesine.

»Also nee, das kannste nicht machen, das gehört zum Saisonstart dazu. Loddar sagt immer, dass es ohne Angrillen nicht geht. Ich erwarte euch um fünf.«

»Machst du wieder Kartoffelsalat? Den mit deinen Spezialgürkchen?«

Gesine dreht sich spitzbübisch grinsend zu Ramona um.

»Natürlich. Alles so wie immer.«

* * *

Gesine pellt die Kartoffeln ab, dann schneidet sie sie in dünne Scheiben. Die hart gekochten Eier werden erst geschält, dann kommen sie in den Eierschneider. Nun sind die Gewürzgurken dran. Gesine ist erst zufrieden, als die hauchdünnen Schnitzel in gleicher Länge in der Schale vor ihr liegen.

Ein plötzliches Glücksgefühl durchrieselt Gesine. Der Geruch hier am Waldsee ist so ganz anders als in der Stadt. Ihre Nachbarin in Hannover-Vahrenheide sagt immer: »Du mit deinem Lufttick.« Aber sie hat keinen Tick. Hier draußen riecht alles klarer, sprechen die Jahreszeiten eine deutlichere Sprache als in der Stadt. Im Frühjahr steigt morgens ein verheißungsvoller Dunst vom See auf, der ist nicht zu vergleichen mit den dumpfen Herbstnebeln. Welkende Eichenblätter, vermoderndes Holz und dazwischen der Geruch nach Pilzen. Was ist das Meer gegen diese Bandbreite von

Gerüchen? Wasser, Wellen und vielleicht ein paar Muscheln. Das ist nichts für sie. Im Unterschied zu Lothar.

»Ich weiß gar nicht, warum ihr im Herbst unbedingt nach Bulgarien musstet. Einen Sonnenstrand haben wir hier auch.« Gesine stemmt die Arme vorwurfsvoll in die Hüfte und wirft Lothar einen abfälligen Blick zu. »Oder etwa nicht?«

Gesine verrührt den Joghurt mit einem Löffel Senf, gibt Salz und Pfeffer dazu und vermengt dann alles mit den Kartoffeln. Sogar auf ihrer Hochzeitsreise vor fünfzehn Jahren hat Lothar einfach auf stur geschaltet und geschwiegen, kaum hat sie mal gestichelt. Das hat sie schon damals geärgert, aber irgendwann hat sie sich mit seiner Schweigsamkeit abgefunden. Vielleicht ist das ein Fehler gewesen.

»Skatrunde auf Reisen!«, bricht es plötzlich aus ihr heraus. »Glaub' bloß nicht, dass ich nicht weiß, was auf euren Herrenrunden so abgeht. Ihr spielt doch nur den ganzen Sommer über Skat, damit die Kasse gefüllt ist und ihr im Herbst auf große Fahrt gehen könnt. Ohne uns Frauen.«

* * *

Um sechs sitzen alle um den Tisch, einschließlich Sandy. Zur Begrüßung gibt es für die Damen einen Rotkäppchensekt und für die Herren Gilde aus der Flasche. Alles wie immer. Sandy nuckelt an ihrer Cola, schielt aber auf die Wodkaflasche oben auf dem Kühlschrank.

»Jetzt essen wir erst mal. Die Würstchen sind schon durch. Hier«, Gesine reicht die Platte mit dem Gegrillten an Werner. »Nun langt zu!«

»Hast du noch ein bisschen Senf?«

»Klar doch.« Gesine reicht Monika den Senf. »Extra scharf. Den nimmst du doch immer.«

»Hmm, die schmecken gut«, lobt Ramona und schiebt sich den ersten Bissen in den Mund.

Alle essen, ab und an kratzt ein Messer über den Teller, Monika hustet, Werner schmatzt, ansonsten ist es ruhig, keiner sagt ein Wort.

»Schön, dass du wieder hier bist«, quält sich Werner schließlich heraus und prostet Gesine zu.

»Danke«, murmelt diese und lächelt in die Runde. Ihr Blick bleibt an Monika hängen, unter deren Auge es trotz des dicken Make-ups in allen Regenbogenfarben schimmert.

»Wir haben uns so auf euch gefreut«, lächelt Gesine Monika an und streckt ihr das Glas entgegen.

Monika zieht ihre Mundwinkel bemüht nach oben, ihr hilfloser Blick wandert von Ramona zu Werner und wieder zurück.

»Ja«, presst sie schließlich heraus, weiß dann aber nicht weiter und senkt die Augenlider.

Stumm reibt sich Ramona am Ohrläppchen, Werner steckt die zu Fäusten geballten Hände in seine Hosentaschen und lehnt sich schweigend zurück, Siegfried prokelt mit dem Zahnstocher in seiner Zahnlücke hinter dem rechten Eckzahn. Die Stille wird mit jeder Sekunde drückender.

»Für wen ist eigentlich der freie Stuhl?« Sandys Worte tröpfeln in das anhaltende Schweigen.

»Der ist nicht frei.« Gesine gibt einen Löffel Kartoffelsalat auf Werners Teller. »Schmeckt's dir, Werner?«

»Ja, wie immer zu gut und wie immer war's zu viel. Da brauch ich gleich einen Schuss«, lacht er gequält auf. »Meinen goldenen Schuss.«

»Für wen ist denn nun der Teller?«, bohrt Sandy nach und zeigt auf den ihr gegenüberliegenden Platz.

»Na, für Loddar.«

Werner verschluckt sich bei dieser Antwort an seiner Bratwurst, Ramona und Monika reißen die Augen auf, nur Siegfried starrt entgeistert gegen die Wand des Wohnwagens und verzieht keine Miene. Gesine übergeht diese Reaktion. Sie drapiert die Gabel neben dem Teller, dann rückt sie das kleine bordeauxfarbene Gefäß dichter an den leeren Stuhl heran.

»Gesine, wir haben dir doch schon auf der Beerdigung gesagt, wie leid es uns tut. Wenn wir dir helfen können …« Werner sucht Siegfrieds Blick. »Nun sag du doch auch mal was, Siegfried.«

Werner nickt Siegfried auffordernd zu, während er sich seine Insulinspritze aus der Jackentasche seines Trainingsanzuges fischt. Routiniert bereitet er die Injektion vor und sticht die Nadel durch den Stoff seines T-Shirts direkt in den Bauch.

Siegfried starrt gebannte auf die Spritze. »Ich?«

»Ja, du!« Werner zieht die Kanüle wieder heraus und setzt die Kappe wieder auf die dünne Nadel.

»Da konnten wir nichts für, Gesine, das musst du uns glauben. An dem Abend …«

»… den Wodka hat doch der Lothar besorgt«, unterbricht Werner ihn.

»… da konnten wir doch nichts für, dass der …«, verteidigt sich Siegfried.

»Ich mach euch doch gar keine Vorwürfe. Der Loddar musste ja immer mit dem Trinken übertreiben.«

Gesine starrt die beiden Männer an und in ihrem Kopf kreiseln ihre Gedanken: Wie oft hat sie Lothar gesagt, dass er nicht soviel saufen soll. Erst seine Rechthaberei und dann sein ohrenbetäubendes Schnarchen. Am liebsten hätte sie ihm nach solchen Gelagen Mund und Nase zugehalten. Gleichzeitig und lange. Sehr lange. Aber das hat sich ja jetzt erübrigt. Zum Glück.

»Es ist, wie es ist«, seufzt Gesine. »Dass Loddar erst den Wodka in sich hineingeschüttet hat und dann in eurem Zimmer gestolpert ist, war Pech. Genauso großes Pech, wie der Koffer, der vor dem Fenster stand. Werners Koffer.« Gesine Augenbrauen heben sich unmerklich, als sie Werner ansieht. »Und dass das Fensterglas einfach splitterte, war das größte Pech. Hat mir der Hoteldirektor alles haarklein erklärt. Die haben kein Sicherheitsglas da in Bulgarien. Bei uns wäre das unmöglich gewesen. Da wäre er nicht aus der siebten Etage auf den Gehweg geknallt. Mit durchtrennter Halsschlagader. Das hat aber auch nichts mehr geändert. Tot war er sowieso schon.«

Gesine gibt Werner noch einen Schlag vom Kartoffelsalat.

»Aber dass ihr das nicht mal bemerkt habt, weil ihr besoffen mit irgendwelchen Weibern im anderen Zimmer rumgemacht habt, das nehm' ich euch schon übel.«

Gesine sieht sich in der Runde um und lächelt die bordeauxfarbene Miniurne an.

»Loddar ist nie nachtragend gewesen – aber ich.«

Werner erbleicht bei diesem Satz und Siegfrieds Augenlid fängt an zu zittern.

»Noch ein bisschen Kartoffelsalat? Den mögt ihr doch so gerne.« Gesine versucht sich im koketten Augenaufschlag. »Oder schmeckt er heute anders?«

Werner erbleicht und fasst sich an den Magen.

»Hast du etwa Gift …«

Gesine bricht in lautes Lachen aus.

»April, April.« Sie lächelt die beiden Männer an. »Schwamm drüber, Jungs. Ein für allemal.« Gesine streicht liebevoll über die kleine Urne und flüstert: »Nachher buddelt dich der Werner hinten am Zaun ein. Dann bist du in deiner Tochterurne immer bei uns.«

Sandy reißt die Augen weit aus. »Tochterur …«

Gesine zeigt auf das bordeauxfarbene Gefäß. »Das ist eine Miniaturausgabe von Loddars Urne. Mit einem Teil seiner Asche.«

Die Witwe mustert spöttisch die Gesichter der anderen.

»Ich konnte ihn doch nicht so allein auf dem Laher Friedhof lassen. Da ist doch nichts los. Hier ist er wenigstens immer bei uns. Das wird ihm gefallen.«

Sie verteilt die letzten Bratwürste und beugt sich dann zu dem bordeauxfarbenen Gefäß vor.

»Nur die Harten kommen in' Garten.« Sie strahlt die Urne an. »Nicht wahr, Loddar.«

* * *

Eisiges Schweigen lastet über der Runde im Vorzelt von Gesines Campingwagen, allein die Gastgeberin redet ungerührt weiter und endet mit: »Wenn das erledigt ist, stoßen wir auf Loddar an.«

»So eine wie Gesine lässt sich nicht unterkriegen«, murmelt Werner und ein Hauch von Bewunderung liegt in seiner Stimme, als er die Hand auf Monikas Knie legt. »Das wünschte ich mir von dir auch.«

Monika schiebt Werners Hand von ihrem Knie.

»Was war das da mit den Frauen?« Sie blinzelt ihrem Mann mit eisigen Augen zu. »Davon hast du mir gar nichts erzählt.«

»Das geht dich auch nichts an.« Werners Stimme ist lauter geworden und seine Finger zucken verärgert.

»Wirklich?«, zischt Monika ungewohnt laut, drohend streicht sie sich über ihr blaues Auge.

Werner fletscht die Zähne, verkneift sich aber eine Antwort.

»War doch, also ich meine, die … das war gar nicht so wichtig«, verhaspelt sich Siegfried und rutscht unruhig auf seinem Stuhl hin und her.

»Ich will dir mal eins sagen …«, Ramonas Stimme wird lauter.

»Nun hört doch auf!«, fällt ihr Gesine ins Wort und streichelt behutsam über die Urne. »Wir wollten uns doch einen gemütlichen Abend machen.«

»Ja, ja.« Monika schiebt erneut Werners Hand zur Seite und zündet sich eine Zigarette an. »Du hast gut reden«, sagt sie laut und verkneift sich den Zusatz: Den Loddar biste los und die Lebensversicherung haste.

Doch obwohl sie den Gedanken nicht ausspricht, bleibt er in ihrem Kopf haften und in Monika reift augenblicklich ein Wunsch. Ein starker Wunsch, ein verbotener. Sie bräuchte nur eine Dosis Altinsulin dazu. Ein Schuss davon direkt in Werners Vene und dann ist Schluss mit lustig. Erst das Koma, dann der Tod. Werner würde gar nichts merken.

Ein Lächeln huscht über Monikas Gesicht. Im Krankenhaus müsste man doch an das Zeug herankommen. Das sollte ein Leichtes für Gesine sein. Außerdem war die ihr noch was schuldig. Schließlich ständen die Kuchenbeckers immer noch in der ersten Reihe, wenn Gesine nicht an deren Heizung rumgefummelt hätte. Nachts, auf dem Weg zum Waschhaus hatte Monika das ganz genau gesehen. Ihren Adleraugen entgeht nie etwas. Es wird Zeit, mal einen Gefallen einzufordern, findet Monika und verlangt nach dem nächsten Wodka.

Thomas Kastura

der mann mit dem schwarzen kajak

Es ging auf Mittag, und es war unerträglich heiß. Dicke, klare Schweißtropfen standen auf den Gesichtern der Männer. Am Rücken von Staatsanwalt Brandeisens Tropenhemd wurde ein feuchter Fleck immer größer. Küps beobachtete, wie sich eine riesige Stechmücke auf seinem Unterarm niederließ. Langsam fuhr sie ihren Rüssel aus und wollte ihn gerade in der Haut des wohlgenährten Kommissars versenken, als er zuschlug.

»Nummer 65«, sagte Küps und schmierte die Mückenreste ins Gras.

Brandeisen schwieg. Er spürte Dumpfheit im Kopf. Seine Füße waren wie gargekocht, sie steckten in Segelschuhen aus elfenbeinfarbenem Tuch. Niemals würde er Küpsens Rentnersandalen oder – Gott behüte! – Flip-Flops tragen. Einzig sein Panamahut aus der Faser der Toquilla-Palme ließ ihn eine gewisse Würde wahren.

Die beiden Ermittler befanden sich auf dem Campingplatz in Bug, einem Ortsteil von Bamberg. Sie zelteten direkt am Regnitzufer, in einem pyramidenförmigen Expeditionswigwam aus Brandeisens Interrail-Zeiten. Nicht weniger als 42 Heringe, neun Spannseile und Nerven aus Stahl waren nötig gewesen, um es ordnungsgemäß aufzubauen. Als Sitzgelegenheiten dienten Klappstühle mit Blümchenmuster. Ein alter Bluna-Sonnenschirm – Küps hatte das Ding in seiner Jugend aus einem Bierkeller geklaut – spendete ein wenig Schatten.

Auf den ersten Blick konnte diese Szenerie nur dem Gehirn eines Schmierenkomödianten entsprungen sein. Küps, ein schwer verheirateter Gemütsmensch, hatte das eheliche Wohnmobil kürzlich verkauft, weil er am liebsten gar nicht verreiste. Brandeisen, notorischer Hagestolz und an Korrektheit nicht zu überbieten, zog es nur an Orte, wo berühmte Barockopern aufgeführt wurden. Machten die beiden etwa gemeinsam Urlaub?

Weit gefehlt! Sie waren einem Mörder auf der Spur. Und zwar undercover ...

Dietrich Plößberg, frühpensionierter Ingenieur für Luft- und Raumfahrttechnik, führte mit 53 Jahren ein überaus aktives Leben. Der leidenschaftliche Kajakfahrer hatte schon viele Flüsse bepaddelt und war zu diesem Zweck auch nach Bamberg gereist. Eine ganze Woche wollte er auf dem Buger Campingplatz verweilen, er hatte dort eine fest installierte Hütte gebucht. Doch schon am ersten Tag seines Aufenthalts war er von einer abendlichen Erkundungsfahrt nicht zurückgekehrt.

Seither galt er als vermisst. Auch von seinem Kajak fehlte jede Spur.

Es stand zu befürchten, dass Plößberg einen Herzinfarkt oder Schlaganfall erlitten hatte und daraufhin in der Regnitz ertrunken war. Zeugen des Unglücks gab es bislang nicht. Die Polizei suchte den Flusslauf ab, sogar Taucher wurden eingesetzt – vergebens. An der sogenannten Buger Spitze war die Regnitz fast zweihundert Meter breit, sie teilte sich in einen linken und einen rechten Arm. Der Campingplatz lag 1,5 Kilometer flussaufwärts. Allein dieser Abschnitt war von den Suchmannschaften kaum abzudecken.

Falls Plößbergs Leiche samt Kajak jedoch von der Strömung erfasst worden war, konnte sie entweder in den rechten Regnitzarm getrieben sein. Am Jahnwehr stürzten die Fluten wasserfallartig herab – ein Katarakt ohne Wiederkehr – und vereinigten sich nach der Heinrichsbrücke mit dem Main-Donau-Kanal.

Oder die Leiche war über den linken Regnitzarm bis zur Oberen Mühlbrücke gelangt, wo eine Turbinenanlage zur Energiegewinnung eine künstliche Sperre bildete. Dort wäre das Kajak möglicherweise hängen geblieben. Wenn der Körper jedoch herausgerutscht war und mit den Turbinen Bekanntschaft geschlossen hatte …

»Landleberwurst«, las Küps auf dem Etikett und schraubte den Verschluss ab. »Mittagessen.«

»Grob oder fein?«

Brandeisen arrangierte mehrere Scheiben Bauernbrot zu einem hübschen Fächer. »Grob natürlich.«

Klapptisch. Picknickkorb mit Geschirr und Besteck. Zwei zusammenschraubbare Plastikgläser. Der Staatsanwalt legte Wert auf einen Hauch Zivilisation, sogar bei einer überaus gefährlichen Mission wie dieser.

Küps trank sein Zwölf-Uhr-Bier demonstrativ aus der Flasche. Fünf Tage lief diese verdeckte Operation nun schon. Zwei Schulfreunde lassen die alten Zeiten wieder aufleben – das war ihre Tarnung. Allmächtiger! Fünf Tage mit Brandeisen, der sich unter seinem verdammten Strohhut für Charlie Chan hielt, waren nur mit Alkohol zu ertragen.

Der Staatsanwalt zog Tonic Water vor – das Chinin bot Schutz gegen Malaria. Er bestrich eine Ecke seiner Brotscheibe mit Leberwurst. Nur die Ecke. Biss behutsam ab.

Küps trug das Zeug großzügig auf und stopfte sich den Kanten zwischen die Kiemen. Spülte mit Bier nach. Langsam fühlte er sich wieder wie ein Mensch. Diese nächtlichen Einsätze gingen an die Substanz.

»Die Artischockenherzen gestern fand ich besser«, sagte Brandeisen. »Und die Bruschetta mit Strauchtomaten.«

»Gestern waren Sie für die Verpflegung zuständig. Heute bin ich dran.«

»Fettreich, Ihre Ernährung. Was sagt der Doktor dazu?«

»Wer?«

Brandeisen seufzte. »Kommen wir zur Lagebesprechung.« Er machte Platz auf dem Klapptisch und breitete Skizzen und Diagramme aus. Ein beiläufiger Rundumblick – sie waren unbeobachtet. Im Geiste ging er seine Theorie noch einmal durch, während Küps Stechmücke Nummer 66 plattmachte.

Überflüssig zu erwähnen, dass der Staatsanwalt nicht an einen Unfall Plößbergs glaubte. Dafür war der Mann zu jung und zu gut trainiert. Nein, da musste mehr dahinterstecken. Viel mehr. Wie Küps von einer Gruppe Faltbootfahrer erfahren hatte, war das verschwundene Kajak schwarz. Und es war ungewöhnlich eckig geformt ...

Dabei konnte es sich um nichts anderes als ein Kampfkajak mit Tarnkappentechnologie handeln. Brandeisen hatte seine Beziehungen zur Hardthöhe spielen lassen, wo nach dem Rücktritt des schönsten Verteidigungsministers aller Zeiten noch einige oberfränkische Staatsdiener an ihren Stühlen klebten. Über diese Kanäle hatte er eine brisante Information erhalten.

Plößberg war an der Entwicklung des Eurofighters beteiligt gewesen. Er hatte geholfen, den Radarquerschnitt des Jets zu verringern. Für einen Mann mit derartigen Fähigkeiten lag es nahe, nach der Pensionierung weiterzutüfteln. Hatte der Ingenieur sein Hobby, das Kajakfahren, mit dem Nützlichen verbunden: der Erfindung eines neuartigen Ein-Mann-Boots für militärische Sondereinsätze? Und wo ließ sich der Prototyp dieses Kampfkajaks besser erproben als auf der beschaulichen Regnitz, in der Verkleidung eines harmlosen Touristen? Wenn die Testphase beendet war, konnte Plößberg das Boot auf der nächsten Waffenmesse meistbietend versteigern und den Rest seines Ruhestands auf einer Privatinsel in der Karibik verbringen.

Natürlich würde jeder Geheimdienst, der etwas auf sich hielt, alles dafür tun, eine solche Wunderwaffe in die Hände zu bekommen. Jeder Geheimdienst außer den Ignoranten vom BND, die Brandeisens Andeutungen nicht ernst nahmen und die einzigen waren, die Plößberg nicht rund um die Uhr beschattet hatten.

»Was macht die CIA?«, wollte der Staatsanwalt wissen.

Küps wies auf einen zehn Meter langen, chromglänzenden Großraumwohnwagen, der in Sichtweite am Flussufer stand. Der Geruch von Popcorn wehte herüber. »Die schauen wahrscheinlich Agentenfilme. Bestimmt haben die Eiswürfel.«

Brandeisen, ganz Old Europe, hatte für die Amerikaner nur ein mildes Lächeln übrig. »Sind unsere russischen Freunde schon wach?«

Aus den Augenwinkeln betrachtete der Kommissar einen vergammelten Dauercamper, wo sich der SWR eingenistet hatte. »Kein Lebenszeichen.« Die Männer vom russischen Auslandsnachrichtendienst pflegten jeden Tag zu grillen. An dem wachsenden Berg leerer Wodkaflaschen neben der Tür ließ sich der Grad ihrer Einsatzbereitschaft ablesen.

»Immer das Gleiche, um die brauchen wir uns keine Sorgen zu machen.« Brandeisen notierte den Status. »Der Mossad ist da schon ein anderes Kaliber.«

Küps holte eine Fotokamera aus seinen großzügig geschnittenen Bermudashorts und richtete sie auf eine Ansammlung von Ein-Personen-Zelten. Er stellte den Zoom scharf, bei den Israelis musste man raffiniert vorgehen. Als sie auf ihren schweren Motorrädern eingetroffen waren, hatte der Kommissar sie einen Moment lang für eine Bikergruppe gehalten: dicke Lederkombis, darunter muskelbepackte Körper. Doch an den Stränden von Tel Aviv und Jaffa schien das Standard zu sein. »Die liegen in der Sonne und polieren ihre Goldkettchen. Ihre beiden Taucher sehen erschöpft aus.«

»Scholem Alejchem«, sagte Brandeisen, für den der Mossad immer noch das Laserschwert unter den Geheimdiensten war: minimalinvasiv und höchst effizient. »Was haben wir sonst noch?«

»Die Leute vom MI6 trinken sich durch alle Biersorten, seit sie hier sind, was anderes interessiert die nicht. Kein Wunder, bei dem Spülwasser, das die armen Kerle daheim kriegen.« Küps checkte ein weiteres Wohnmobil. »Und die Franzosen empfangen wieder mal Damenbesuch. Wenn die sich mal aus ihrem Bus rauswagen, fahren die höchstens zur Apotheke.«

»Bleibt das Zweite Büro der Staatssicherheit.«

Küps musste aufstehen, um den eiförmigen Mini-Wohnwagen zu erspähen, in dem mindestens zehn Chinesen hausten. Unvorstellbar, wie diese Kerle in dem winzigen Ding Platz fanden. Einen Kontrabass führten die quirligen Asiaten allerdings nicht mit sich.

»Na, was ist?«, fragte Brandeisen.

»Gerade hat einer Pakete vom China-Imbiss gebracht.« Küps nahm wieder den Zoom der Kamera zu Hilfe. »Sieht mir nach Hühnchen süß-sauer aus.«

»Mit Nudeln oder mit Reis?«

»Reis.«

»Liegt nicht so schwer im Magen …«, sinnierte Brandeisen und bedachte seinen Partner mit einem wissenden Lächeln. »Die bereiten sich auf eine größere Aktion vor.«

»Meinen Sie?«

»Ich habe so ein Gefühl, dass sie heute Nacht zuschlagen.«

Dieses Gefühl hatte der Staatsanwalt andauernd, Geduld war nicht seine Stärke. Küps hielt sich dagegen für die Inkarnation von Geduld. Sein Naturell schwankte zwischen Phlegma und Wachkoma.

Brandeisen nahm sich die Landkarte vor. »Planquadrat 114 B.«

Die Planquadrate. Brandeisen hatte alle Abschnitte, wo Plößberg mit seinem Kajak versunken sein konnte, genau kartiert. Er ging von folgendem Tathergang aus: Ein Scharfschütze hatte Plößberg neutralisiert, wegen des freien Schussfelds wahrscheinlich auf Höhe der Buger Spitze. Plößberg war ins Wasser gekippt und das Boot war mit ihm untergegangen.

Welche Agenten auch immer diesen eiskalten Mord verübt hatten – die anderen Geheimdienste hatten vermutlich alles beobachtet und würden einer Bergung des Kampfkajak-Prototyps nicht tatenlos zusehen. Abwarten war also das Gebot der Stunde – während das Boot immer weiter abtrieb. Zu allem Überdruss hatte die Bamberger Polizei eine eigene Suchaktion gestartet, diese aber aufgrund ihres knappen Etats nach einem Tag eingestellt.

Seitdem war der Weg frei für die Taucher der CIA, SWR und so fort. Jeder versuchte, das Kajak vor den Konkurrenten zu finden. Tagsüber sondierten sie nur die Lage, doch abends und nachts entfalteten sie an der Regnitz jede Menge Unterwasseraktivitäten. Um zu vermeiden, dass der Fluss wie ein beleuchtetes Aquarium aussah, setzten die Taucher Sonar, Restlichtverstärker und Ultraschall ein. Gleichzeitig belauerten und überwachten sie sich gegenseitig. Das war am besten zu bewerkstelligen, indem alle Agenten auf dem Campingplatz blieben und die Kollegen im Auge behielten. Irgendwie war man ja eine große Familie.

Nach den ersten Tagen ließ der Diensteifer jedoch deutlich nach. Keinem gelang es, die Beute in seinen Besitz bringen. Was sprach dagegen, ein bisschen zu relaxen und sich von den Einsätzen in Pakistan oder Afghanistan zu erholen? Sollten sich doch der Mossad und die Chinesen abstrampeln, dachte die CIA – während der Mossad und die Chinesen nur so taten, als wären sie voll bei der Sache. Sie hielten die Saufgelage der Russen und Engländer für Täuschungsmanöver und warteten auf deren nächsten Zug. Die Franzosen vom der Direction Générale de la Sécurité Extérieure (DGSE) machten, was sie immer taten: das örtliche Gunstgewerbe einer eingehenden Prüfung unterziehen. Danach drehten sie meist eine Runde mit einem Tauchboot im Haifischdesign und machten Fotos von der Unterwasserfauna.

Mitten in diesem Spinnennetz saßen Brandeisen, der sich wie geschaffen hielt für das Great Game internationaler Spionage, und Küps, der sogar die Schlafmaske des Staatsanwalts in Kauf nahm für ein paar ehefreie Tage. Die beiden hatten ihrerseits die Aktionen der Geheimdienste verfolgt, wachsam wie eh und je.

»Wir müssen handeln!«, sagte Brandeisen schließlich und deutete auf Planquadrat 114 B. »Das ist beim Hainbad, unter den Stützpfählen der Holzliegefläche. Dort hat noch niemand gesucht.«

»Jetzt gleich?«

»Aye, aye, mein Lieber! Beenden Sie Ihr rustikales Mahl. Auf uns warten … Abenteuer!«

Es dauerte eine Weile, bis Küps sich in Bewegung setzte. Doch nach einem ordentlichen Schluck *Spezial Rauchbier*, das wundersamerweise bei jeder Temperatur schmeckte, erwachte sein Ehrgeiz. »Dann mal ran an den Speck!«

Gesagt, getan. Schnell noch Ausrüstung und Proviant eingepackt. Am Ufer wartete ihr Fortbewegungsmittel.

Nein, es war kein Kinderschlauchboot, wie Küps es nutzloserweise mitgebracht hatte. Und mit den Zodiacs der Geheimdienste besaß es auch keine Ähnlichkeit. Brandeisen hatte schon am ersten Tag der Operation ein Kanu geliehen, in Erinnerung an den berühmten Zweikampf zwischen Lex Barker (Old Shatterhand) und Mavid Popović (Intschu-Tschuna) aus den Winnetou-Filmen.

Der Kommissar stieg vorne ein, der Staatsanwalt hinten. Inzwischen hatten sie die unfreiwillige Komik des Kanufahrens hinreichend ergründet und stellten sich recht geschickt an. Sie paddelten los.

Es war wie eine Reise zu den ältesten Tagen der Erde. Ins Herz der Finsternis. Der Fluss trug sie einem unbestimmten Schicksal entgegen.

Zur Rechten erstreckten sich Fiebersümpfe. Myriaden von Stechmücken stiegen auf und fanden zielsicher den Kommissar, der Nummer 67 bis 75 erschlug. Brandeisen zückte eine Sprühdose mit tödlichem Insektizid und schickte eine ganze Wolke von Blutsaugern zur Hölle.

Kurz darauf gelangten sie in ein Gebiet, das von leicht bekleideten Wilden besiedelt war. Sie sonnten ihre Hungerbäuche und planschten in einem großen Schwimmbecken umher. Ein paar Kinder bemerkten die vorüberfahrenden Kanuten und richteten ihre primitiven Waffen auf sie, darunter ein Gerät, das Küps als »Super Soaker Tornado Strike« identifizierte – bevor ihn ein spiralförmiger Wasserstrahl traf und von Kopf bis Fuß durchnässte.

Der nächste Eingeborenenstamm ließ nicht lange auf sich warten. Diesmal erwischte es Brandeisen, dem der

Panamahut vom Kopf geschossen wurde. Das gute Stück verschwand in den Wogen. »Dafür kriegt ihr zwei Jahre Jugendhaft!«, drohte er und bedauerte zutiefst, dass er die kleinen Bastarde nicht in den Steinbruch bei Eschlipp schicken durfte, wie es alter Väter Sitte gewesen war.

Sie erhöhten die Schlagzahl. Der Staatsanwalt, nunmehr barhäuptig, fühlte die Zymbeln der unbarmherzigen Sonne auf der Stirn. Küps hatte sein Käppi mit dem Aufdruck »Kfz-Werkstatt Bayer« ebenfalls verloren. Er machte vier Knoten in sein Taschentuch und stülpte es sich über den Schädel. Das Grauen! Das Grauen! Brandeisen wollte vor Scham in der Regnitz versinken.

Endlich erreichten sie die Franz-Fischer-Brücke. Dort mussten sie all ihr Geschick aufwenden, um tückische Strudel zu umschiffen. Das sah folgendermaßen aus: Der Kommissar paddelte wie verrückt, während Brandeisen steuerte und Anweisungen gab.

Küps hasste diese Aufgabenverteilung. »Sklaventreiber!«

»Bewegung tut Ihnen gut. Da schmelzen die Pfunde im Handumdrehen.«

Küps dachte mehr an Halsumdrehen.

Dann glitten sie in ruhigere Gewässer. Der Fluss wurde breiter und die Buger Spitze kam in Sicht: der südlichste Punkt des Bamberger Inselgebiets und des Stadtparks namens Hain.

Doch die Gefahren nahmen kein Ende. Tretboote kreuzten ihren Kurs – ohne Zweifel Flusspiraten, Brandeisens überhitztes Gehirn produzierte Wahnvorstellungen. Ein Zusammenstoß oder gar Kentern würde das Ende ihrer Mission bedeuten. »Dies ist eine Straftat gegen die Krone!«, rief er. »Gebt die Fahrrinne frei! Sonst baumelt ihr alle am Galgen!«

Die Piraten lachten dreckig und machten sich über das Taschentuch lustig, das die rote Birne des Kommissars zierte.

»Ich bin nicht geneigt, mit Gesetzlosen zu verhandeln. Mister Küps, stellen Sie ein Enterkommando zusammen!«

Prompt schickte sich eines der Boote an, das Kanu zu rammen. Es hatte einen blutroten Rumpf und war vollbesetzt mit einer bunt tätowierten Freibeuterschar.

Küps erkannte einen polizeilich bekannten Tunichtgut, den er schon des Öfteren wegen nächtlicher Ruhestörung und Vandalismus festgesetzt hatte. »Wart nur, bis ich rüberkomm!«, rief er. »Dann gibt's einen Satz heiße Ohren! Und deine Mutter bestell ich morgen auf die Wache.«

Brandeisen wunderte sich über die Ausdrucksweise des Kommissars, doch die Piraten drehten bei. Er steuerte das Kanu in den linken Regnitzarm.

Als sie unter dem Steg eines Hochwassersperrtors hindurchfuhren, bestand Küps auf einer Pause. Im Schatten konnte sich sein halluzinierender Kompagnon regenerieren.

Nach einer Reihe deftiger Flüche über den »Abschaum der Meere« kam Brandeisen wieder zu sich. »Warum haben wir keinen Schirm mitgenommen? In dieser Bruthitze kann man ja nicht klar denken.«

»Geht's wieder?«

»Das nächste Mal machen Sie mich bitte darauf aufmerksam, wenn ich mich im Zeitalter vertue. Derartige Verwechslungen sind etwas peinlich.«

Küps vermutete, dass Brandeisen ohnehin in mehreren Zeitaltern lebte und ihm die Gegenwart eher lästig war. Er sagte nichts und paddelte.

Die Weiterfahrt gestaltete sich jetzt behaglicher. Sie kamen durch eine malerische Flusslandschaft. Träge strömte die Regnitz dahin. An beiden Ufern waren Spaziergänger und Jogger unterwegs. Hohe Buchen streckten ihre Äste über das Wasser. Das schwache Plätschern und Gurgeln beim Eintauchen der

Paddel wirkte so einschläfernd, dass Brandeisen den Verkehrslärm des Münchner Rings, dessen Trasse sie unterquerten, kaum wahrnahm. Erst am Bootshaus des Rudervereins schreckte er aus seiner Versunkenheit hoch. Sie hatten ihr Ziel fast erreicht.

Auf dem angrenzenden Grundstück befand sich das Hainbad. Seit 1972 war es ein reines Luft- und Sonnenbad. Doch als vor ein paar Jahren die Schließung drohte, war es zu Bürgerprotesten gekommen. Die Bamberger, sonst schwer erregbar, hatten den Amtsschimmel in die Schranken gewiesen. Nach mehrmaliger Überprüfung der Wasserqualität durfte man in der Regnitz sogar wieder baden.

Brandeisen brachte einen Wurfanker aus. Das Kanu hielt in der Nähe des gegenüberliegenden Ufers Position.

Dem Betrachter bot sich ein Anblick, der es in sich hatte.

Die Holzliegefläche direkt am Wasser war vor allem bei Studenten beliebt. Und bei Studentinnen. Das hieß: Grazile junge Körper, nur notdürftig bedeckt von den gewagten Erzeugnissen der Bademodenindustrie, räkelten sich in der Sonne. Oder sie lehnten am Geländer und fragten sich, warum ihr Bikini zwei Nummern zu klein war. Oder sie spielten Ball auf der Liegewiese und sandten ein perlendes Lachen über den Strom, wenn sie durcheinanderhüpften wie Go-Go-Tänzerinnen. Nach den Tagen mönchischer Abgeschiedenheit war das zu viel für die beiden Ermittler.

»Mund zu!«, brummte Küps, der als erster zur Besinnung kam und sich Wasser ins Gesicht spritzte. »Die denken noch, wir sind Spanner.«

»Ähm, ja.« Widerstrebend riss sich Brandeisen von den Strandnymphen los und wandte sich dem nächsten Schritt ihres Vorhabens zu. Er streifte Hemd, Hose und Schuhe ab. Ein Schwimmanzug kam zum Vorschein, in dem er vor hundert Jahren gewiss eine gute Figur gemacht hätte. Er setzte Taucherbrille und Schnorchel auf und ließ sich – überraschend behände – ins kühle Nass gleiten.

Kühl war wörtlich zu nehmen. Dem Staatsanwalt blieb die Luft weg, im Lendenbereich herrschte schlagartig Ruhe. Dann gewöhnte er sich an die Wassertemperatur und schwamm los.

Küps brachte das Kanu wieder in die Balance. Was nicht einfach war, weil er sich halb schief lachte.

Ein paar Jünglinge, die im Fluss badeten, fanden Brandeisens Bruststil seltsam. Er ignorierte sie. Mit gleichmäßigen Zügen, die auch Lord Byron zur Ehre gereicht hätten, gelangte er unter die Holzkonstruktion und sah sich zwischen den Stützpfählen um.

Nichts.

Er ging auf Tauchstation.

Die trübe Brühe schien undurchdringlich. Doch Brandeisen hatte Augen wie ein Hecht. Methodisch suchte er Planquadrat 114 B ab, wurde eins mit dem flüssigen Element. Er wand sich zwischen glitschigen Balken hindurch, entfernte Treibgut und Schlingpflanzen – und stieß auf einen länglichen Gegenstand, der sich unter der Wasseroberfläche festgekeilt hatte.

Plößbergs Kajak, kein Zweifel.

Wie oft musste er auftauchen und Atem schöpfen, um das Ding den Fängen der Regnitz zu entreißen? Brandeisen nahm es schließlich in Schlepp und schwamm einarmig zum Kanu zurück. Das dauerte eine Weile. Die Strömung der Regnitz machte sich stärker bemerkbar.

Küps konnte es nicht fassen. Hatte der alte Kniefiesler richtig gelegen? Was er da hinter sich herzog, besaß durchaus Ähnlichkeit mit –

Plötzlich begann das Wasser zu brodeln. Große Luftblasen stiegen auf. Es zischte und blubberte. Gleich einem Killerwal durchbrach das Tauchboot der Franzosen die Wogen.

Ein bärtiger Agent, Kapitän Haddock nicht unähnlich, öffnete die Kabinenkuppel. Er richtete eine Maschinenpistole auf die Bamberger Kriminaler, die gerade das Kanu ans Ufer zogen.

Bevor der Mann »Parlé« sagen konnte, detonierte eine Haftmine am Rumpf des Mini-U-Boots und blies das Gefährt ins Jenseits. Brandeisen und Küps wurden durch die Druckwelle an Land geschleudert. Zur Sicherheit blieben sie auf dem Boden liegen.

Russische Kampfschwimmer tauchten auf, um sich des Kajaks zu bemächtigen. Mit grimmigen Mienen und wasserdichten Sturmgewehren rückten sie vor. Doch sie hatten nicht mit dem Zodiac-Schlauchboot des MI6 und den MG-Salven der Royal Marines gerechnet. Das Blatt wendete sich, und der Geheimdienst Ihrer Majestät lag um eine Flossenlänge vorn …

… bis das Schlauchboot samt Besatzung wie ein Stein in der Regnitz versank und nie mehr gesehen wurde. Nur an dem aufgewühlten Wasser war abzulesen, welch erbitterter Kampf unter der Oberfläche tobte. Der Mossad schlug lautlos zu.

Anders die Chinesen. Wer hätte gedacht, dass in ihrem kleinen Wohnwagen noch Platz für drei entfaltbare Kampfdschunken mit Außenbordmotor war? Den Israelis ging es mit einer alten, aber erprobten Methode an den Kragen. Wie beim Dynamitfischen wurden sie einer nach dem anderen durch Wasserbomben ausgeschaltet. Bei jeder Detonation spritze eine Fontäne hoch in die Luft. Fehlte nur noch ein Feuerwerk …

… für das die CIA sorgte. Eine unbemannte Drohne kreiste über Bamberg und feuerte eine Hellfire-Rakete ab. Die

Amerikaner lenkten diese sogenannte Fire-and-Forget-Waffe bequem vom Campingplatz aus ins Ziel. Es war ein chirurgischer Eingriff, dem nur feindliche Agenten und ein paar Stockenten zum Opfer fielen. Im Hainbad befand sich niemand mehr, die Badegäste waren längst geflüchtet.

Langsam erhoben sich Brandeisen und Küps. Verdutzt sahen sie sich um.

Das Kajak war weg.

»Waren das die Amis?«, fragte der Kommissar. Ihm dröhnte der Schädel von den Explosionen. »Aber warum –«

»Langley hat offenbar kein Interesse daran, dass jemand das Kajak erbeutet. Deshalb haben sie es einfach zerstört.« Brandeisen entfernte Schilf von seinem Schwimmanzug.

»Wahrscheinlich sind ihre Spezialeinheiten längst mit solchen Booten ausgestattet. Sie wollen ihren taktischen Vorteil behalten.«

»Aus diesem Grund haben sie Plößberg erschossen. Keine Mitwisser.«

»Die CIA ist also der Mörder.« Küps stöhnte auf. »Was machen wir jetzt? Die räumen gerade ihre Leitstelle in Bug, dann sind die über alle Berge. Schreiben wir einen Brief an den Präsidenten?«

»Noch nicht«, sagte Brandeisen gedehnt. Er reckte sich zu voller Körpergröße und hielt Ausschau. Seine Augen verengten sich zu Schlitzen, wie sie es bei jedem Detektiv taten, seit Morde begangen und Krimis geschrieben wurden. »Ich glaube, die Agency war wieder mal nicht gründlich genug.«

Ein Stück flussabwärts erspähte er das Objekt der Begierde. Zwischen multinationalen Leichen trieb anscheinend – das Kajak. Es hatte sich im Laufe der Kampfhandlungen selbstständig gemacht. »Jetzt tut Eile not.« Er packte das Kanu und schob es ins Wasser. »Die Turbinen kennen keine Gnade.«

Küps folgte ihm. Wenn es sein musste, bewegte er sich mit der Geschmeidigkeit eines trächtigen Bibers.

Sie paddelten, als gelte es ihr Leben. Rasch holten sie auf. manövrierten durch tote Chinesen hindurch. »Rechts, links! Rechts, links!«, kommandierte Brandeisen. Die Strömung wurde immer stärker. Die Muskeln des Kommissars waren zum Bersten gespannt, fränkischer Stahl pflügte im Sekundentakt durch die Fluten.

Auf Höhe des Künstlerhauses Villa Concordia applaudierte ihnen Kulturvolk. Man interpretierte das Ganze wohl als Kunstaktion und bewunderte die naturgetreue Plastination der Wasserleichen.

Küps hatte keinen Mittelfinger frei, Brandeisen sah nur die Obere Mühlbrücke näher und näher kommen. Metallisches Kreischen ertönte. Das Mini-U-Boot der Franzosen wurde gerade zerschreddert.

Am Einlauf der rasiermesserscharfen Turbinenanlage sammelten sich leblose Körper. Nach und nach wurden sie alle in den unbarmherzigen Fleischwolf gezogen. Ritsche-ratsche, meck, meck, meck!

»Da!«, rief Küps. »Das Kajak hat sich am Bollwerk quer gestellt!«

Manchmal wurden stille Gebete erhört. Brandeisen brachte das Kanu vorsichtig längsseits. Der Turbineneinlauf bestand aus drei Trennwänden, auf denen Trittgitter angebracht waren. Direkt davor klemmte im rechten Winkel das Kajak – oder was er dafür gehalten hatte.

Ohne Taucherbrille sah er, dass er sich getäuscht hatte. Das »Kajak« war in Wirklichkeit ein aufblasbares, mit Sand gefülltes Krokodil.

Nach einer endlos langen Stunde wurde das Ermittlerduo vom Technischen Hilfswerk gerettet. Bezüglich der drastischen Vorfälle am Hainbad schaltete sich die amerikanische Botschaft ein. Der *Fränkische Tag* gab die Informationen an die Bevölkerung weiter: Methangas sei aus dem Regnitzbett entwichen und habe unkontrollierte Knalleffekte verursacht.

Für Brandeisen indes war klar: Plößberg hatte sich bei seiner letzten Kajakfahrt ins Ausland abgesetzt und seine Spur verwischt. Wer mochte der Abnehmer des Tarnkappenprototyps sein? Nordkorea? Die Schweiz?

Küps ließ ihn rätseln.

Am Abend nach ihrem Himmelfahrtskommando brannte das Pyramidenzelt ab. Leider war der Gaskocher umgefallen, als der Kommissar eine Dose Ravioli heiß gemacht hatte.

Brandeisen kam vom Duschen zurück und starrte fassungslos auf ein qualmendes schwarzes Viereck, das von 42 Heringen gehalten wurde.

Nie mehr Camping, schwor sich Küps.

mamis held

Mir ging es schon besser, wenn das Land flacher wurde, wenn auch der letzte Berg nicht mehr war als eine Erinnerung. Meine Mutter nannte die Autobahn »Ostfriesenspieß«. Für mich war es die Straße in die Freiheit. Druck und Stress fielen von mir ab, wenn ich die Windanlagen sah.

Bensersiel war für mich so etwas wie ein Glücksort. Hier auf dem Campingplatz fühlte ich mich geborgen und frei. Hier konnte ich durchatmen. Der ostfriesische Wind blies alle Sorgen weg. Niemand lachte mich hier aus. Ich war kein Muttersöhnchen, das samstags lieber bei seiner Mama blieb, statt auf den Fußballplatz zu gehen. Hier war ich der Held, der im Meerwasserfreibad durch die achtzig Meter lange Rutsche sauste und dabei seinen Mark und Bein erschütternden Tarzanschrei ausstieß. Damit beeindruckte ich nicht nur meine Mutter, sondern auch viele Mädchen.

»Mein kleiner Held« nannte meine Mutter mich. Nie hätte sie sich selbst auf die Rutsche getraut. Sie ist ein sehr ängstlicher Mensch. Wenn es draußen stürmte und unser Wohnwagen so richtig durchgeschüttelt wurde, dann durfte ich in ihrem Bett schlafen und wir kuschelten uns ganz nah aneinander. Dann sagte sie »mein Beschützer« zu mir.

Besonders schön war es bei Blitz und Donner. Dann konnte sie nicht schlafen. Ihr Herz raste. Sie packte eine Tasche mit den wichtigsten Sachen. Geld, Ausweise und was Erwachsene sonst noch für wichtig halten. Sie stellte Gummistiefel bereit und Regenjacken, um jederzeit aus dem brennenden Wohnwagen fliehen zu können, falls der Blitz ihn treffen sollte.

Bei Gefahren, die nie eintraten, war sie immer fluchtbereit, aber wenn sie sich in die falschen Männer verliebte, dann war sie nicht in der Lage, diese Typen zu verlassen, sagte ihre Freundin Annette, die behauptete, Mama sei beziehungssüchtig. Was immer sie damit meinte, für mich bedeutete es, dass ich die Männer vergraulen musste, die sie aus eigener Kraft nicht loswurde. Ich war sehr erfindungsreich, aber manchmal musste ich mir gar nicht viel einfallen lassen. Sie gingen von alleine. Ich glaube, es hatte eh kaum einer den Plan, lange zu bleiben. Die meisten kamen mir vor wie Plünderer auf einem Raubzug. Sie holten sich bei meiner Mutter, was sie gerade brauchten und gingen wieder.

Ihre Freundin Annette sagte: »Du bist wie ein prall gefüllter Supermarkt ohne Kasse. Jeder kann einkaufen, was das Herz begehrt und niemand muss bezahlen. So lockst du die falschen Männer an. Die sind nicht gut für dich. Die benutzen dich nur.«

»Ja, ja«, gab meine Mutter zu, »du hast ja Recht. Aber ich kann eben nicht allein sein. Ich halte das einfach nicht aus. Ich krieg schon die Panik, wenn ich nur daran denke.«

Ich habe das alles gehört und in mein Kissen geheult. Wie konnte sie sich allein fühlen? Sie hatte doch mich. Ich habe wirklich alles getan, um sie glücklich zu machen, damit sie die Kerle nicht brauchte. Ich bin nicht zum Fußball gegangen. Nie ins Kino. Nach der Schule rannte ich nach Hause und blieb bei ihr. Ich war immer schon da, wenn sie von der Arbeit kam. Abends haben wir zusammen ferngesehen. Nur »Tatort« durfte ich sonntags nicht sehen. Keine Krimis. Nichts Gruseliges. Meine Mutter steht auf Quizsendungen und Fernsehshows.

In Bensersiel hatte ich meine Mutter bisher immer für mich alleine. Einmal im Jahr drei Wochen. Aber dieser Torsten war ein echt nerviger Kerl. Der wollte sich richtig bei uns einnisten. Er hatte schon all seine Sachen bei uns in der Wohnung. Die Schränke waren ganz vollgestopft mit seinem Mist. Sogar in meinem Kinderzimmer stand ein Koffer von ihm, und seine dicke Felljacke hing immer über meinem Stuhl. Da waren mir die Typen, die nur auf einen Raubzug zu meiner Mutter kamen, schon lieber. Die setzten sich wenigstens nicht fest.

Dieser Blödarsch von Torsten spielte sich sofort als mein Vater auf, wollte mir dauernd etwas erklären und meine Hausaufgaben überprüfen. Er war immer freundlich, hatte für alles Verständnis und sprach – wenn er mit mir redete – mit so einer schrecklichen Kindergärtnerinnenstimme.

Und jetzt fuhr er mit nach Bensersiel, machte sich an meinem Glücksort breit und baggerte an meiner Mutter herum. Mit ihm traute sich meine Mutter sogar auf die Riesenrutsche. Ständig strahlte sie ihn an und ich hatte das Gefühl, einfach zu verschwinden.

Als es dann stürmte und der ostfriesische Wind unseren Wohnwagen schüttelte, da habe ich gebetet, dass es ein Gewitter gibt, mit heftigen Blitzen und einem mörderischen Donnergrollen. Meine Gebete wurden erhört, doch diesmal rief sie mich nicht in ihr Bett. Sie schickte mich weg und ließ sich von Torsten trösten.

Die beiden sprachen schon von einem Hochzeitstermin. Da stand mein Entschluss fest: Der Typ musste weg. Er würde meine Mutter sowieso unglücklich machen, so wie alle anderen es getan hatten. Irgendwann würde sie wegen ihm heulen. Er sah genau aus wie diese Gockel, die hinter jeder Frau her waren.

Mamas Freundin Annette sagte einmal: »Je stolzer der Pfau sein Rad schlägt, umso besser sieht man sein Arschloch.«

Wenn ich Torsten anguckte, musste ich jedes Mal daran denken und grinsen. Er wertete das als freundliches Lächeln von mir und freute sich.

Mama wollte nach Esens shoppen gehen und zum Friseur. Sie lässt sich immer im Urlaub die Haare machen, dann hat sie wenigstens genug Zeit. Sie wollte blonde Strähnchen, weil Torsten das doch so gerne mag.

Er gab ganz den tollen Papa und schlug vor, gemeinsam mit mir ins Watt zu gehen, um mir diesen »bezaubernden, extremen Lebensraum nahezubringen«.

Ich könnte kotzen, wenn er so bescheuert daherredet.

Er nahm einen Spaten mit, um mit mir Wattwürmer auszugraben, die er »Vielborster« nannte. Er kriegte sich gar nicht mehr ein, als wir im Watt waren. Am liebsten wäre er mit mir bis Langeoog gegangen, aber das war zu gefährlich von hier aus und ohne Wattführer.

Einen Wattführer hätte er nie engagiert. Nicht, weil er geizig war, nein, er wollte sich die Show nicht stehlen lassen, die Gelegenheit, den Besserwisser zu spielen.

Jetzt tönte der Schlaumeier, auf jedem Quadratmeter Watt gäbe es vierzig bis fünfzig Wattwürmer und jeder würde fünfundzwanzig Liter Sand pro Tag filtern. Die Wattwürmer seien die Waschmaschine des Meeres.

Ich hörte gar nicht mehr zu. Wir gingen weit raus ins Watt und durchwateten einen Priel, in dem noch kleine Fische schwammen. Wir bekamen nasse Knie. Dann knirschten Muscheln unter unseren Füßen. Es war eine richtige Muschelbank. Dahinter war das Watt besonders schlammig, fand ich.

Torsten sackte tiefer ein als ich. Winzige weiße Krebschen krabbelten spinnenhaft an meinen Beinen hoch. Die Sonne knallte heftig vom Himmel, es gab kaum ein Wölkchen.

Torsten stolperte und landete voll im Matsch. Er sah aus wie Sau. Das gefiel mir, und jetzt wusste ich auch, was ich zu tun hatte.

Erst einmal machte ich Fotos von ihm mit seiner bescheuerten Digicam, dann sagte ich ihm, ich hätte früher meinen Vater oft im Watt eingegraben. Da er sich mit meinem Vater, den meine Mutter immer nur »mein Ex« nannte, gerne in Konkurrenz setzte und stets versuchte, ihn zu überflügeln, fragte er mich gleich, ob ich nicht Lust hätte, ihn auch einzugraben.

»Klar«, sagte ich. »Gerne. Darf ich das dann auch fotografieren?«

Er nickte. »Und dann können wir deiner Mama zeigen, wie viel Spaß wir beiden Männer zusammen hatten.«

Ja, du Trottel, dachte ich.

Wir suchten uns eine Stelle, wo der Boden leicht auszuheben war. Torsten zählte am Anfang noch jeden einzelnen Wattwurm. Dann schaufelte er mit hochrotem Kopf weiter. Ich sah zum Ufer. Die Menschen waren ganz klein. Niemand konnte ohne Fernglas sehen, was wir hier machten.

Ich fand das Loch schon ganz gut. Es sah aus wie ein leeres Grab.

Torsten legte sich rein. Dann nahm ich den Spaten und baggerte ihn mit Meeresboden zu. Am Anfang half er noch mit beiden Armen mit und benutzte seine Hände als Schaufeln. Dann konnte er die Arme nicht mehr bewegen und der Watthaufen auf ihm wurde immer höher. Nur sein Kopf guckte raus.

Ich klopfte alles für ein Foto fest. Ein Wattwurm kroch über sein Gesicht. Er spuckte und bat mich, ihm jetzt wieder rauszuhelfen. Er hatte angeblich Durst und keine Lust mehr.

Aber ich sagte, ich hätte auch Durst und er solle jetzt kein Spielverderber sein. Ich wollte den Berg, unter dem er begraben war, noch größer machen, Türme auf ihm bauen und eine richtige Burg. Aber er wollte nicht mehr. Er bekäme kaum noch Luft, keuchte er, und die Sonne würde sein Gehirn austrocknen.

Aber als ich sagte, meinem Papa habe das immer Spaß gemacht, auf ihm hätte ich viel größere Burgen gebaut, ging es Torsten gleich besser und er war wieder begeistert dabei und forderte mich auf, noch mehr Fotos zu machen. Sein Kopf sollte unbedingt mit drauf.

Irgendetwas krabbelte in seinem rechten Ohr herum. Ich sollte es rausnehmen. Ich sah dieses kleine weiße Tier mit den langen Beinen. Es versuchte, ins Innere seines Ohres zu kriechen.

»Da ist nichts«, sagte ich.

Ich hatte in meinem Rucksack noch gut einen halben Liter Wasser. Jetzt nahm ich einen tiefen Schluck.

Er wollte auch etwas von dem Wasser, aber ich sagte: »Die Flasche ist leer.«

»Ist sie nicht. Ich kann es doch sehen!«

»Nee«, sagte ich, »nichts mehr drin«, und nahm noch einen Schluck.

»Das ist nicht mehr lustig!«, rief er. Seine Lippen verzogen sich merkwürdig. »Hol mich hier raus! Mach mich frei! Ich habe was im Ohr!«

Ich nahm den Spaten. Ich sah es in seinem Gesicht. Er unternahm mächtige Kraftanstrengungen, um sich zu befreien, aber er steckte viel zu tief im Watt.

»Hilf mir!«, stöhnte er und versuchte kurz, mit Blicken mein Mitleid zu erregen. Dann wurde er richtig zornig und zeigte seinen wahren Charakter. Ich hatte immer gewusst, dass sich hinter all seiner Freundlichkeit ein richtiger Wüterich verbarg. Er würde meine Mama genauso verhauen wie dieser unmögliche Herbert. Ich war damals zu klein, um meine Mutter zu beschützen, aber niemand würde je wieder ungestraft meiner Mutter wehtun.

»Wenn ich hier rauskomme, dann kannst du etwas erleben!« Ich werde das deiner Mutter erzählen!«

Er drohte mit Taschengeldsperre und Hausarrest. Hausarrest! Auf dem Campingplatz! Was war er doch für ein armseliger Spinner.

Ich stieß den Spaten tief in den Boden und drückte mit dem Fuß nach.

Der Priel zwischen uns und dem Festland wurde langsam aber sicher zu einem Fluss mit Hochwasser. Die Flut drückte das Wasser zurück. Es würde noch ein paar Stunden dauern, aber die Nordsee kam mit Gewalt zurück, darauf war Verlass.

Torsten biss die Zähne aufeinander und bäumte sich gegen sein Schicksal auf. An seinen Schläfen pochten dicke Adern. Sein Gesicht verkrampfte sich zu einer Fratze. Seine Augen quollen dick hervor.

Ich hob den Spaten, voll beladen mit lebendigem Meeresboden, über sein Gesicht. Er sah mich an und schüttelte den Kopf, aber er wusste schon, dass ich es tun würde, denn er presste seine Lippen fest zusammen, um nichts von dem Matsch schlucken zu müssen. Trotzdem schmatzte es merkwürdig laut, als der feuchte Schlamm sein Gesicht traf.

Jetzt begann er jämmerlich zu schreien. Ich sah mich um. Wir waren alleine. Da waren nur die Sonne und das Watt und ein blauer Himmel bis zum Horizont.

Ich machte meine Arbeit ohne große Hektik. Es war ein gutes, ein triumphales Gefühl. Bald hätte ich meine Ma wieder für mich. Ihr würde viel Leid erspart bleiben. Ich nahm mir vor, sie zu trösten, wenn seine Leiche an den Strand geschwemmt werden würde. Ja. Ich war für meine Mutter da. Ich war ein guter Sohn. Ich bin immer ein guter Sohn gewesen.

Meine Mutter brauchte keine Kerle wie diesen Torsten oder Herbert, schließlich hatte meine Mutter mich.

Torstens Gesicht war schon gar nicht mehr zu sehen, wohl aber ein Wattwurm, gut dreißig Zentimeter lang und eine Miesmuschel.

Er schrie nicht mehr. Er weinte nur noch leise.

Ich packte seinen Kopf in Meeresboden ein, so wie ich seinen ganzen Körper vergraben hatte. Dann baute ich aus Muscheln und Wattboden einen Turm, ungefähr dort, wo ich - allerdings einen halben Meter tiefer - seine Nase vermutete. Ich verzierte den Turm noch mit Muscheln. Das Perlmutt glänzte in der Sonne.

Ich warf den Spaten in den Priel. Als ich zurück zum Festland ging, musste ich ihn durchwaten. Das Wasser ging mir schon bis zur Brust.

Mama würde gleich vom Friseur zurückkommen. Ich nahm mir vor, ihr Komplimente zu machen. So etwas ist für sie sehr wichtig. Ich beschloss, auch einen Kaffee für sie zu kochen. Sie sollte sich wohlfühlen.

Natürlich würde sie nach Torsten fragen. Ich wusste auch schon genau, was ich ihr sagen würde: »Ich habe keine Ahnung, wo er ist, Mama. Er hat etwas von *endgültig die Schnauze voll* gemurmelt und ist gegangen. Er ist eben genau wie die anderen.«

»Männer sind doch alle gleich!«, hatte Annette einst gesagt. Annette war schlau. Die wusste Bescheid. Annette würde mich verstehen, aber ich hatte nicht vor, ihr die Wahrheit zu erzählen.

Ich sah mich noch einmal um. Torsten lag in seinem feuchten Grab. Den Rest würde die Nordsee für mich erledigen. Vor mir lag Bensersiel. Mein Glücksort.

MATTHIAS HOUBEN

heringsblut und gottesurteil

Verdammte Scheiße!«

Der Rest bleibt mir im Hals stecken, oder scheitert genauer gesagt an zu knapper Luft. Ich schaue auf meinen Blut tropfenden rechten Fuß, der mit blanker Sohle in einem durch unfachmännische Hammerschläge aufgesplitterten Heringskopf hängt, und versuche durch heftiges Aus- und Einatmen den Schmerz in den Griff zu kriegen. Der kleine Zeh hat sich zudem in einem schräg vom Hering abstehendes Stück Seil verheddert, das ich ihn mir fast abgeschnitten hätte.

Der große Bert lugt verdutzt und zaghaft hinter dem Zelt hervor, was bei einhundertdreißig Kilo verteilt auf zwei Meter lustig aussehen könnte.

Aber nicht jetzt!

Steh mal mit einem Fuß auf einem Hering, das dreckige Frühstücksgeschirr balancierend, hyperventilierend auf den Fuß starrend, der dein eigenes Blut verliert.

Da soll noch was lustig aussehen.

Dieser blöde Indianer nebenan mit seinem beschissenen, kaputtgeklopften Hering direkt neben unserem Zelt. Da fährst du durch halb BC, nur um auf Vancouver Island neben einem verrückten Eingeborenen zu zelten.

Der große Bert nimmt mir vorsichtig das Geschirr ab und ich humpele auf einem Fuß zum Tisch, um mir das Desaster genauer anzusehen, was zu einem, in jedem Wortsinn, Balanceakt wird. Dank den Genen meiner Mutter kann ich kein Blut sehen, erst recht nicht mein eigenes. Ich kann es natürlich sehen, wenn wir uns auf meine Sehkraft beschränken wollen, aber das Problem sind meine Magennerven oder was auch immer dafür zuständig ist, dass mir schlecht wird.

Fall mal mit einsfünfundachtzig der Länge nach von einer Bank mit blutendem Fuß ins Gras.

Der große Bert reicht mir fachmännisch das Jod aus dem Verbandskasten, ich atme einmal tief durch und schütte entschlossen.

Minutenlange Stille, unterbrochen von heftigen Atemgeräuschen, bestimmt von verkrampften Fingern um den eigenen Unterschenkel, gefolgt von fast vollständigem Sehverlust, hervorgerufen durch einen nicht zu stoppenden Tränenschwall.

Da wird keiner so schnell ohnmächtig, selbst ich nicht beim Anblick meines Blutes.

Dafür habe ich einfach keine Zeit.

Aber für einen ohnmächtigen, besitzergreifenden Gedanken: »Ich bring den Kerl um!«

Zu allem Überfluss hat der das Gezeter gehört, wenn auch zum Glück nicht verstanden.

Er schlendert in seiner schwarzen Weste aus undefinierbarem Stoff, übersät mit Essensresten der letzten Lebenswochen herüber und starrt aus leeren Augen in die Runde. Öffnet den Mund mit den schwarzen Stummeln, die einmal gesunde Zähne waren, zu einem kurzen Geräusch. Schiebt irgendetwas von der linken in die rechte Innenseite dieses stark riechenden Mundes und sagt nichts. Der Gedanke ist wohl abhandengekommen, wie vieles, was einmal dort oben war, wenn es sich jemals da befand.

Ich sehe die Einstiche in den dünnen Ärmchen mit den blauroten Adern und merke, dass mir jetzt doch leicht übel wird. Konzentriere mich lieber auf den Anblick seiner nackten Füße und entdecke dort die gleichen Spuren von dünnen Nadeln, die mit zitternden Händen durch den Wochendreck gestoßen, offensichtlich Blut gefunden haben, das es ja auch zu verseuchen galt.

Blut ist eine Scheißidee. Mir wird schwindelig und ich halte mich mit der einen Hand krampfhaft am Tisch fest, während die andere immer noch das rechte Bein in die Höhe reckt, dem schwarzen Gespenst entgegen, als würde Blut einen Junkie abhalten, wie Knoblauch einen Vampir.

Es klingt wie »fucking bloody foot« als er endlich ausatmet und mich damit fast betäubt. Etwas undefinierbar Braunes und Nasses wird auf den Rasen gespuckt, gefolgt von einem trockenen Husten.

Die Riesenhand vom großen Bert wandert ins Gesichtsfeld und reicht eine Bierdose herüber. Ein kurzes Klicken, gefolgt von Schluckgeräuschen, die ins dunkle Loch des Körpers wandern und mit einem mächtigen Rülpser wiederkehren.

Schon der erste Schluck lässt den mageren Körper schwanken, das leichte Heben der Dose zum Mund, wenn es denn einer ist, verbunden mit der immensen Anstrengung den Kopf in den Nacken zu legen, wirft ihn fast um.

Womit ich wohl an einer Blutvergiftung sterben würde, denn mein Blut tropfender Fuß wäre dem zaghaften Dahingleiten des schmutzigen Körpers im Weg und würde mit dem fallenden Dreck direkt in Kontakt geraten. Der Körper wiegt ja fast nichts mehr, fallen wäre sicher die falsche Beschreibung für diese Art der Bewegung.

Was mich an die Aufgabe erinnert, meinen Fuß mit Mull zu umwickeln.

Der große Bert beginnt ein Gespräch mit dem Monster, das mir gestern Abend beiläufig einen Mord gestand. Es ist für mich immer wieder erstaunlich, wie viel man mit zehn Worten Englisch sagen kann, wenn beide Gesprächspartner eine Bierdose in der Hand halten und der Gesprächsinhalt sich auf das Trinkgelage vom Vorabend beschränkt. Mehr beherrscht der große Bert nicht, für den Rest an Konversation in Kanada bin ich zuständig. Wobei die immense Statur meines Freundes zumindest dafür sorgt, nicht von irgendwelchen Wichten, die auf Ärger aus sein könnten, falsch angesprochen zu werden. Die einhundertdreißig Kilo, von denen er immer spricht, die mittlerweile locker bei einhundertfünfzig angekommen sein dürften, verteilen sich beinahe gleichmäßig über die zwei Meter und ein bisschen. Wenn man von dem sauber gewölbten Riesenbrustkorb, der in ein Fass von Bauch übergeht, mal absieht. Dabei wirkt er zu Recht beweglich und zu Unrecht gefährlich.

Der große Bert ist so was von harmlos, der trägt kleine Katzen über die Straße.

Wie er da so neben dem schwankenden schwarzen Männchen steht, könnte er ihn mit einer Hand so nebenbei erdrücken und wegwerfen. Aber so etwas tut der große Bert nicht, da muss man subtiler vorgehen.

Ich überlege kurz, in was ich jetzt meinen umwickelten Fuß hineinstecken kann und entscheide mich für Sandalen, deren Laschen sich verstellen lassen. Sieht witzig aus, wie die nackten Zehen vorn herausschauen, dann in ein Mullgebinde gehüllt wieder verschwinden, um in gebräunte und behaarte Männerunterschenkel zu münden, die aus einer Trainingshose herauswachsen.

Wir schlafen in unserem Zweimanniglu auf Schaumstoffunterlagen in Thermoschlafsäcken, aber ich ziehe mir immer lieber noch eine Trainingshose an, schon deshalb, weil damit ein leichteres Flüchten vor Bären, die in Mülleimern kramen, möglich wäre.

Kling ein wenig schizoid, ich weiß, aber zwischen unseren Schlafsäcken liegt auch jede Nacht ein feiner Baseballschläger für alle Fälle und vom Zeltdach hängt ein Mückenpieper herunter.

Man hat uns beigebracht, wo der Wagen zu stehen hat, dass man seine Lebensmittel sorgsam wieder im Wagen abschließen und nicht im Zelt verwahren soll. Dass Wagen und Zelt weit genug auseinander stehen sollten. Dass man immer eine Lichtquelle braucht. Spätestens, wenn es dunkel wird, weißt du warum. Du drehst dich vom heruntergebrannten Feuer weg, suchst nach dem grünen Toyota Landcruiser, in dem du jetzt die Sachen verstauen willst, und siehst nichts, nicht einmal das Zelt, das nur wenige Meter weiter weg stehen sollte.

Schwarz ist hier noch schwarz, und aus der Bucht klingt die Nebelboje herüber wie die Glocke einer versunkenen Kirche.

Allein auf einem traumhaften Campingplatz direkt am Pazifik auf Vancouver Island, in der Nähe von Tofino, in einem September, der kein europäisches Septemberwetter kennt. Dafür tauchen dann aber Typen auf dem menschenleeren Platz auf, die kaum zu überbieten sind.

Direkt aus der Hölle. Mit einem schwarzen Camaro und einem Monster-Pick-up mit vier Lampen auf dem Chrombügel über dem Fahrerhaus, deren Lichtkegel wahrscheinlich bis Hawaii reichen.

Der Klang des Achtzylinders im Camaro war ja noch erfreulich, der Musikgeschmack der Pick-up-Crew grottenübel: Humpf Humpf Kräsch Humpf Humpf Kräsch, endlos wiederholt und überlaut. Die Wellen des Pazifiks werden aus der Bucht gedrängt und rollen erst wieder zurück, als der Sound abgestellt wird.

Die Jungens entpuppen sich als wilde Horde von Waldarbeitern, die kurz mal einen draufmachen wollen, bevor es wieder in den Busch zurückgeht, via Helikopter ins Camp, für die nächsten zwei Monate.

Sie versuchen den ganzen Abend den großen Bert unter den Tisch zu trinken, was in einem Desaster endet, denn der trinkt ihre Dosenbiervorräte aus, ohne auch nur halbwegs lustig zu werden.

Kurzer augenknipsender Kommentar zu mir: »Dat kanadische Bier kann ja gar nix und die Jungens machen ja auch schon schlapp.«

Wer gesehen hat, wie der große Bert, vor einem Zwanzigliterfass Altbier auf einem Stuhl sitzend, selbiges allein leer trinkt, sich dann samt Stuhl nach hinten fallen lässt, um sanft zu entschlummern und am anderen Morgen bestgelaunt und schmerzfrei aufzuwachen, der weiß, dass hier noch eine Menge Bier Platz gehabt hätte.

Am anderen Morgen ist die Pick-up-Crew weg, wahrscheinlich losgezogen, um die Biervorräte aufzufrischen und lässt uns mit dem schrägen Vogel im Camaro allein zurück.

Am Strand liegt noch das Yamaha Wetbike vor dem Zelt der Pick-up-Crew und wartet auf Wahnsinnige, die bereit sind, über die Wellen zu hüpfen. Unser schwarzer Junkie ist zwar wahnsinnig, wird aber wohl kaum damit losdüsen, weil das schwarze Männchen nicht »fucking swimming« beherrscht.

Nuschelte er gestern Abend jedenfalls.

Da die anderen voll mit ihrem Wettbewerbssaufen beschäftigt waren, durfte ich die Krönung der Schöpfung fast für mich allein genießen. Wobei mir zumindest auffiel, dass ich mehr englische Worte beherrsche als »the fucking canadian junkie«, wie er sich kichernd selbst nannte.

Zwischendurch verschwindet er kurz im Camaro neben seinem schmutzig-schwarzen Zelt, der offensichtlich Hausersatz und Lebensmittelpunkt zugleich zu sein scheint und kommt bester Stimmung zurück. Oder hätte ich lieber sagen sollen: Schwebte zurück.

Was dann kam, war für mich die Vorstufe der Hölle auf Erden.

Immer wieder verschwörerisch ganz nah zu mir herüber gebeugt, wird mir die Lebensbeichte ins Gesicht geblasen und gehustet. Ich kann die feinen Strukturen auf der schwarzen Oberfläche der Zahnstummel erkennen, rieche Abgründe von Alkohol, vermischt mit den Verdauungssäften der letzten Woche. Werde schamlos angehustet und angespuckt. Denke an Camus »Die Pest«. Weiche zurück, bis es nicht mehr weiter geht, da einer der Camaro-Kotflügel mich verdonnert weiter zu leiden.

Im Hintergrund Gegröle, »fucking canadian beer«. Der große Bert versucht zu erklären, was Altbier ist, und scheitert kläglich, während ich die endlose Aufzählung der Abfolge von Junkies Lebensgefährtinnen über mich ergehen lasse. Vermischt mit Schilderungen über ihre Vorzüge und ihr vorzeitiges Verschwinden oder Ableben.

Hätte mich stutzig machen können.

Aber auch ich habe ein wenig Bier getrunken, solange es mir bekam. Normalerweise und so auch gestern ist spätestens nach sieben Bier Schluss.

Heute, hier und jetzt, mit teilversorgtem, pochendem Fuß wird mir noch einmal bewusst, was der schwarze Mann mir von seiner letzten Freundin ganz cool und lässig, fast nebenbei, erzählt hat.

Dass er ihr vorsorglich den goldenen Schuss gesetzt hat, bevor sie ihn noch mehr nervt.

Ich erinnere mich dunkel an seine genuschelten Sätze, wie er mir unter hustendem Gekicher die letzten Zuckungen und ihren letzten, verwunderten Gesichtsausdruck beschreibt. Genauestens schildert, wie sie vom Toilettensitz gegen die Wand rutscht, langsam in sich zusammensackt, die Augen rollt, die Beine anzieht …

Ich will den Film einfach nicht mehr ablaufen lassen und denke dafür lieber über Gerechtigkeit nach, wie ich es schon einmal mit Erfolg tat.

Ich könnte jetzt einfach neben den großen Bert humpeln und ihm zuraunen »bring den Kerl um«, ihn sanft anstoßen und sagen »dreh ihm den Hals um und schmeiß ihn ins Meer«.

Aber so geht das nicht.

Nicht mit dem großen Bert und nicht im Zeitalter von CSI.

Da bedarf es einer subtileren und vorsichtigeren Vorgehensweise. Wie gesagt, der große Bert ist eigentlich ein ziemliches Sensibelchen, der bringt nicht mal so eben Leute um, auch nicht ein übel riechendes, verkommenes menschliches Wrack.

Ich muss mir etwas einfallen lassen, was das Pochen in meinem Fuß und hinter meiner rechten Schläfe besänftigt.

Ich besinne mich auf meine ausgeprägte Fantasie und setze mich neben den großen Bert auf die Böschung, lasse die Beine zum Strand herabbaumeln, was den Fuß entlastet.

»Zeig ihm mal einen richtigen Stunt.«

Der große Bert braucht einen Moment, folgt meinen Blicken zum Wetbike und versteht dann. So etwas muss man einem eingefleischten Biker auch nicht zweimal sagen. Er zieht das Ding mit einer Hand die Böschung hinunter über den Strand, kniet sich von hinten auf das nun im Wasser schaukelnde Gerät, fummelt kurz daran herum und braust dann los.

Witzig zu sehen, wie er das schwere Gerät über den Strand gezogen hat, als wäre es ein leerer Karton. Jetzt zieht er

Gischt sprühend seine Runden und stellt sich zur Krönung des Ganzen aufrecht hin.

Nach der zu übermotivierten Einlage ›jetzt mit einer Hand‹, schlägt's ihn seitlich ins Wasser und der Motor geht aus. Der große Bert, in voller Montur mit Jeans, T-Shirt und Lederstiefeln prustet und lacht. Danach folgen einige vergebliche Versuche das wackelige Gerät wieder zu entern, bis es dann letztlich klappt und er erneut damit beginnt dröhnende Runde zu drehen.

Genau das wollte ich sehen.

Sieht leicht aus, ist es aber nicht.

Ich kenne die Fähigkeiten des großen Bert genau. Wenn der schon einige Versuche braucht, um wieder das Wetbike zu erklimmen, wie wird es dann einem kraftlosen und zugedröhnten Junkie ergehen?

Jetzt muss ich nur unseren Freund dazu bringen, es selbst zu versuchen. Und natürlich muss ich ihn überzeugen, dass man richtig weit rausfahren muss. Dahin, wo jetzt noch der Morgennebel auf dem Wasser liegt.

Nur da macht es richtig Spaß.

Ich beginne mich vorsichtig vorzutasten und erzähle beiläufig, dass wir in Vancouver das Anthropologische Museum besucht haben. Der große Bert war gar nicht begeistert, hat es aber über sich ergehen lassen. Mein Junkie-Opfer ist auch nicht übermäßig interessiert und zieht die Nase hoch. Bei meinen Ausführungen über die Legende der Haida, wie der Rabe die ersten Menschen fand, schaut er schon interessierter drein und nuschelt mir zu, er habe auch indianische Vorfahren, er wisse nicht mehr die Sorte, aber in seinen Adern fließe indianisches Blut. Er reckt mir sein dünnes Ärmchen entgegen, in dem wahrscheinlich nur noch geringe Spuren von reinem Blut zu finden sind.

Ich erzähle ihm die Geschichte von der geheimnisvollen Insel der Haida, die ich mir gerade ausdenke, und wie die ersten Haida mithilfe des Raben sie gefunden haben.

Eine Insel, die jeden Morgen im Nebel auf dem Pazifik vor der Küste von Vancouver Island liegt und mit dem Nebel auch wieder verschwindet.

Er schaut mich an und ich wiederhole bedächtig, wer die Insel besuchen will, muss daher schnell sein, schneller als der Nebel abziehen kann. Wer in den Nebel fährt und das Blut der Vorfahren in den Adern hat, dem mag es gelingen, die Insel zu finden.

Ja, ja, ich weiß, dass er indianisches Blut in seinen Adern hat, was er jetzt mehrmals wiederholt. Er beginnt inspiriert zu wirken.

Der große Bert knattert draußen herum und führt vor, wie es gehen kann. Und das sieht so leicht aus.

Man muss schon sehr weit rausfahren, um sie zu finden.

Ich denke mir, das Wichtige muss ich ihm wiederholen.

Normale Menschen werden die Insel nie finden, aber die, deren Blut richtig ist, die mit ihren Vorfahren noch verbunden sind, die Dinge sehen können, welche andere nie sehen …

Er beginnt mir freudestrahlend aufzuzählen, was er alles schon gesehen hat, was andere nicht gesehen haben.

Sicher, das hat auch mit seinem Blut zu tun, aber eher mit der Konzentration der Stoffe, die er sich da reingedrückt hat.

Aber immerhin, ich habe ihn.

Er beginnt zu fantasieren, was man auf der Insel alles finden könnte, und entlastet mich damit, nimmt mir weitere Arbeit ab. Ich war schon krampfhaft dabei zu überlegen, was ihn vielleicht reizen könnte.

Er richtet sich schwankend auf, hustet irgendetwas von »preparation« und verschwindet in seinem Camaro.

Wahrscheinlich knallt er sich jetzt richtig zu.

Immerhin hat er ja gesehen, was der große Bert kann, da will er doch mithalten können.

Perfekt.

Ich gehe zum Strand runter und bereite den großen Bert auf seine Aufgabe vor.

»Du musst ihm ein wenig helfen. Kannst du das Gas feststellen?«

Der große Bert kann.

Und die Hilfe wird dringend benötigt beim Aufsteigen. Wenn er direkt am Anfang ins Wasser plumpst und sich daran erinnert, dass er nicht schwimmen kann, ist alles verdorben.

Aber auf den großen Bert ist Verlass.

Er hebt das Männlein vorsichtig hoch, als hätte er Angst es zu zerdrücken, und setzt es sanft auf den Sitz. Korrigiert die Stellung der Füße, drückt die Knie an den Tank, legt die Hände auf die Griffe, erklärt mit zehn Wörtern Englisch, worauf es ankommt.

Das Grundprinzip ist »fucking speed«.

Der Motor wird angelassen, die Sicherheitsleine um das Handgelenk gewickelt, der Lenker geradeaus gerichtet und es geht los.

Wir werden klatschnass von der Heckwelle.

Der magere schwarze Mann auf dem weißrosa Wetbike rast davon, überquert die Bucht, hinaus auf den Pazifik, der Nebelbank entgegen.

Die Geräusche werden leiser, die Gestalt mit dem wehenden Haar kleiner, die Enden der schwarzen Weste erinnern an schlagende Rabenflügel.

Schon ein magischer Augenblick, wie er da vom Nebel aufgesogen wird und sich einer Insel nähert, die vor ihm noch nie einer gesehen hat.

Wie nach perfektem Drehbuch kehrt die Säufercrew zurück, schleppt zwei blaue Plastiksäcke gefüllt mit Bierdosen heran.

Sie haben den Start miterlebt und lachen sich halb tot. Was für ein Spaß.

Dosen werden herumgereicht, aufgeklickt, in großen, kräftigen Schlucken teilentleert.

Die Feier kann beginnen.

Und ich fühle mich ausnahmsweise auch in Feierlaune.

Wem gelingt schon jeden Tag eine gute Tat. Wer darf daran teilhaben, wie ein Nachfahre zu seinen Vorfahren vorstößt.

Wir werden sehen, wie wörtlich das zu nehmen sein wird.

Ein Prost in die Runde.

Ich spüre, wie das Pochen in meinem Fuß langsam und stetig abnimmt, als würde ein entferntes Herz ebenso langsam aufhören zu schlagen.

Es gibt sie, diese magischen Momente, die ich so liebe.

Lasst es knacken, Jungs.

Der große Bert grinst mich an und schüttelt belustigt den Kopf, wohl wissend, dass auch die zwei prall gefüllten Plastiksäcke nicht ausreichen werden, ihn besoffen zu machen.

Der Tag fing Scheiße an, bessert sich aber zusehends.

Ich hole mir vorsichtshalber die Taschenlampe aus dem Zelt, der Tag könnte lang werden und die Nacht rabenschwarz.

CHRISTIANE FRANKE

schillig statt füssing

Eigentlich habe ich mich riesig auf unseren Camping-Urlaub gefreut. Ich liebe die Freiheit dieser Art zu reisen, ich liebe es flexibel zu sein. Wie gesagt: Ich habe mich riesig auf unseren Urlaub gefreut.

Bis gestern.

Bis Hartmut beiläufig zu mir sagte: »Du brauchst dich nicht so zu beeilen mit dem Packen. Lass es ruhig angehen, wir haben es ja nicht weit.«

Nicht weit? Na ja, die erste Etappe ist Düsseldorf, da wollen wir am Unterbacher See halten; meine Freundin wohnt dort in der Nähe und ich möchte ihr unbedingt unser neues Sky-Wave-Wohnmobil zeigen. Das sind etwas über drei Stunden Fahrt, aber natürlich ist das nicht wirklich weit. Die letzten Jahre haben wir in Bad Füssing eine offene Badekur gemacht, immerhin zahlt die Krankenkasse dann ja dreizehn Euro oder sowas am Tag, das weiß ich nicht genau, aber Hartmut weiß das, und darum haben wir das so gemacht. Wir sind in der Therme geschwommen, das tut unseren Knochen gut, hat Hartmut gesagt und es stimmt ja auch. Obwohl meine Knochen noch ganz okay sind. Hartmuts machen sich schon mehr bemerkbar, aber die sind ja auch fast zehn Jahre älter als meine und schon zwei-undsechzig. Seit einem halben Jahr tut ihm auch die Hüfte weh. Laufen ist schwierig, das Autofahren auch. Ich sah ihn fragend an, denn mir schwante, dass er etwas anderes als Düsseldorf meinte.

»Ich hab umdisponiert.« Er sagte das ganz locker und stand genauso da in seiner dunkelblauen Jogginghose, dem alten Sweatshirt und der Strickmütze auf dem Kopf, die früher mal hell war, inzwischen aber schmutzig ist, weil er sie immer aufgesetzt hat, wenn er an seiner Harley schraubte. Jetzt poliert er sie nur noch, aber er startet sie regelmäßig. Damit der Motor geschmeidig bleibt. Und weil er den Sound des Auspuffs so gerne hört.

»Umdisponiert?«, fragte ich.

»Ja. Wegen meiner Hüfte. Ich kann doch nicht mehr so lange im Auto sitzen.«

»Wir können ja öfter Pausen machen«, schlug ich vor, »oder zweimal Zwischenübernachten.«

»So'n Quatsch. Zweimal! Kommt überhaupt nicht in Frage!«

Ich merkte sofort, wie ihn mein Vorschlag in seiner Männlichkeitsehre kränkte.

»Gut. Also keine zusätzliche Zwischenübernachtung, wir fahren so wie immer und ich löse dich beim Fahren ab.« Diese Vorstellung gefiel mir gut, ich wollte immer schon mal am Steuer unseres Wohnmobils sitzen, aber Hartmut ...

»Du hast ja wohl ne Macke«, wischte er meine geniale Idee beiseite und zeigte mir einen Vogel. »Du bist das Ding doch noch nie gefahren.«

»Ich traue es mir aber zu.«

»Kommt überhaupt nicht in Frage. Wir fahren dieses Jahr auf den Campingplatz nach Schillig. Basta.«

»Nach Schillig?«, fragte ich entsetzt.

Nicht, dass ich was gegen den Ort an der Nordseeküste hätte, im Gegenteil, ich bin sogar ganz gern dort, aber eben auch ganz oft. Denn wir wohnen gerade mal zwanzig Autominuten von Schillig entfernt. Wir fahren mit dem Auto nach

Horumersiel, parken dort und laufen am Deich entlang. Da kommen wir automatisch am Campingplatz vorbei.

»Ja. Der Platz ist schön, die Fahrt nicht zu lang, wir wollten immer schon mal Urlaub in der Nähe machen ...«

»Du! Wolltest! Ich! Nicht!« unterbrach ich ihn wütend.

»Darauf kommt's jetzt nicht an. Ich habe den Stellplatz schon gebucht.«

Ich war fassungslos. Schillig. Und er hatte bereits gebucht. Was für eine Unverschämtheit!

Dabei hat er natürlich recht, der Platz liegt unmittelbar an der Nordsee, das gesamte Areal groß und schön. Unser Häuschen in Wilhelmshaven aber auch. In zehn Minuten bin ich mit dem Rad am Großen Hafen. Nach rechts dauert es am Deich entlang etwas über eine Stunde bis zum Nordseebad Dangast auf der anderen Seite des Jadebusens und wenn ich mich pauschal links halte, kann ich nach Hooksiel radeln. Und von da nach Horumersiel und nach Schillig ... Das mach ich ja schon im Blindflug. Und jetzt will Hartmut da Urlaub machen? Das musste ein Scherz sein.

Es ist keiner. Wutschnaubend packe ich also unser supertolles, superneues Wohnmobil, mit dem ich nach Italien, nach Frankreich oder zumindest in den Harz hab fahren wollen. Nicht nach Schillig. Nein, mit dem *Sky Wave* wollte ich die Welt erkunden, angefangen mit dem Unterbacher See. War mir direkt peinlich, meiner Freundin gestern am Telefon zu sagen: »Öh, nö, wir fahren doch nicht so weit.«

Das ist ja blamabel ohne Ende.

Ich hätte natürlich alles auf Hartmut schieben können. Die Wahrheit sagen. Meine Oma hat immer gesagt, mit der Wahrheit kommt man am weitesten. Aber ich hab schon lange nicht mehr die Wahrheit gesagt, wenn es um Hartmut ging.

Seit unserer Silberhochzeit nicht mehr. Und bin trotzdem bis hierher gekommen mit ihm. Auf satte zweiunddreißig Ehejahre haben wir es inzwischen gebracht. Diese Zahl muss man sich mal auf der Zunge zergehen lassen: Zweiunddreißig!

Aber irgendwann ist Schluss. Ich hab ja ne Menge mitgemacht, vieles geschluckt, gerade wegen der Kinder, aber die sind ja nun aus dem Haus. Meine Tochter ist inzwischen selbst schon Mama. Nein, irgendwann ist der Zeitpunkt gekommen, wo man Entscheidungen treffen muss.

Hartmut hat seine getroffen.

Für Schillig. Gegen mich.

Und das werde ich nicht einfach so hinnehmen. Wenn er jetzt schon so mit mir umspringt, solch wichtige Entscheidungen über meinen Kopf hinweg trifft, wie, bitte, soll das denn weitergehen? Nein, das kann ich nicht zulassen.

Ich verstaue die Lebensmittel in den Fächern oberhalb der kleinen Spüle, die Frischwaren im Kühlschrank, merke, wie bittere Galle in mir aufsteigt, lasse mich auf die Sitzbank mit dem hell gemusterten Polster fallen und blicke mich um.

Angefangen haben wir mit einem Wohnwagen. Damals fuhr Hartmut noch einen alten Mercedes-Kombi mit Anhängerkupplung, und wegen der Kinder war das ja auch praktisch. Die haben erst mit im Wohnwagen und dann, als sie größer waren, draußen im Zelt geschlafen. Als sie irgendwann nicht mehr mitfuhren, haben wir uns das erste Reisemobil gekauft. Hartmut sagt immer Reisemobil, Wohnmobil ist ihm zu schnöde. Ist ja auch egal, jedenfalls war es kurz nach unserer Silberhochzeit, als Hartmut auf die Idee kam, wir könnten den Wohnwagen durch ein Reisemobil ersetzen, dann könnte er den Mercedes verkaufen und auf seine Dienstfahrten das Mobil mitnehmen. Da würde er einerseits die Hotel-kosten sparen, könnte aber andrerseits die Unterbringung pauschal seinem Arbeitgeber in Rechnung stellen und wir würden auf diese Art noch zusätzlich Geld verdienen. Ich hab das zwar nicht so ganz eingesehen, weil ich ja diejenige war, die sich ums Saubermachen des Mobils kümmern muss-te, aber, wie gesagt, Hartmut war der Bestimmer und ich hab mitgemacht.

Ab und zu hab ich nach seiner Rückkehr beim Sauber-machen noch Reste von einem Duft gerochen, der eindeutig nicht seiner war. Und meiner schon mal gar nicht. Auf seinen Bettlaken gab es helle Spuren. Das ließ mich grübeln. Aber ich hab mich nie getraut, ihn darauf anzusprechen.

»Bist du so langsam fertig?«, ruft Hartmut von draußen, »Ich will los!«

»Sooo weit ist es nun auch nicht bis nach Schillig!«, fauche ich. Eigentlich kann er ja allein hinfahren. Ich könnte hier bleiben, ihn vielleicht mal mit dem Rad besuchen und eine nette Zeit allein verbringen. Mich mit Freundinnen treffen, in die Sauna gehen, ins Kino, all die Dinge, zu denen Hartmut keine Lust hat.

»Natürlich ist es nicht so weit, aber ich hab zu Ellen und Sven gesagt, dass wir uns um zwei mit ihnen auf ein Bier-chen treffen.«

Ellen. Und Sven. Elektrisiert fahre ich hoch. Stecke meinen Kopf durch die Tür. »Ellen und Sven?«

»Ja. Da freust du dich jetzt, nicht? Ist meine besondere Überraschung für dich!«

Aha.

»Wieso fahren die denn auch nach Schillig? Die waren doch sonst immer in Füssing!« Dort haben wir die beiden nämlich kennen gelernt. Also, Hartmut hat Ellen kennen gelernt. Und deshalb ich den Sven und der Sven mich und wir uns eben alle vier. Dass Hartmut Ellen toll findet, hab ich damals gleich bemerkt. Und auch, dass wir nun, rein zufällig natürlich, immer dann nach Füssing fuhren, wenn die beiden dort waren. Und jetzt Schillig. Das konnte doch kein Zufall sein!

»Das ist doch kein Zufall!«, sage ich dann auch und mustere Hartmut kritisch.

»Nö«, gibt der zu. »Als Ellen hörte, dass ich solche Schwierigkeit mit der Hüfte hab, schlug sie Schillig vor. Bist du denn nun soweit? Ich will die beiden nicht warten lassen.«

Ich schlucke.

Lasse Hartmuts Worte durch mein Hirn ventilieren, kreisen, drehen, wie auch immer. Es kommt nichts anderes dabei raus als: Als Ellen hörte, dass ich solche Probleme mit der Hüfte hab, schlug sie Schillig vor.

Als Ellen hörte .... So ein Arsch! Deutlicher kann er mir ja überhaupt nicht sagen, dass sie diejenige ist, deren Parfümwolken ich im Wohnmobil gerochen habe und die für die Flecken im Bettlaken verantwortlich ist!

Was soll ich jetzt tun? In meinem Schädel prasseln die Gedanken von einer Hirnhälfte zur nächsten, ich bin vollkommen überfordert.

»Fahr du vor«, sage ich zu Hartmut und klettere wie eine alte Frau aus dem Reisemobil. »Ist soweit alles drin. Ich glaub, ich hab den Magen-Darm-Virus. Mir ist speiübel und Durchfall hab ich wohl auch. Es brodelt so in meinem Bauch.« Wie zur Bestätigung krümme ich mich. Es wirkt, Hartmut geht drei Schritte zurück. Mistkerl.

»Meinst du?«, fragt er, doch seiner Stimme höre ich an, dass er unbedingt ein ›Ja‹ hören möchte.

»Ja«, sage ich dann auch artig. »Ich bleib erst mal hier. Kann ja nachkommen. Ist ja nicht weit bis Schillig.«

»Stimmt. Wie gut, dass wir nicht Füssing gebucht haben. Da gäb's jetzt dann wirklich ein Problem.«

Es ist seine selbstgerechte Art, die mich nun tatsächlich würgen lässt.

»Herrgottnochmal, Birgit! Reiß dich doch zusammen!«

Ich bringe ihn noch mal um, denke ich, als ich im Hausflur stehe und er fröhlich mit dem Reisemobil davonbraust.

Eine halbe Stunde später ist meine Übelkeit von meinem Kampfgeist besiegt. Ich hab mich noch nie unterkriegen lassen. Klein beigegeben hab ich in vielen Eheschlachten zwar schon, aber aufgegeben hab ich nie. Auch, wenn Hartmut das vielleicht gedacht hat, aber da kennt er seine Birgit schlecht.

Angestachelt von ganz viel Wut, schnappe ich mein Rad und trete gegen den Wind an. Der weht kräftig. Und die Strecke ist lang. Aber mein Zorn überwindet Gegenwind und Kilometer. Als ich in Schillig ankomme, sitzen Hartmut, Sven und Ellen fröhlich, unbekümmert und windgeschützt beieinander, die Männer haben bereits mehr als nur ein Bierchen intus und die Flasche Prosecco, mit der ich ursprünglich mit meinem Mann auf einen schönen Urlaubsbeginn in Füssing hatte anstoßen wollen, hat Ellen fast schon allein geleert. Darauf, dass Hartmut aufsteht, mein Rad wegstellt und zumindest so tut, als sei er etwas besorgt um mich, warte ich vergebens.

Na denn: Auf in den Kampf!, sporne ich mich an und begrüße Ellen und Sven, als würde ich mich freuen, sie zu sehen.

»Mensch, das ist ja eine Überraschung«, sage ich und herze die beiden. Ellen nur knapp, Sven umso ausführlicher. Ich weiß, dass er große Busen mag, und so drücke ich mich bewusst etwas fester an ihn, was ihm gefällt, wie ich sogleich deutlich merke. »Wie kommt's, dass Ihr auch hier seid und nicht in Füssing?«

Bevor Hartmut mir über den Mund fahren kann, antwortet Ellen, die immer schon schnell redet, und wenn sie Alkohol getrunken hat, noch schneller. »Na, facebook eben.«

»Facebook.« Aha. Davon hab ich schon in der Zeitung gelesen.

»Birgit kennt sich damit nicht aus«, erklärt Hartmut.

»Nicht?« Ellen klingt, als wäre das ein unfassbarer Makel.

»Ne.«

Ich gucke von einem zum anderen und zu Sven. Der zuckt mit den Schultern. »Ich bin auch nicht bei facebook«, sagt er und schlägt sich damit auf meine Seite. Ich stelle fest, dass er mir immer sympathischer wird.

Eine Stunde später haben sich die Männer verdrückt. Wie Männer das eben gern so machen. Uns Frauen bleibt der Abwasch und das Aufräumen; die Herren der Schöpfung sind in wichtigen Dingen anderweitig unterwegs, derzeit im Wohnmobil nebenan, denn Ellen und Sven haben ganz zufällig den Stellplatz neben unserem und Sven einen neuen PC, den er selbst aber nur zum Fernsehen benutzt, weil er da so prima alle Programme kriegt. Ellen ist diejenige, die damit auch im Internet surft.

Jetzt surft sie aber nicht, sondern sitzt neben mir. Aus der einen Flasche Prosecco ist mittlerweile eine zweite geworden und auch die hat sie schon fast geschafft, während ich mich an Kamillentee hochhalte, denn mein Magen grummelt wirklich. Eigentlich möchte ich auch ins Bett, also in mein Bett, wir haben im Reisemobil getrennte Schlafbereiche, aber Ellen meint, mir ihre gesamte Ehegeschichte erzählen zu müssen, was mich nicht wirklich interessiert, denn ich bin noch immer sauer auf meinen Gatten. Während Ellen also vor sich hin monologisiert, denke ich darüber nach, wie ich ihm einen Denkzettel verpassen könnte und schwanke, ob ich einfach »aus Versehen« seinen Sportsender kündige und er seine geliebten Sendungen nicht mehr gucken kann, oder ob ich Zucker in den Benzintank seiner Harley gebe. Ich glaub, das mag so ein Motor nicht, das jedenfalls habe ich noch aus meiner Jugendgruppenzeit dumpf im Hinterkopf. Jedenfalls bin ich in Gedanken ganz woanders, als Ellens Worte langsam in meine Gehirnwindungen tröpfeln:

»... muss ich zu meinen Gefühlen stehen.«

Moment! Was hat sie gesagt?

»Entschuldige, Ellen, ich war irgendwie kurz abgelenkt, mein Bauch, weißt du... Was hast du gesagt?« Ich beuge mich vor, bin jetzt ganz Ohr.

»Ich hab gesagt, dass ich jetzt eben die Konsequenzen aus meinen Gefühlen ziehe. Ich lasse mich scheiden.«

Wumms. Volle Faust in meinen Magen. Was hatte Hartmut noch gesagt: »Als Ellen hörte, dass ich solche Probleme mit der Hüfte hab ...«

»Du lässt dich scheiden?«

»Ja.« Ellen guckt mich an und ich weiß nicht, ob es der viele Prosecco ist, der ihre Augen so leuchten lässt oder etwas anderes.

»Das kannst du jetzt vielleicht nicht so wirklich nachvollziehen, ist ja auch blöd, dass ich mich mit dir drüber unterhalte, schließlich kennen wir vier uns seit sechs Jahren, aber ...«, sie kratzt sich am Kopf, »eigentlich müsstest aber ja gerade du es nachvollziehen können.« Sie kichert und wieder weiß ich nicht, woran es liegt und wovon sie eigentlich spricht.

»Kannst du etwas deutlicher werden?«

Ein paar Mücken summen um uns herum, auf dem quadratischen Campingtisch brennt eine Kerze. Hartmut hat nicht mal ne Tischdecke aufgelegt und als ich gekommen bin, hab ich es auch nicht mehr gemacht. Von den umliegenden Stellplätzen hört man Gespräche. Manche sind etwas lauter als wir, ein bisschen Musik, der Geruch von Grillkohle und Bratwurst hängt schon seit Stunden in der Luft, vermischt sich mit dem würzigen Duft des Wattenmeeres, der nun, wo sich die Nordsee für heute zurückzieht, immer kräftiger wird.

»Na ja.« Sie kiekst, trinkt noch einen Schluck und wird jetzt tatsächlich rot, als sie sagt: »Sex!«

Sex.

Ich hab's ja gewusst! Hartmut hat ein Verhältnis mit Ellen. Ich schlucke. Meine Gedanken rattern; Ellen erzählt noch was, aber ich kann nicht mehr zuhören. Ellen hat ein Verhältnis mit Hartmut. Ellen lässt sich scheiden. Was macht Hartmut dann?

»Aber wir können doch trotzdem versuchen, Freunde zu bleiben?«, fragte Ellen jetzt und mir wird sowas von speiübel, dass ich den Sektkühler aus Plastik nehme und mich übergebe.

Ellen steht auf. »Ich glaub, ich geh mal lieber und sag Hartmut Bescheid, oder?«

Hartmut! Ein neuer Schwall Galle schießt aus meinem Magen empor und schwupps ist Ellen verschwunden. Hartmut jedoch kommt nicht. Ich höre ihn drüben mit Sven lachen, zwischendurch kurz Ellens Stimme, dann wieder der Kommentar zu irgendeinem Fußballspiel.

Schlagartig ist meine Übelkeit vorbei. Ich stelle den – leider vollen - Sektkühler zwischen meine Füße und überlege. Sex, hat Ellen gesagt. Und, dass wir versuchen können, Freunde zu bleiben. Und Hartmut hat gesagt: Als Ellen hörte …

O ja. Ellen soll noch mehr hören. Und daraus ihre Schlüsse ziehen. Sie soll Sex hören. So ein Campingplatz ist ja quasi ein Gemeinschaftszelt. Ich atme tief durch, schnappe den Kühler mit dem ekligen Inhalt, meine Kulturtasche und stapfe in Richtung der Waschräume.

Eine weitere Stunde später schläft Hartmut tief und fest. Wir haben jetzt ein teilintegriertes Wohnmobil, das ist sehr praktisch. Hartmut schläft im Hubbett über der Fahrerkabine. Früher musste er das manuell runterklappen, in dem neuen Mobil ist es stufenlos elektrisch absenkbar. Man hätte sicher auch Platz für zwei, aber ich muss nachts öfter mal aufs Klo. Und wenn ich jedes Mal runterkrabbeln sollte, ne, dazu hab ich keine Lust. Also schlafe ich im hinteren Bereich, da ist ja ein vernünftiges Bett. Wäre übrigens auch breit genug für zwei, aber Hartmut ... na ja. Der ist ja nicht nur gedanklich anderweitig beschäftigt. Jetzt aber liegt und schläft er oben. Hat eine *Tavor* genommen, die hat er mal wegen eines drohenden Burn-Outs verschrieben bekommen und nun nimmt er die immer, wenn wir Camping-Urlaub machen. Damit er gut schläft und nicht gestört wird. Zusätzlich benutzt er solche Ohrstöpsel, bei denen ein Hubschrauber neben ihm landen könnte und er würd es nicht hören. Ne, Hartmut hat sich extrem gut vorbereitet auf die möglichen Geräusche auf Campingplätzen.

Und genau darauf basiert mein Plan.

Als ich nämlich über dem Prosecco-Kühler hockte und über Sex und Ellen und Hartmut nachdachte, und darüber, dass Ellen sich scheiden lässt, reifte mein Plan. Denn wir hatten gerade das Erbe meiner Mutter in Hartmuts Elternhaus gesteckt. Wegen der ganzen Weltfinanzkrise. Man muss sein Geld ja irgendwie sichern – wenn man nämlich an den Euro-Rettungs-Finanzschirm denkt, wundert man sich doch, dass irgendwer, der nur noch ein Fünkchen Verstand hat, wirklich glaubt, dass das funktionieren kann. Und nun wollen auch die Chinesen uns noch unterstützen, da übernehmen die nach Volvo jetzt auch noch Saab, haben irre Anleihen in Europa, und ich frag mich, wann wir alle unter chinesischem Diktat stehen. Aber das ist ja ne andere Sache. Als ich also darüber nachdachte, dass mein ganzes Geld in Hartmuts Haus steckt, dass ich nichts habe, wenn auch Hartmut sich scheiden lässt, dass ich mit Anfang Fünfzig sicher auch keinen gut bezahlten Job mehr bekomme, kam kein Schwall Galle mehr, sondern der rettende Gedanke.

Es bleibt mir nur ein Weg in eine gesicherte Zukunft: Ich muss Witwe werden.

Hartmut schläft, ich dimme das Licht. Ein wenig soll nach außen scheinen, es soll gemütlich und kuschelig aussehen. Ich ziehe mich schon mal aus, schlüpfe in meinen Frotteebademantel und schnappe mein Strickzeug. Hab einer Freundin versprochen, ihr Pulswärmer zu stricken, damit kann ich jetzt gut schon anfangen. Die Maschen sind aufgenommen, es kann losgehen. Während ich eine Masche links, eine rechts stricke, lege ich los. Harry und Sally-mäßig. Also, wie Sally in dem Schnellrestaurant. Ich stricke und simuliere akustisch einen Orgasmus. Das macht Spaß. Immer mehr steigere ich mich hinein. Zwischendurch mache ich keuchende Pausen.

Hartmut liegt auf seinem Hubbett, Tavor-beglückt und mit Ohrstöpseln bestückt. Gleich kriegt er noch ne Plastiktüte. Und einen Seidenschal.

Ich hab das Fenster unseres Wohnmobils auf Kipp gestellt, damit Ellen auch ganz sicher hört, was hier abgeht! Diese blöde Nuss. Da kann sie sich mal ein paar Gedanken in Punkto Sex machen!

Die Keuchpause ist zu Ende, ich nehme wieder Fahrt auf, komme aber schnell zum Höhepunkt. Immerhin ist es schon spät, ich hatte einen anstrengenden Tag, bin müde, mein Magen ist wirklich nicht ganz in Ordnung und ich muss die Sache mit der Plastiktüte ja auch noch erledigen.

Eine halbe Stunde später steht der Notarzt in unserem Wohnmobil. Und die Polizei kommt auch. Ich berichte den netten Leuten von der Kripo fassungslos, was geschehen ist. Dass ich das ja eigentlich nicht mag, aber immerhin sind wir so lange miteinander verheiratet und Hartmut brauchte immer mehr Kick beim Sex, aber bitte, unsere Kinder dürfen nichts davon erfahren, jedenfalls wollte er gefesselt werden und brauchte das mit der Plastiktüte über den Kopf, nur so konnte er noch … mir ist das ja sowas von peinlich …

Sie haben ihn mitgenommen. Die Ohrstöpsel hab ich natürlich vorher entfernt. Und die Packung Tavor gibt's auch nicht mehr in unserem Reisemobil. Ellen ist total fertig. Wo Hartmut doch der Einzige war, der von ihrer neuen Liebe wusste. Der ihr gesagt hat, sie müsste dazu stehen. Er wisse ja, wie wichtig es sei, den richtigen Partner an der Seite zu haben.

Sie schnieft. Ich sehe sie misstrauisch an. Was will sie mir jetzt vorgaukeln?

»Da war nie was zwischen euch?«, frage ich.

Sie wird rot. »Na ja, ganz zu Anfang, da haben wir uns mal getroffen«, gibt sie zu, fährt aber schnell fort: »Doch das war wirklich nur ein, zwei Mal. Dann hat Hartmut gesagt, das ginge nicht, weil wir vier … und im Urlaub … und überhaupt.«

Das macht mir zugegebenermaßen doch zu schaffen. Vielleicht hat Hartmut mich wirklich geliebt? Trotz seiner Affären? Denn, dass er welche hatte, ist klar. Ich strecke meinen Rücken durch. Selbst schuld. Er hätte es mir eben auch zeigen sollen.

Den *Sky Wave* lenke ich mittlerweile übrigens mit Bravour. Sven sitzt gern auf dem Beifahrersitz. Und mit Ellen und ihrem neuen Freund haben wir uns auch schon mal getroffen. Auf einem Campingplatz. Aber mit Stellplätzen, die weit voneinander entfernt sind. Wir wissen schon, weshalb ...

first the dogs

Ich lag auf einer Decke am Strand des Mittelmeeres und räkelte mich in der Sonne. Hoch oben am Rand der Dünen spielte der leichte Wind mit meinem Zelt. Drei Mädchen drängten sich lachend an mich, eine war blond, die andere schwarz, die dritte brünett. Alle waren sie barbusig und nur mit einem Tanga bekleidet. Sie lebten schon ein paar Wochen auf dem Campingplatz, ich dagegen unterhielt sie erst seit zwei Tagen mit meinen Geschichten. Meine Haut war noch fast weiß.

»Was ist das für ein Name?«, fragte die eine. »Utze?«

»Was wirst du uns heute erzählen?«, wollte die zweite wissen.

Die Blonde sah mich mit großen Augen an.

»Ulrich«, sagte ich. »Utze steht für Ulrich.« Ich legte den Finger an den Mund. »Pschschscht! Hört zu. Ich habe nicht immer so komfortabel gezeltet wie jetzt. Es wird nun sehr kalt, Mädels. Und später gehen wir dann schwimmen.«

Noch lachten sie, also begann ich zu erzählen.

Vor Jahren fuhr ich mit dem Hundeschlitten durch die Eiswüsten Nordnorwegens. Wir schliefen in Hütten, wenn wir sie fanden, in Lappentipis oder einfach im Zelt. Seit fünf Tagen waren wir unterwegs und keinen von meinen Begleitern kannte ich länger als diese fünf Tage. Touristen. Gäste. Doch eines Morgens wurde ich ganz plötzlich vom Reisenden zum Beobachter der herrschenden Verhältnisse, denn da steckte diese Leiche in unserem Eisloch: Hajo, ein vielleicht zwanzig Jahre alter Junge aus der Reisegruppe. Immer, wenn wir an einem See unser Lager aufschlugen, wurde so ein Loch gebohrt, denn Wasser aus einem See geschöpft schmeckt würziger als aus Schnee geschmolzen. Hajo lag auf dem Bauch, der Kopf steckte in diesem Loch, und das Eis hatte sich um seinen Nacken geschlossen. Wir mussten ein Beil nehmen, um ihn freizuschlagen. Viel Schaden hat das nicht angerichtet. Er war ja schon tot.

»Gut zwanzig Grad unter Null«, sagte unser Guide und schnupperte in die Luft. Wir nannten ihn Recke. Er war ein gelernter Wildnisführer. Ziegenbart und rostrote Haare wie Draht. Hartgesotten. Seine Hände waren schlank und sehnig, die Finger sehr lang. Er trug einen dunkelblauen Daunenoverall, so unterschieden wir ihn während der Fahrt von den anderen Gästen. Von ihm habe ich gelernt, Geschichten zu erzählen. Er sagte, er liebe es, im Sommer Holz zu hacken, weil die Scheite im Winter dann wärmer brennen. Ein hübscher Satz, oder nicht?

Wir alle waren sehr entsetzt. An die Temperatur hatten wir uns schnell gewöhnt. Wir zogen uns nicht erst nachts die dicken Parkas an, um vor die Tür zu gehen. Man kann schnell erfrieren, wenn es falsch läuft. Eine wirklich kalte Heimat. Wir wachten wohl kurz auf, als Hajo zum Pinkeln vor die Tür ging, aber niemand achtete darauf, ob er zurückkam. Die Hunde kannten uns, sie schlugen nicht an. Sie schlafen in Kuhlen, die sie sich graben. Manchmal seufzen sie wie im Traum. Manche sehen uns beim Pinkeln zu. Zwei- oder dreimal jede Nacht fangen sie gemeinsam zu heulen an, das dauert ein paar Minuten, dann hören sie auf.

Der Himmel war nachts offen bis zum vollen Mond. Kein Gramm Wärme, sie ist flüchtig. Man sah direkt ins All hinaus. Die Sicht in solchen Nächten ist recht gut, nur alles in blaues Licht getaucht. Der Mond wirft deutliche Schatten. Jeder von uns ging nachts pinkeln.

Ute war es, die die Leiche fand. Eine blonde junge Frau aus Osnabrück. Ein Jahr wollte sie auf der Hundefarm bleiben, um als Gehilfin zu arbeiten. Recke hatte sie als Gefährtin genommen. Es gibt nicht viele Frauen so weit im Norden. Sie begleitete uns auf der Tour, weil ein Platz frei war und weil er es wollte. Meist war sie es, die für uns kochte, nur das Abwaschen ging reihum. Wir hatten sie am Morgen geschickt, um Wasser vom See zu holen, aber das Beil war nicht zu finden, um das Loch aufzuschlagen. Schließlich entdeckten wir ein anderes hinter einem Klafter Holz. Sie ging raus auf den See, und dort fand sie Hajo.

Der Vater, Peter hieß er, war untröstlich. Recke sprach ein Gebet, ein schlichtes *Vater Unser*, dann riefen wir per Satellitentelefon die Rettungswacht um Hilfe. Man schickte einen Hubschrauber, aber es dauerte sehr lange, bis er kam. Peter würde mit Hajo zurückfliegen, mehr Platz gab es nicht. Er blieb bei seinem Sohn, während wir in unser Tipi krochen, um zu frühstücken. Wir saßen im Kreis um einen Ofen herum.

»Sag es ihnen, Recke«, verlangte Ute in das Schweigen hinein. »Sag ihnen, was du mir in der Nacht erzählt hast.«

Er sah auf den Tisch und blies in seinen Tee. »Hajo blieb weit hinter uns zurück.«

Wir nickten. Der Junge war geistig nicht normal gewesen. Niemand maßte sich ein Urteil über die Art seines Defektes an. Abwesend und latent aggressiv, aber der Vater hatte ihn gut im Griff. Über eine Stunde hatten wir ungeschützt auf dem Eis auf die beiden warten müssen. Hajo war als Letzter gefahren. Der Wind blies stetig von vorn, da duckt man sich in die Kapuze und sieht sich nicht um. Der Schlittentreck zog sich oft über Kilometer hin, die Hunde kannten den Weg, und jedes Gespann hatte seinen eigenen Rhythmus.

Doch Hajo kam nicht nach. Recke wendete seinen Schlitten und fuhr ihm entgegen.

»Erzähl ihnen, was dann geschah«, echauffierte sich Ute und goss einen großen Schluck Wodka in ihre Thermoskanne.

»Das Gespann stand einsam am Hang. Hajo war nicht zu sehen. Einer der beiden Führungshunde lag tot in seinem Geschirr, ein Messer steckte in seiner Kehle. Ich fuhr weiter, bis ich Hajo fand. Nur mit viel Mühe und Geduld gelang es mir, ihn dazu zu bringen, dass er zu mir auf den Schlitten stieg. Den Hund habe ich in ein Gebüsch geworfen.«

»Der arme Hund«, rief eines der Mädchen.

»Der arme Hajo«, gab ich zurück. »Wir nahmen an, dass die Tiere nicht so wollten, wie er. Da bekam er Angst und hat sich gewehrt.«

»Hajo war verrückt«, rief Ute und steckte sich ungeniert einen Joint an. »Eine enorme Belastung für die Gruppe. Da kann Recke nichts dafür. Und nun hat er sich selbst ertränkt.« Sie blies Recke den Rauch ins Gesicht und gab ihm einen Kuss auf den Mund.

Ute war außergewöhnlich hübsch, jedoch von sehr fahrigem Wesen. Die Beine waren zu kurz für ihre Größe, was etwas unproportioniert wirkte, aber reizvoll. Übervolle Lippen und eine Haut wie Milch. Sie und Recke erzählten gern von ihrem Plan, in eine eigene Hundefarm zu investieren. Noch war Recke nicht sein eigener Herr. Noch arbeitete er für Netzel, einen Deutschen, der all sein Geld investiert hatte, um auszusteigen.

Mit uns fuhr noch Astrid. Sie war eine sehr reiche Frau aus dem Osten Deutschlands, die einen gelben Parka trug. Wir alle waren im gleichen Alter. Astrid wollte das Vorhaben von Recke finanziell unterstützen, sie meinte, sie habe lange nach so einer Gelegenheit gesucht. In die Natur investieren, die Hunde, das einfache Leben. Sie hatte dunkle Haare und eher grobe Züge.

Der Helikopter störte unser Schweigen, es war eine kleine Maschine. Wir rafften Hajos und Peters Ausrüstung zusammen und eilten nach draußen. Im Nu war alles verstaut, der Arzt winkte noch, dann hob die Maschine ab und ließ uns in einer eisigen Wolke aus Schnee und Eissplittern allein.

»He!«, rief Astrid ihm hinterher und reckte die Arme, sie hatte noch etwas sagen wollen. Sie war den ganzen Morgen sehr schweigsam gewesen. Wachsam, wie mir jetzt auffiel. Nun sank sie auf die Knie und sah dem Hubschrauber nach.

Die Stille, die folgte, war kaum auszuhalten. Selbst der Wind legte sich. Auch die Kälte schien viel strenger geworden zu sein, das Licht trüber. Erst als die Wolke sich lichtete, fiel uns auf, dass jemand mitgekommen war: Netzel stand auf dem Eis, ganz in einen roten Overall gekleidet. Der Besitzer der Hundefarm. Der Chef von Recke und Ute, ein schwerer, lauter Mann. Netzel war es gewesen, der Ute eingestellt hatte, und ich wusste, dass er ältere Rechte an seiner Gehilfin zu haben glaubte. Später erfuhr ich, dass sie sich aus einem sehr erfolglosen Leben zu ihm geflüchtet und später für Recke entschieden hatte. Sie stieß den Rauch ihres Joints aus und fächelte den süßen Duft weg.

»Was für eine stinkende Scheiße!«, rief Netzel und ließ das meckernde Lachen folgen, das niemand von uns mochte. »Was seid ihr denn für eine Truppe? Das kommt davon, wenn man zu fest schläft«, fuhr er Recke an und zeigte eine klammheimliche Freude. Wir hatten ihn nur bei unserer Ankunft als Gastgeber erlebt, da faselte er vom Iditarod, den er fahren wolle. Und dass Hundeschlittenfahren olympische

Disziplin werden müsse. Recke dagegen hatte uns bis tief in die Nacht Geschichten erzählt. Ihm gehörte jede Sympathie. Was ging es die Gäste an, wenn Netzel das störte?

»Du hast den Hubschrauber den weiten Weg fliegen lassen, um dich zu holen?«, gab Recke wütend zurück.

»Netzel«, rief Astrid mit hochrotem Kopf, »hier stimmt etwas nicht.« Sie war empört und hielt auf einmal das fehlende Beil in ihren Handschuhen. Sie wies auf Ute. »Sie hat es gestern Nacht in einen Busch geworfen. Ich habe es vom Fenster aus gesehen, mich aber bis jetzt nicht getraut, etwas zu sagen. Es sind Haare daran und Blut. Ich glaube, sie hat Hajo umgebracht. Ich bestehe darauf, dass du etwas unternimmst. Du bist verantwortlich.«

»Das stimmt doch nicht«, empörte sich Ute, und ihr Gesicht lief so rot an, wie Astrids. »Es war ein Unfall. Recke, sag doch was! Netzel, bitte!«

»Wir haben seinen Kopf aus dem Eis gehackt«, rief Astrid. »Wenn sein Genick nicht vorher gebrochen war, dann danach. Falls aber dies«, sie wies auf das Beil, »die Haare und das Blut von Hajo sind, habe ich sie mit der Mordwaffe gesehen.«

Netzel, ganz Kapitän seines Schiffes, nahm das Beil an sich. »Das kann ich hier nicht klären. Das muss polizeilich untersucht werden. Wir brechen auf. Drei Tage bis nach Hause, und schon am Nachmittag soll es wärmer werden. Schnee kommt und Nebel. Kein Hubschrauber mehr.«

Die Kälte ist nie das Problem. Es ist immer etwas anderes. Hier stand ich nun im ewigen Eis und war in Dinge geraten, die mich nichts angingen. Hajo tat mir wirklich leid, auch sein Vater, aber mir ging Anderes durch den Kopf.

Recke sollte nun am Schluss fahren. Netzel übernahm deutlich die Führung. Er fuhr Hajos Gespann, das von zehn Tieren gezogen wurde. Peters Schlitten ließen wir zurück.

Wir alle verzweifelten bald, denn Netzel erwies sich als unfähig. Recke hatte seine Hunde mit leisen Rufen gelenkt, unsere waren ihm brav gefolgt. Netzel dagegen brüllte und brachte sie durcheinander. Er ankerte, lief nach vorn und drängte die Leithunde nach Norden, aber hinten löste sich der Anker, und fast wäre ihm das Gespann entwischt. Er sprang auf, drehte sich zu uns um und lachte meckernd. »Seht ihr, am Ende tun sie, was ich will.«

Nur liefen die Hunde jetzt in Richtung Nordwest, parallel zum Ufer des Sees. Recke drängte weg vom See in die Berge nach Norden, weg vom einsetzenden Schneetreiben. Sie stritten laut, doch Netzel hörte nicht. Er ankerte öfters, lief nach vorn und zerrte fluchend an den Leithunden. Einmal gerieten wir in einen Overflow. Wasser stand kniehoch auf dem Eis, es war durch haarfeine Ritzen nach oben gedrungen, weil unten der Druck zu hoch wurde. Die Tiere hatten Angst vor der Grütze und liefen mit spitzen Pfoten, aber sie zogen hindurch, bis Netzel begann, sie schreiend anzufeuern. Das brachte die Hunde aus dem Tritt.

Schließlich fanden wir einen der Wanderwege, die vom See weg in die Berge führten. Abseits davon versanken die Schlitten im Schnee, dem Musher reichte er bis an die Hüften. Zweimal mussten wir umkehren. So ein Gespann ist gut zehn Meter lang. Man schirrt alle Hunde aus und darf keinen von ihnen verlieren. Die Temperatur stieg an, das ist der Einfluss des Golfstroms. Wir begannen zu schwitzen, und der Ton zwischen Netzel und Recke wurde rauer.

Die Frauen behandelte Netzel mit einer gönnerhaften Höflichkeit, aber auch sie begannen zu murren. Gesprochen wurde kaum, eine wirkliche Kommunikation gab es erst abends im Lager. Die Spannung konnte sich nicht entladen. Während der Fahrt ist man allein unterwegs und hofft auf die Hunde.

Der Schnee begann in dichten Flocken zu fallen, wir duckten unsere Gesichter hinter die Pelzkanten der Kapuzen. Ab und zu stockte der Treck, wenn Netzel nicht weiterkam. Sehr früh begann es, dunkel zu werden. Wir waren spät dran. Astrid fuhr direkt hinter Netzel. Zweimal ließ ich meinen Schlitten allein und stapfte nach vorn, um ihr zu helfen. Sie war mit den Nerven völlig am Ende und schimpfte auf den Guide. Ich hörte ihn brüllen, dann singen und schließlich meckernd lachen. Er arbeitete wie ein Tier, und irgendetwas daran schien ihm zu gefallen.

Die Flocken wurden nasser und schwerer. Sie fielen vom Himmel, statt in der Luft zu tanzen, und klatschten uns ins Gesicht, um dort zu schmelzen. Wasser rann uns die Backen runter. Nebel stieg auf. Schließlich hörte ich von Ute den Ruf anzuhalten. Wir standen auf einer kleinen Lichtung. Ich hob eine Hand als Zeichen, dass ich verstanden hatte, gab das Kommando weiter und hielt an. Astrid tat wie ich. Ich sah deutlich, dass sie nach vorne rief.

Recke stapfte bis zu mir. Dies sei der einzige geschützte Platz, um für die Nacht ein Zelt aufzuschlagen. Eine Hütte sei nicht in der Nähe. Wir sollten ankern, die Hunde hinten ausschirren und nur mit dem Hals an der Leine lassen, dann zögen sie den Schlitten nicht weg. Ich gab die Nachricht an Astrid weiter. Später trafen wir uns alle vor ihrem Gespann.

»Wo ist Netzel?« Recke folgte dem Pfad ein Stück und kam schnell zurück. »Hat er die Nachricht nicht bekommen?«

»Ich habe gerufen, aber er hat nicht angehalten«, rief Astrid keuchend. »Er dachte wohl, wir folgten ihm.«

»Nicht gut«, sagte Recke. »Aus ihm ist in der letzten Zeit ein sehr grober Mensch geworden.«

»Ein verdammtes Arschloch«, stöhnte Astrid.

»Wir bauen jetzt ein Zelt auf, solange wir noch Licht haben.« Recke wusste präzise, was auf welchem Schlitten verstaut war, und gab genaue Anweisungen. Wir vertrauten ihm. Es war nach sechzehn Uhr und bald würde es dunkel sein. Um achtzehn Uhr werden die Hunde gefüttert, das ist Gesetz.

Das Zelt war groß genug für uns alle, aber es hatte keinen Boden. Nur den festgetretenen Schnee.

»Dies ist das VIP-Zelt von Prinz Albert von Monaco«, erzählte Recke. Der Adelige und seine Begleiter seien damit vor ein paar Jahren bis an den Nordpol gereist.

Der Ofen befand sich auf Netzels Schlitten, ebenso unser Essen und die meisten Küchengeräte. Uns blieben Tütensuppen, zwei Gaskocher und eine Lampe, die mit Benzin betrieben wurde. Alles Geräte, die kaum Wärme gaben und laut zischten. Wir legten unsere Isomatten aus und darauf die Schlafsäcke.

»Er hat kein Hundefutter dabei«, sagte Recke. Wir nickten und wussten, wer gemeint war.

Dann saßen wir um die fauchenden Kocher und die Lampe und starrten auf unsere Füße. Ute steckte sich einen Joint an und griff nach der Wodkaflasche.

»Er war gefährlich«, begann sie schließlich voller Trotz. »Sein Vater hat erwähnt, dass er sehr aggressiv wird.«

»Ich hatte ihn im Griff«, rief Recke. »Hajo war keine Gefahr. Seine Hunde hatten sich verbissen, und er wusste nicht, was zu tun war. Verdammt, was hast du getan?«

»Du bist es doch, der ihr Geld will«, heulte Ute und wies auf Astrid. »Du wolltest einen guten Eindruck machen. Sie beeindrucken. Das hast du gesagt. Hajo hat gestört, also bin ich ihm nach. Er hat sich gebückt, da habe ich zugeschlagen. Ich dachte, das sieht niemand. Ich habe es für uns beide getan, Recke. Ich wollte dir helfen. Für unsere Farm.«

Wir starrten wieder auf unsere Füße. Man riecht sehr streng nach fünf Tagen, aber es gab frische Luft um uns herum. Als Astrid sprach, tat sie das ruhig und mit Bedacht.

»Ich habe das Beil, das ist Beweis genug. Ich werde es der Polizei übergeben. Es wird niemand von meinem Geld bekommen, das hat sich erledigt.«

»Recke«, rief Ute. »Tu etwas!«

Er schüttelte langsam den Kopf und sah sie nicht an.

Um achtzehn Uhr war es völlig dunkel. Recke scheuchte uns nach draußen. Der Nebel hatte uns eingehüllt, und es schneite immer mehr. Mit etwas Pech würden wir morgen den Trail mit Schneeschuhen treten müssen. Das Zelt leuchtete wie eine dottergelbe Blase. Wir alle wollten nach Hause.

Astrid und ich holten je einen Block gefrorenes Futter aus unseren Schlitten. Im Licht der Stirnlampen hackte Recke es in Stücke, die wir an die Hunde verteilten.

»First the dogs …«, munterte ich ihn auf.

»… sagte der waidwunde Fuchs und ergab sich dem Schicksal«, beendete Astrid den Satz.

»Genau«, sagte Recke und lächelte uns zu.

Kurz darauf kam Netzel zurück. Bei Neuschnee laufen die Hunde fast geräuschlos. Man sieht die Stirnlampe blitzen, hört das Knarzen der Holzkonstruktion am Schlitten, dann das Bremsen, und plötzlich streichen die Hunde um die Beine. Man wird von ihren Leinen gefesselt.

»Er wird sauer sein«, hörte ich Recke sagen.

»Gebt ihnen zu fressen!«, befahl Netzel.

Wir hielten in der Arbeit inne. Ute stürzte aus dem Zelt. »Netzel!« rief sie. »Hilf mir. Sie wollen mich verraten! Geld gibt sie auch keines mehr. Sie hat genug von uns.«

Netzel stapfte auf sie zu und schob sie hinter seinen breiten Rücken. Astrid trat ihm mutig entgegen. »Jetzt hör zu, du Arschloch«, schimpfte sie unflätig und in völliger Verkennung der Verhältnisse. »Das mit dem Iditarod würde ich vergessen, als Musher bist du eine Niete. Ich folge ab jetzt

Recke, denn der weiß, wo er hinfährt. Mir ist kalt und du bist verantwortlich. Am Ende wirst du es sein, der bezahlen wird. Dafür sorge ich.« Sie wandte sich um.

Niemand hatte gesehen, dass Netzel einen dicken Ast in der rechten Hand hielt. Damit schlug er ihr über den Schädel, bis sie zusammenbrach.

»So, jetzt ist ihr nicht mehr kalt. Wir können sagen, dass sie im Wald gegen einen Ast gefahren ist, der über dem Weg hing. Das kommt vor, wenn die Leute nicht den Kopf einziehen«, sagte er.

Wir alle waren gelähmt vor Schreck, sogar Ute.

»Ich hasse diese Reichen«, fuhr Netzel fort. »Sie kommen mit all ihrem Geld, und wir kratzbuckeln für sie. Was gibt ihnen das Recht, über unsere Zukunft zu bestimmen?«

Wir sahen nach ihr, aber Astrid war tot.

»Das schadet dem Ruf des Unternehmens«, sagte ich und war mir bewusst, dass ich nun der letzte zahlende Gast war.

Was tun? Wir betteten sie in meinen Schlitten, der halb leer war, und gingen zurück ins Zelt. Ute legte sich zu Netzel. Während der Nacht war sie ihm zwei- oder dreimal zu Willen. Beide gaben sich Mühe, leise zu sein, aber man hört es doch. Ich bin sicher, Recke lag ebenso wach wie ich.

Am nächsten Tag war Reisen unmöglich. Der Nebel lag dicht im Wald, man sah die Hand vor Augen nicht. Himmel und Erde lassen sich in dem Weiß nicht unterscheiden, und man verliert das Gleichgewicht. Kommt man auf einen See, ist eine Orientierung ganz unmöglich.

Am späten Nachmittag sank die Temperatur immer tiefer. Als wir schließlich tags darauf zusammenpackten, hielt Recke seine Nase in die Luft und rief: »Sicher fünfunddreißig Grad unter Null. Es ist ein gutes Zeichen, wenn die Temperatur so schnell fällt. Wir werden ein paar schöne Tage bekommen.«

Alle drei waren nun rührend um mich besorgt. Auch untereinander verstanden sie sich auf einmal blendend. Netzel fuhr weiter an der Spitze, aber er hörte jetzt auf Reckes Rat. Beide ergänzten sich nun sehr. In rasender Fahrt folgten wir dem Weg durch einen weißgefrorenen Wald, über Seen, dann berghoch und bergab. Einmal überfuhr ich einen jungen Baum im Scheitel einer Kurve und überschlug mich mitsamt dem Schlitten und der Leiche darin. Die Hunde hielten sofort, und die anderen halfen mir lachend auf. Abends kamen wir auf ein riesiges Gewässer und fanden eine Hütte am Ufer, die im Sommer von Grenzpolizisten genutzt wird. Dort bohrten wir erneut ein Loch ins Eis und Neztel versenkte das Beil. Zwei volle Tage reisten wir auf diesem See. Man soll sich das nicht völlig eben denken, denn er war gestaut. Der Wasserstand wird reguliert, was zur Folge hat, dass sich ganze Berge aus Eisschollen auftürmen. Die Sonne traute sich kaum über die umgebenden Hügel hinaus, aber den hellblauen Himmel zierte ein ähnliches Grinsen wie mein Gesicht. Man möchte nirgendwo anders sein. Der Klang der Kufen allein: ein einziger, steter Ton, aber immer wieder anders moduliert, je nach Art des Schnees oder Eises. Es gibt keine Hintergrundmusik mehr. Nur den Schlitten und das Tapsen der Hunde.

Am vierten Tag erreichten wir die Farm und waren endlich in Sicherheit.

»Und die Mörder?«, fragte die Brünette.

»Genau. Was ist mit den Mördern passiert?«, wollte die mit den schwarzen Haaren wissen. Sie setzte sich auf, und ich genoss den Anblick ihres jungen Körpers. Sie hatte ein hübsches Grübchen auf der linken Wange. Es war Mittag geworden, und der Schweiß rann durch die feinen Härchen zwischen ihren Brüsten.

»Nun«, sagte ich. »Meine Aussage war sehr hilfreich. Netzel muss sich verantworten für das, was er getan hat. Er war der Chef. Ich nahm Kontakt auf mit den Angehörigen von Astrid und kümmerte mich um die Überführung ihrer Leiche. Sie hatte eine Schwester, die mir sehr dankbar war. Ute kehrte nach Deutschland zurück. Wir schwiegen, was sie betraf. Wir wollten sie nicht richten. Recke führt jetzt die Farm und ich glaube, er hat sie inzwischen schon verloren. Und Netzel sitzt im Gefängnis, wie ich hörte, statt den Iditarod zu fahren.«

Die Blonde sprang auf. »Nee«, rief sie. »Mir reicht das jetzt.« Dann verschwand sie in Richtung Campingplatz.

»Och«, sagte die Schwarzhaarige. »Mir gefällt das.«

Die Brünette war die frechste von den Dreien. »Und?«, drängte sie.

»Na ja, ich hab sie geheiratet.«

»Wen?«

»Die Schwester von Astrid. Die mit dem vielen Geld. Sie heißt Heike. Ich mache gerade eine Woche Urlaub von meiner Ehe, das brauche ich ab und zu. Seht ihr das Zelt dort?«

Ich wies auf den Campingplatz auf den Dünen. Mein dottergelbes Zelt stand an einem sehr prominenten Platz mit Blick auf das Mittelmeer.

»Ist das das Zelt?«

Ich nickte. »Es hat mal Prinz Albert gehört. Er wohnt ja nicht weit von hier. Ich dachte, vielleicht kommt er vorbei und erkennt es wieder. Dann lädt er uns zum Essen ein.«

Die Mädchen lachten, dann gingen wir tatsächlich schwimmen. Ich habe vergessen, nach ihren Namen zu fragen.

MARITA UND JÜRGEN ALBERTS

ein stier und ein toter

Ein Krimi in zwei Stimmen

Nie wieder Abschlussfahrt, nie wieder. Nicht mit mir. Das waren die schlimmsten zwei Wochen meines Lebens. Und sie sind noch nicht zu Ende. Ein Höllentrip. Warum hab ich mich breit schlagen lassen? Hätten wir nicht nach Prerow fahren können? Auf den Darß, ins Fischland? Von mir aus auch nach Berlin. So wie früher immer alle Abschlussfahrten nach Berlin gingen. Aber da stand ja auch die Mauer noch.

Ich muss mit einem Verfahren rechnen. Vernachlässigung der Aufsichtspflichten. Wenn ich Glück hab, komme ich mit einem Eintrag in der Personalakte davon. Aber da muss ich schon verdammtes Schwein haben.

Wir fahren nach Spanien, hat H. gesagt. Ich hab ihn für verrückt erklärt. Warum soll ich ihn schützen? Er heißt Horst Kommer und ist mein Kollege. Spanien ist sein zweites Heimatland.

»Und wie willst du dahin fahren? 400 Stunden mit dem Bus, oder was?« Ich solle ihn nur machen lassen. Hinter meinem Rücken hatte er schon mit der Klasse 10a gesprochen. Großer Jubel. Obwohl ich die Klassenlehrerin war. Nichts zu machen. Er hat das eingefädelt. Die Flüge mit RyanAir sind ja so billig, da kommt kein Busunternehmer mit.

Und wohin in Spanien? An die äußerste, südwestliche Ecke – Costa de la Luz. Und warum? Weil da in der Nähe

173

Conil liege – da habe er sein Spanisch gelernt. Da könne man doch abends …

Ich hätte es wissen müssen. Mein Bauch sagte mir, Anna, lass dich von dem Typen nicht einwickeln. Aber dann sah ich schon die Buchung. Pro Schüler 55 Euro für den Flug. Hin und zurück. Nach Malaga und von da aus mit dem Bus weiter an die südliche Westküste Spaniens. Der Busunternehmer ist ein Freund von Horst. Hätte mich doch stutzig machen können, oder?

Aber nein, ich war froh, dass er mir alles abgenommen hat. Einen schweren Krach hatten wir in der Klasse, als die hörten, dass wir am Meer campen. Da gab's Krawall. Speziell die Kinder aus Hartz-4-Familien. Die haben am lautesten protestiert. »Wir wollen ins Hotel! Auf jeden Fall. Wenn es schon von der Behörde bezahlt wird …« Sozialhilfeadel in der dritten Generation, so nennen wir das hinter vorgehaltener Hand. Wenn sie schon mal verreisen, dann natürlich ins Hotel …

Da hab ich mich durchgesetzt. Entweder wir fahren zum Campen dorthin oder die Abschlussfahrt fällt aus. Basta. Was wäre mir erspart geblieben, wenn ich mich nicht durchgesetzt hätte.

Spanien. Geil. Ole ole ole ole. Wir kommen. Flug mit RyanAir. Geil. Rubbellose und Trara. Wir waren in bester Stimmung. Campen. Scheiße. Voll krass. Wie konnte uns die alte Schlampe dazu zwingen. Da wussten wir noch nicht, was da für ein Adventure auf uns wartet. Mega uncool.

Wir hatten die Rollen gut verteilt. Ekke war für den harten Stoff zuständig. Wodka, Whisky, sogar Rum. Hat sich echt Mühe gegeben. Wir durften ja Proviant mitnehmen. Was wir so brauchen. Und wir hatten jeder ein paar Büchsenmilchdosen dabei. Ohne Büchsenmilch. Kam gut, der hochprozentige Stoff.

Ich hab die Stablampen besorgt. Zum Nulltarif. Gibt bei uns so einen Elektrosupermarkt, dem fehlen jetzt ein paar davon. Fällt doch gar nicht auf in so einem Schuppen.

»Und wie sollen wir die Schüler zurückschicken, wenn die über die Stränge schlagen?«, hab ich Horst gefragt.

Da schaute er mich blöd von der Seite an. »Die werden sich schon benehmen«, hat er gesagt.

Jeder musste einen Schrieb von Zuhause abzeichnen lassen. Keine Drogen, striktes Alkoholverbot. Bei Zuwiderhandlung … Müssen wir machen, haben wir immer so gemacht.

Kaum saßen wir in Malaga im Bus, hat es dermaßen nach Schnaps gerochen, dass mir fast übel geworden ist. Wir sind von Sitzreihe zu Sitzreihe gegangen, haben aber nichts entdecken können. Keine Flasche, kleine Plastiktüten, nichts. Der Busfahrer konnte es nicht sein, der war total nüchtern.

Ich hab mir das Mikrofon geschnappt und deutlich zu verstehen gegeben, dass jeder, der beim Saufen erwischt wird … Großes Gejohle. Die haben mich regelrecht ausgezischt. Horst saß nur da und feixte. Warum ich mich so anstellen würde? Die würden doch zu Hause auch mal einen trinken. Ich sei ja wohl besonders prüde. Hätte er nicht von mir gedacht. Sonst würde ich auch ein Auge zudrücken. Irgendwann hab ich mich beruhigt. Was blieb mir anderes übrig.

Fünf Stunden später war meine Ruhe dahin.

Myri und Dani hatten rausgefunden, wie man von dem verschissenen Campingplatz wegkommt. Wir waren bestens präpariert. Keiner von den Alten hat was gecheckt. Die alte Schlampe schon gar nicht. Wir vier gegen den Rest der Welt. Wollten doch nicht in Spanien versauern. Da kommt man einmal im Leben dorthin und soll dann auf einem öden Campingplatz abhängen. Dachten wir jedenfalls. Da muss man Vorsorge treffen. Schule ist fürs Leben, oder? Nur dass Dani auf der Strecke geblieben ist, das war voll null.

Wir kamen auf den Campingplatz am Meer. Nur wir, war sonst keiner da. Lag wohl an der Jahreszeit. Was aber auch nicht da war, waren die sanitären Einrichtungen. Alle zerstört. Kein Stein auf dem anderen.

Der Mann, der uns den Campingplatz vermietete, besaß ein Restaurant, eine halbe Stunde Fußmarsch entfernt. Glücklicherweise hat uns der Busfahrer, wie gesagt ein Freund von Horst, die eine Strecke noch gefahren. Zurück mussten wir laufen.

Es sei ein schwerer Sturm gekommen, der hätte alles zerstört. Hat der Vermieter gesagt, aber keine Sorge, die Bauarbeiter seien schon unterwegs. *Manana, despues manana* oder so sei alles wieder im Lot. Man könne sich ja auch mal im Meer waschen. Ich hab ihm das auch noch geglaubt.

Als wir zurück auf den Platz kamen, war die Stimmung super. Den Schülern machte das gar nichts aus. Die waren schwimmen, hatten ihre Zelte aufgebaut.

Da kann man mal sehen, wie schnell die Alten aus der Fassung zu bringen sind. Keine Duschen, keine Toiletten, na super. Aber dafür im Paradies, so viel Freiheit war nie. Voll geil. Das Meer war noch warm, es lagen auch ein paar Surfbretter da rum. Die Sonne war voll am Scheinen. Was wollten wir noch? Gut, irgendwann würden unsere Vorräte ausgehen, aber wir wussten, wohin man sich davon schleichen konnte …

Schon in der zweiten Nacht war es so weit. Meine Stablampen, Halogenbirnen, volles Rohr, kamen zum Einsatz. Wir vier waren nach dem Gute-Nacht-Küsschen schnell wieder aus dem Zelt. Hat

keiner gecheckt. Ich glaube, dass der olle Horst und seine Anna selbst
einen im Tee hatten. Wir haben im Restaurant von dem Platzbesitzer
gegessen, danach sind wir zurück und alles war selig. Schienen sich
ja auch schon wieder am Riemen gerissen zu haben. Was der Horst
so an einem Abend wegschluckt. Da muss ein Trinker ganz schön für
nuckeln. Blieb nicht bei einer Flasche ... Anna hat mehr so verstohlen
getrunken. Wenn sie glaubte, dass keiner kuckt. Halb krass.

Kurz nach Mitternacht bretterten Mopeds über die Sandwege.
War das ein Gelände für Motocross, oder was? Wir haben uns
schön bedeckt gehalten, haben uns näher rangepirscht. Die Typen
gaben Lichtsignale. Aufs Wasser raus. Fast eine halbe Stunde lang.
Dann sind sie abgezwitschert. Das konnte ja heiter werden.

Wie versprochen, drei Tage später waren die Duschen und
Toiletten wieder einsatzbereit. Die Bauarbeiter haben Stielaugen gemacht, als sich unsere Schülerinnen da unter dem Strahl
tummelten. Ich hab gesagt, hier wird im Bikini geduscht.
Damit das klar ist ... Haben sie alle brav befolgt. Die Mädchen waren ja glücklicherweise noch empfänglich für meine
Anweisungen. Da hatte Horst es mit den Jungs schwerer. Die
lagen so apathisch am Strand, dass er ihnen Beine machen
musste. Schließlich wollten wir ja ein paar Ausflüge machen.
Gibraltar und die weißen Dörfer und einen Tag nach Sevilla.
Horst musste die Bande immer erst auf Trab bringen.

Was komisch war: Es hatte in der letzten Zeit keinen Sturm
gegeben, der die Sanitäranlagen hätte zerstören können.
Hätte ja auch mindestens einer der Kategorie Kathrina sein
müssen. Abends fragte ich den Chef des Restaurants danach,
der blieb dabei. Ich solle doch froh sein, dass wir nun wieder
duschen könnten.

Einige Schüler haben doch tatsächlich gefordert, in ein Hotel umzuziehen, wenn das mit den Duschen nicht geklappt

hätte. Das wäre ein Triumph für sie gewesen. Wir hätten doch gar kein Geld zum Umziehen gehabt. Miete für den Campingplatz und das Essen und die Busfahrten waren ja bereits ausgegeben.

Mitten in der Nacht hörte ich plötzlich Geräusche. Die Bauarbeiter, dachte ich sofort, die sind zurück gekommen und machen sich an die Mädchen ran. Aber die Geräusche klangen nicht menschlich. So ein starkes Schnauben. Mein Zelt bewegte sich heftig. Ich rief: »Horst, bist du wach?«

Kommers Zelt lag direkt neben meinem. »Ich bin wach. Hörst du das auch?«

»Ja, klar, ich bin doch nicht taub.« Toller Kollege, was? »Und was ist das?«

Da sagte er in aller Seelenruhe: »Das ist ein Stier. Bleib bloß in deinem Zelt. Ich werd den vertreiben.«

Ich hab den Reißverschluss ein bisschen aufgezogen. Es stimmte, da war ein Stier. Nicht so groß wie diese Osborne-Stiere, die hier auf den Hügeln stehen und Werbung für Brandy machen, aber groß genug, um einen ins Jenseits zu befördern.

Als ich am späten Vormittag den Wirt darauf angesprochen habe, sagte er, da müsse jemand das Gatter geöffnet haben. Es tue ihm leid, dass ich nicht habe schlafen können. Und dann ließ er so viel raus: Mit den Einwohnern des kleinen Dorfes sei er immer noch nicht warm geworden. Die würden ihn lieber heute als morgen zum Teufel schicken. Aber er lasse sich nicht vertreiben.

Als ich ihm sagte, die Schüler hätten schwer gemault, dass sie auf einen Campingplatz fahren sollten, aber jetzt seien sie froh darüber, hat er sich gefreut. Dann wäre doch alles wieder im Lot. Aber ich dachte, noch ein Stier und ich reise ab.

In der nächsten Nacht sind wir wieder raus. Hatten tagsüber schon ein Versteck angelegt. Volle Tarnung. Man muss ja vorsorgen. Da konnte uns niemand entdecken.

Wieder Mopeds, wieder Lichtsignale. Ich hatte mir ein Fernglas besorgt, zum Nulltarif. Die haben in Spanien so merkwürdige Supermärkte. Eroski-Center, ich dachte schon, das sei Dr. Müller oder wie hieß diese Tante aus Flensburg ... Da kriegste alles. Und als ich das Fernglas sah, hab ich es gleich geschnappt, können wir doch gut gebrauchen.

Auf dem Meer tauchten zwei Boote auf, fuhren ein paar Mal hin und her. Dani sagte, die bringen Leute von Afrika rüber. Menschenhandel, irgend so eine Scheiße. Da hatten wir uns aber getäuscht. Immer wieder Lichtsignale. Aufblinken, abblenden, aufblinken. Bis eins der Boote direkt auf den Strand fuhr, während das andere etwas weiter draußen wartete. Da saßen Männer drauf, die hatten schwere Kanonen im Anschlag. Konnte ich durch mein Eroski-Glas prima sehen. Da hieß es, keine falsche Bewegung, sonst wären wir vier alle draufgegangen. Nur Dani hat es erwischt, aber das hatte andere Gründe.

Als ich Horst erzählte, dass unser Wirt Schwierigkeiten mit den Dörflern habe und die wahrscheinlich auch die Sanitäranlagen eingerissen hätten, wollte er sich mal umhören. Schließlich ist sein Spanisch viel besser als meins.

Auf der Fahrt in die weißen Dörfer haben vier Schüler gepennt. Lagen in ihren Sitzen, total übermüdet. Ich dachte schon, hoffentlich haben sie nichts mit den Mädchen gemacht. Man kann ja nicht die ganze Nacht aufpassen ... Mir war auf jeden Fall ziemlich mulmig. Als ich sie in Vejer de la Frontera zur Rede gestellt habe, sagten sie nur, das gehe mich gar nichts an. Sie seien erwachsen. Ich hab dagegen gehalten: Ich sei für sie verantwortlich, selbst noch auf der Abschlussfahrt. Da haben sie mich höhnisch angegrinst. Wie gesagt, das war meine letzte Klassenfahrt. Auf immer und ewig.

Abends hab ich mich mit Horst im Zelt leise unterhalten. Ja, es stimme, der Besitzer habe nicht nur kleine Probleme am Hals, sondern sei schon mehrfach bedroht worden. Sie hätten ihm sogar schon zwei Mal das Auto abgefackelt. Er sei ein Störenfried. »Wahrscheinlich Konkurrenz«, sagte Horst, »die wollen niemand haben, der ihnen die Kunden wegschnappt.« Und schon gar keine Billigkunden, die mit RyanAir kommen, saufen und rumgrölen und die anderen Touristen verschrecken. Es hätte da einige Vorfälle mit englischen Schülergruppen gegeben. Wir könnten uns glücklich schätzen ... Na ja, glücklich schätzen, hab ich mir gedacht. Die Tage bis zu unserer Abreise habe ich gezählt.

Wir haben fast eine ganze Stunde gewartet, bis wir uns aus unserem Versteck getraut haben. Inzwischen wussten wir, was auf dem Boot angeliefert wurde: Stoff. Die haben den angelandet und die Typen mit ihren Taschenlampen haben den sich gekrallt und sind damit weggebraust. Volles Programm, ey.

Wir sind runter zum Strand. Plötzlich ruft Dani mit erstickter Stimme: Hier liegt noch was. War bestimmt ein halbes Kilo, wenn nicht mehr. Verkaufswert: wowwh, da muss eine Oma lange für stricken. Und statt das Säckchen zu nehmen und gleich damit zu verschwinden, hat Dani mit dem Taschenmesser einen Ritz reingemacht und sofort was probiert.

»Koks«, sagte er. »Das ist reiner Koks. Geil, was?«

Wir haben jeder ne Prise genommen. Astrein, Riesenstoff. Wahnsinnszeug. Noch nicht mit Babypulver verschnitten oder irgendeinem ähnlichen Mist.

Wir waren so was von high, als hätten wir zehn Stunden am Stück gechillt. Was sollte jetzt noch passieren. Scheiß auf Wodka,

Whisky, den blöden Rum, wir hatten eine Ladung Stoff, die muss-ten wir nur noch verticken und wir hätten mit dem Privatflieger nach Hause fliegen können.

Am nächsten Morgen war Dani tot. Von einer Felsenklippe gefallen. Mindestens zwanzig Meter hinab auf den Strand gestürzt. Die Polizei hatte ihn entdeckt und sich sofort an uns gewandt.

Die Jungs wollten nicht raus mit der Sprache. Aber Horst hat ihnen angedroht, sofort die Eltern zu verständigen und sie auf deren Kosten zurückzuschicken. Das hätte teuer wer-den können. Da war ich froh, dass ich Horst an meiner Seite hatte. Er hat mit der Polizei ausgehandelt, dass wir erst mal alleine versuchen zu klären, was da vorgefallen ist.

Ekke, Myri und Bolz gaben nach und nach auf. Das Koks-paket wollten sie unterwegs verloren haben. Sie seien halt to-tal durchgeknallt gewesen. Ihnen wäre gar nicht aufgefallen, dass Dani plötzlich nicht mehr da gewesen sei. »So zu sind wir gewesen«, sagten sie unisono.

Als ich dem Besitzer des Restaurants von der Sache erzähl-te, war der sehr still. Ich sagte, in was für Schwierigkeiten wir jetzt steckten. Ein toter Schüler auf der Klassenfahrt, das wird einiges nach sich ziehen. Und irgendwann kam er dann mit der Geschichte heraus, dass er ein Störenfried sei, weil er nicht mitmache.

»Wobei?«, fragte ich. »Bei dem Schmuggel.« Das ganze Dorf habe schon früher geschmuggelt. Alles, was sich lohn-te, wurde übers Wasser herangeschafft. Heute seien es eben Drogen. Auch die Polizei sei mit von der Partie. Jeder hält die Hand auf. Die Jungen besorgen das Technische und verteilen dann die Schweigeprämien. »Und weil ich mich weigere, da einzusteigen, wollen sie mich weghaben«, hat er gesagt. »Mit allen Mitteln. Auch der Stier neulich …« Wäre nicht das erste Mal gewesen, dass plötzlich ein Stier auf dem Campingplatz aufgetaucht sei. Deswegen hätte es auch gar keinen Zweck zur Polizei zu gehen, von denen würde niemand was unternehmen. Die halten doch selbst die Hand auf.

Wir mussten die Eltern informieren und dann dafür sorgen, Danis Leiche nach Deutschland zu überführen. RyanAir lehnte strikt ab, sie würden keinen Toten befördern, auch wenn der einen regulären Sitzplatz gebucht hätte.

War gar nicht einfach, den Koks mit nach Hause zu schaffen. Aber Myri hatte eine Super-Idee. Wir haben eine Pferdesalami ausgehöhlt und den Koks in einem Plastikschlauch in der Mitte versteckt. Wurde natürlich prompt bei der Einreise entdeckt. Die Bullen schienen wohl nur auf uns gewartet zu haben. Aber: Wer Gold an den Händen hat, dem wird alles zu Gold. Sie haben die Salami gesehen, mit dem Kopf gewackelt, von wegen Lebensmitteleinfuhr und so, aber sie wollten mal ein Auge zudrücken.

Jetzt liegen Ekke und ich im Krankenhaus. Beim Versuch, den Stoff zu verticken, sind wir mit Typen aus Ghana ins Gerangel gekommen. Ekke hat eine gebrochene Nase und ziemlich viele blaue Flecken am Körper, ich zwei ausgekugelte Schultern. Hätten wir den Stoff doch für uns behalten … manch schöne Reise wäre damit möglich gewesen … auch wenn sie das Camping-Adventure nicht hätte toppen können.

JOBST SCHLENNSTEDT

im sterben gefangen

Sommer 1997

Im ersten Moment spürte ich einen fürchterlichen Kopfschmerz. Keinen gewöhnlichen, eher einen der Sorte Kater und Prügelei am Vorabend. Doch dann nahm ich auch den Rückenschmerz wahr, der sich vom Steißbein bis zum Nacken zog. Ich blinzelte mit den Augen und eine warme Morgensonne blendete mich. Jemand öffnete eine Tür. Dann noch eine. Plötzlich lautes Geschrei, hektische Anweisungen, in fremder Sprache.

Ich versuchte mich aufzurichten, doch der Schmerz war zu groß. Während es mir gelang, langsam meine Augen einen kleinen Spalt zu öffnen, hörte ich plötzlich das Geräusch von klickenden Handschellen. Dann zogen mich unbekannte Hände an den Armen aus einem Auto heraus. Ich schaffte es gerade noch, einen Blick auf die Rückbank zu werfen. Ich verfluchte es sofort. Hätte ich bloß geahnt, welches Grauen sich mir bot, hätte ich die Augen fest verschlossen gelassen. Mir wären die Bilder dieser schrecklich zugerichteten, blutüberströmten Frauenleiche erspart geblieben.

Überall war Blut gewesen. Ich glaubte sogar, den süßlichen Geruch wahrnehmen zu können. Doch das Schlimmste war: Ich war mir sicher, die tote Frau schon einmal gesehen zu haben.

Sie brachten mich auf direktem Weg ins Gefängnis. Noch immer verstand ich kein Wort von dem, was die Carabinieri mir an den Kopf warfen. Sie versuchten es gar nicht erst mit

Englisch, geschweige denn auf Deutsch. Ohne mir meine Rechte mitzuteilen, hatten sie mich mitgenommen. Selbst meine beiden Kumpels, mit denen ich unterwegs war, hatte ich nicht mehr sehen dürfen.

Auf dem Weg in die Untersuchungshaft, oder wie auch immer die das hier nannten, versuchte ich zu rekapitulieren, was passiert war. Nach und nach kamen Erinnerungsfetzen hoch. Ich verspürte plötzlich Angst. Angst davor, was geschehen war. Angst davor, was ich womöglich getan hatte. Vor etwas mehr als vierundzwanzig Stunden hatte alles angefangen.

Es war zehn nach sechs in der Früh. Ich packte die letzten Sachen in meinen Golf und setzte mich hinters Steuer. Mein Kumpel Christian klopfte an die erste Dose Hansa Pils. Er öffnete sie mit einem wohlklingenden Zischen und trank sie in drei gierigen Schlucken aus. Er rülpste, zündete sich eine Kippe an und öffnete das nächste Bier. Gegen neun Uhr war er so voll, dass er den Rest unserer Odyssee ins tausendzweihundertfünfzig Kilometer entfernte Rimini komplett verschlief. Somit blieben Jens und ich übrig. Wir wechselten uns ab mit der Fahrerei. Das ging gut bis zur Grenze nach Österreich, dann wurde Jens mit einem Mal schlecht. Nachdem er sich auf dem Rasthof erbrochen hatte und kreidebleich zum Auto zurückgekehrt war, fuhr ich die letzten sechshundert Kilometer bis Rimini allein. In Österreich blitzten mich die Aasgeier mit hundertvierzig, während auf den italienischen Autobahnen die Devise *Der Stärkere gewinnt* zu gelten schien.

Am späten Abend erreichten wir endlich den Campingplatz *Campeggio Italia*. In direkter Nähe zum Strand. Wir hatten Glück und ergatterten einen der letzten freien Plätze. Allerdings gleich neben den Toiletten auf einer eher lieblos angelegten Grünfläche. Unser Hauszelt, ausgelegt für vier Personen, war relativ schnell aufgebaut. Nachdem es stand, fiel uns auf, dass wir eine entscheidende Kleinigkeit vergessen hatten: Die Bodenplane. In der Praxis bedeutete dies, dass wir auf der ausgedorrten Grasfläche schlafen und all unsere Sachen auf der staubtrockenen Erde lagern mussten.

Die sanitären Anlagen ließen zu wünschen übrig. Sie strahlten den typischen Charme der siebziger Jahre aus. Seit mehr als zwanzig Jahren war hier nicht mehr investiert worden.

Der Campingplatz platzte aus allen Nähten. Italiener, Franzosen, Holländer und vor allem Deutsche. Neben uns eine sechsköpfige Familie aus Thüringen in ihrem nagelneuen Wohnmobil. Vielleicht zum ersten Mal auf großer Reise. Zur anderen Seite zwei Mädels, etwas jünger als wir, vielleicht gerade mal achtzehn Jahre alt. Auch sie kamen aus Deutschland.

Am Nachmittag gingen wir an den Strand. Oder besser das, was der gemeine Rimini-Urlauber als Strand bezeichnete. Kilometerweit waren nur Liegen, trostlos dahin dümpelndes Adriawasser und im Hintergrund die Betonkulisse, mit der Rimini verschandelt worden war, zu sehen. Irgendwie hatten wir uns das anders vorgestellt.

Nach einem kurzen Sonnenbad und einer raschen Abkühlung in der warmen Adria-Brühe verließen wir den Strand und bummelten ein wenig entlang der Promenade. Wir aßen Spaghetti Carbonara in einem Restaurant in Strandnähe und zischten einige Birra. Obwohl wir kaum Geld besaßen, ließen wir es uns gut gehen und schauten nicht auf jede Mark, die wir ausgaben. Wenigstens für ein paar Tage im Jahr wollten wir unseren Spaß haben. Danach warteten wieder Studium und Jobs auf uns.

Im Hintergrund des Restaurants lief tonlos ein Fernseher. Gebannt verfolgten wir, wie Jan Ullrich gerade auf dem besten Weg zu seinem Triumph bei der Tour de France war.

Nach einer Runde Ramazzotti bezahlten wir und standen auf. Durch die Fenster war zu erkennen, dass die Sonne plötzlich hinter dicken Wolken verschwunden war. Ein Unwetter schien aufzuziehen. Als wir das Restaurant verließen, fielen auch schon die ersten Regentropfen. Wir rannten zurück zum Campingplatz. So schnell wie es unsere vom Alkohol wackligen Beine zuließen. Und doch viel zu langsam, um unser Zelt und unser Gepäck zu retten. Der Regen prasselte in Strömen vom Himmel. Blitze zuckten. Über der Adria grollte es. Wir waren klitschnass, als wir auf dem Campingplatz ankamen und mit ansehen mussten, wie sich mehrere große Rinnsale gebildet hatten, die unser Zelt unterspülten.

Das ganze Spektakel dauerte eine halbe Stunde, dann kehrte der Sonnenschein zurück. Der ausgedörrte Boden unter unserem Zelt trocknete schnell, aber Rucksäcke, Taschen und Schlafsäcke hatten sich längst mit Wasser vollgesogen.

Wir ließen uns den Tag trotzdem nicht verderben. Am Abend gingen wir los ins Stadtzentrum. Wir zogen von einer Bar zur nächsten, mussten uns gegen aufdringliche Animateure und Promotionheinis durchsetzen, um am Ende des Abends frustriert festzustellen, dass in Rimini hauptsächlich die Italiener unter sich feierten und sich für uns Deutsche kaum jemand interessierte. Gegen halb zwölf trafen wir in einem Club die beiden Mädels, die auf dem Campingplatz direkt neben uns ihr Zelt aufgeschlagen hatten. Jackie und Caro hießen die beiden, kamen aus Schwerin und waren gerade mal neunzehn.

Jackie war die Hübschere der beiden, sie gefiel mir mit ihren kurzen blonden Haaren, der braungebrannten Haut und einem tollen Körper. Da Jens und Christian sich größtenteils darauf konzentrierten, ihren Alkoholpegel konstant hoch zu halten, und Caro eher genervt wirkte, hatte ich freie Bahn. Ich flirtete und schleimte, was das Zeug hielt. Mit Erfolg. Keine zwei Stunden später knutschten Jackie und ich herum, als ob es kein Morgen gäbe. Die anderen hatten mittlerweile den Club verlassen und waren zurück zum Campingplatz gegangen. Jens und Christian wollten trotz allem in ihren feuchten Schlafsäcken auf dem harten Boden schlafen.

Jackie und ich tranken noch zwei Longdrinks und küssten und fummelten, dass es mir vor all den Menschen im Club schon fast peinlich war. Jackie ging ordentlich zur Sache, doch im Endeffekt fielen wir in der Masse der aufgeheizten Italiener gar nicht auf. Mit dem zweiten Drink stimmte etwas nicht. Ich spürte es sofort. Er schmeckte normal, aber nach ein paar Minuten bekam ich furchtbare Kopfschmerzen. Ich ging Richtung Toiletten und hielt meinen Kopf unter kaltes Wasser. Doch meine Schmerzen und das Schwindelgefühl wurden immer stärker. Ich torkelte zurück in den Club, suchte Jackie und zog sie mit nach draußen vor die Tür. Das Letzte, an das ich mich erinnern konnte, war ein aufgebrachter Italiener, der auf einen Türsteher losging. Danach war nur noch schwarz.

Ich sah, dass sich ein großes Tor öffnete und unser Wagen langsam weiterfuhr. Beim Anblick der hohen Gefängnismauern und Stacheldrähte bekam ich es mit der Angst zu tun. Ich reagierte panisch und wollte aufspringen, doch ein grimmig dreinschauender Carabiniere versetzte mir mit seinem Knüppel einen Schlag in die Magengegend. Mit schmerzverzerrtem Gesicht fügte ich mich in mein Schicksal. Es lautete:

Unschuldig eines Mordes angeklagt zu werden. Wer bloß hatte dieses Mädchen umgebracht? Und wie zum Teufel war es in mein Auto gekommen?

Meine Erinnerung endete kurz nach dem letzten Drink. Diese fürchterlichen Kopfschmerzen. Was war der Grund dafür gewesen? Hatte mir womöglich jemand KO-Tropfen ins Glas gemischt? Jackie? Oder jemand anderes?

Verdammt! Ich ärgerte mich. Keinerlei Erinnerung. Als hätte jemand meine Festplatte von einem Moment zum anderen gelöscht. Was war bloß geschehen zwischen dem letzten Drink und meinem Wiederaufwachen im Auto? War Jackie tatsächlich das Mädchen gewesen, das tot auf meiner Rückbank gelegen hatte? Ich war mir nahezu sicher.

Plötzlich verspürte ich eine Scheißangst, als sich die Tür des Polizeiwagens öffnete und man mich unter massiver Gewaltanwendung herauszog. Sie waren fest entschlossen, mich für den Tod dieses Mädchens zur Rechenschaft zu ziehen. Und ich war unfähig, auch nur irgendetwas zu meiner Verteidigung zu sagen. Was, wenn ich Jackie wirklich umgebracht hatte?

Ein Geräusch durchbrach meine Gedanken. Ein Klopfen. Ich blinzelte wieder, versuchte zu erkennen, woher das Klopfen kam. Wo waren die Carabinieri? In diesem Moment hätte ich sie mir herbeigewünscht, aber sie waren mit einem Mal verschwunden. Aus dem Klopfen wurde allmählich ein Hämmern. Immer lauter, immer durchdringender. Für einen kurzen Augenblick glaubte ich, dass die anderen Gefängnisinsassen den Lärm verursachten, indem sie mit ihren Fressnäpfen gegen die Gitterstäbe hämmerten. Doch dann schlug ich meine Augen auf, fuhr hoch und versuchte zu verstehen, was ich sah.

Ich saß hinter dem Steuer meines Golfs. Mit heruntergelassener Hose. Durch die Frontscheibe erkannte ich den
Wohnwagen der Ossis. Im Rückspiegel das Zelt der beiden
Mädels. Die Mädels. Jackie. Ich fuhr herum und blickte auf
die Rückbank. Nichts. Keine Jackie. Keine Frauenleiche.

Das Klopfen wurde lauter. Stimmen waren zu hören. Dann
wurde die Fahrertür aufgerissen und jemand zog mich heraus. Ein Polizist. Hatte ich etwa doch nicht geträumt?

Wortlos wurde ich zu unserem Zelt geschleppt, wo Jens
und Christian umringt von weiteren Carabinieri warteten.

»Was wollen die von uns?«, rief ich schon von weitem.

»Das solltest du am besten wissen«, antwortete Jens aufgebracht. »Was hast du mit ihr gemacht?«

»Mit wem?«

»Na, mit dieser Jackie. Sie ist verschwunden.«

»Keine Ahnung, wo sie steckt. Ich habe den totalen Filmriss.«

»Was weißt du denn noch?«

»Das Letzte, an das ich mich erinnere, ist dieser Club. Dieser Drink war irgendwie …«

»Ihr seid hier gewesen«, unterbrach mich Jens. »Ihr habt's
wie die Kaninchen auf dem Rücksitz deines Wagens getrieben. Der halbe Campingplatz hat Euch gehört.«

»Du machst einen Scherz, oder?«

Jens schüttelte den Kopf.

Scheiße. Verdammte Scheiße. Was um Himmels Willen war
letzte Nacht bloß geschehen? Und vor allem, wo war Jackie?

Plötzlich hörte ich wieder dieses Klopfen. Mein Kopf dröhnte. Die Schmerzen im Rücken waren kaum zu ertragen. Alles
um mich herum verschwamm zu einem unklaren Einerlei.
Ich blinzelte und hatte mit einem Mal erneut das Gefühl,
alles nur geträumt zu haben.

Das Klopfen wurde immer lauter. Immer energischer. Ich drehte mich zur Seite und blickte aus dem Fenster. Direkt in Jackies Augen. Ich erschrak, als ich ihr blutüberströmtes Gesicht sah. An ihrer Stirn klaffte eine große Wunde. Wieder überkam mich dieses Angstgefühl. Angst davor, dass etwas Schreckliches passiert war.

Das Klopfen wurde noch lauter. Die Stimmen um mich herum immer durchdringender. Ich blinzelte und fand mich auf einmal in einer anderen Szenerie wieder. Die warmen Pastelltöne des Zimmers, in dem ich mich zu befinden schien, wirkten beruhigend, dennoch ließ mich die Angst nicht mehr los.

Der Arzt, der sich über mich beugte, sah vertrauensvoll aus. Im Hintergrund erkannte ich Jens und Christian. Nach und nach verstand ich, dass all meine Sorgen unbegründet gewesen waren. Ich hatte lediglich geträumt.

»Hallo«, flüsterte ich.

»Bleiben Sie bitte ruhig«, antwortete der Arzt in schwer verständlichem Deutsch. »Alles, was Sie sagen, könnte gegen Sie verwendet werden. Die Carabinieri warten draußen.«

»Wovon sprechen Sie?«, fragte ich kopfschüttelnd. »Wo ist sie? Wo ist Jackie?«

Sie sahen mich nachdenklich an und wichen einen Schritt zurück. Es schien fast so, als hielten sie mich für verrückt. Komplett durchgedreht, wahnsinnig geworden. Vielleicht hatten sie Recht.

»Wahrscheinlich kann er sich infolge des Unfalls nicht mehr erinnern«, flüsterte der Arzt in Richtung Jens und Christian. »Er hat ein schweres Schleudertrauma.«

»Woran kann ich mich nicht mehr erinnern?«, fragte ich aufgeregt und versuchte mich aufzubäumen. Doch etwas hielt mich zurück. Ich sah an mir herunter und erkannte, dass ich festgeschnallt war.

Im nächsten Augenblick erreichte das Klopfen einen neuen Höhepunkt. Es hämmerte derart laut, dass ich mir reflexartig die Ohren zuhielt. Ohne Erfolg. Mein Kopf schien zu platzen. Ich riss die Augen auf und suchte nach bekannten Gesichtern. Doch erneut hatte sich die Umgebung geändert. Mit einem Mal waren da diese Bilder. Wie ein Film schossen sie in meinen Kopf. Eins nach dem anderen. Schrecklich und verstörend. Der Club. Der Drink und seine seltsame Wirkung. Jackie. Der Sex auf der Rückbank. Diese Schnapsidee, mitten in der Nacht zu diesem schönen Strandabschnitt zu fahren. Und dann dieses Auto, das uns entgegengekommen war und mich geblendet hatte. Dem Baum hatte ich nicht mehr ausweichen können.

Ich fühlte mich gefangen. Blickte angsterfüllt zur Seite und sah Jackie auf dem Beifahrersitz. Ich brauchte nur wenige Sekunden, um zu verstehen, dass sie tot war.

Jemand rüttelte an der Fahrertür. In der Dunkelheit erkannte ich Carabinieri und Rettungskräfte. Sie gestikulierten und schrien unverständliche Dinge in die Nacht. Es gelang ihnen jedoch nicht, die Tür meines zerstörten Golfs zu öffnen.

Ich sah an mir herunter. Noch immer gefangen im Gurt. Ich roch das Blut, das aus meinem Körper trat. Doch plötzlich wurden die Schmerzen weniger. Es war, als entspannte ich mit einem Mal. Dann realisierte ich, dass all meine abstrusen Albträume wohl nur ein Wunschdenken, das letzte Aufbäumen gewesen waren. Denn in der Wirklichkeit wartete in wenigen Sekunden der Tod auf mich.

ANTJER BÖKER

aus dem ruder gelaufen

Wo haben Sie sich kennengelernt«, fragte der Staatsanwalt. »Irgendwo, Herr Staatsanwalt, dort wo man jemanden kennenlernt, der pflichtbewusst seines Weges geht.« Was für eine Frage in diesem Zusammenhang, dachte ich.

Kennengelernt hatte ich Manni irgendwo in der Stadt. Er rempelte mich an, ich rempelte ihn an – ist ja auch egal, wer wen. Der kurze Augenblick des *Auf-die-Fresse-hauens* wich einem Gefühl der Neugier. Irgendetwas hat der Typ, was ich gebrauchen kann, dachte ich. So zogen wir gemeinsam los.

In der ersten Zeit waren es ein paar Bäckerläden, die des Nachts unseren Besuch bekamen. Tagsüber ging jeder zu seiner Schule, so man denn von einer Regelmäßigkeit sprechen konnte. Was gingen uns unsere Eltern oder die Lehrer an, die Anforderungen waren einfach nur Belastung.

»Irgendwo, Herr Staatsanwalt«, sagte ich, »Irgendwo on the road haben wir uns kennengelernt. Ist doch auch mistegal, Herr Staatsanwalt, was ändert es an der Tatsache? Was geschehen ist, ist geschehen. Tun Sie Ihre Pflicht, Euer Ehren, und dann bleiben Sie mir vom Acker. Sprechen Sie Ihren Wunsch aus und ich teile Ihnen meinen mit. Nur machen Sie es schnell, auf dem Weg zur Ewigkeit zählen die Minuten rückwärts und verlorene Zeit ist nun mal unwiederbringbar.«

»Was haben Sie sich dabei gedacht?«

»Was ich mir dabei gedacht habe, Herr Staatsanwalt? Ich habe mir gar nichts dabei gedacht, Herr Staatsanwalt. Ich habe einfach gehandelt und den Moment genutzt.«

Manni und ich waren heute mal wieder in dem Laden für Campingzubehör. Gefällt uns gut, der Schuppen.

Manni und ich fahren dann und wann schon mal raus zum Zelten, insbesondere wenn uns mal wieder die Decke auf den Kopf fällt, oder wir gewisse Dinge brauchen, die der Markt gerade dringendst benötigt.

Nun ja, der Laden ist recht groß und es gibt doch immer mal wieder Schnäppchen dort, oder man kann hübsche Verkäuferinnen dazu bewegen, etwas vom Boden aufzuheben, um es uns vorzuführen. Außerdem rechnet sich der Kleinkram, den der Camper immer so braucht. Zum Verkaufen meine ich, und günstig gibt es das Zeug ja in diesem Laden. Den Kleinkram kann man sich bequem in die Tasche stecken, denn außer der einen Kamera am Eingang gibt es keine weitere Überwachung. So kleine 50 Euronen schnappt man schon auf dem Markt für die Dinge, die in die Manteltasche passen. Die Typen kaufen uns gern immer mal ein Klappmesser, eine Taschenlampe oder ein paar Batterien ab.

So steckte ich mir gerade ein bisschen Kleinkram in die Manteltasche, als dieser Typ vorbeikam. Er sagte nichts, schaute mir nur interessiert zu und ging in Richtung Kasse mit seinem Gaskocher, den er gerade aus dem Regal in meiner Gasse genommen hatte. Manni holte sich den Taschengrill aus der Auslage, sowie wir es besprochen haben und wir gingen zur Kasse, um den Grill zu bezahlen. Der Typ mit dem Kocher stand da immer noch rum. Er bezahlte, nickte dem Kassierer nur leicht zu, wie ich bemerkte. Wir kauften den Grill und passierten die Kasse.

Plötzlich sagte der Kassierer zu mir: »Kommen Sie bitte mal mit nach hinten.«

»Gern«, sagte ich. So wie Manni und ich es seit Jahren machen, taten wir es auch heute. Kurz vor Erreichen der Kasse tauschten wir die Mäntel – wir tragen beide immer dieselben.

»Darf ich Sie bitten, die Manteltasche zu leeren?«, fragte der Kassierer.

»Warum?«, frage ich ihn provozierend.

»Der Herr dort hat bemerkt, dass Sie etwas eingesteckt haben, was ohne Bezahlung an der Kasse vorbei geschleust wurde.«

»Der Herr dort hinten«, äffte ich, »Wer ist der Herr dahinten?«

»Ein Kunde, ein Camper vom Platz am See« entgegnete der Kassierer und: »Ist doch auch egal.«

Nun ja, wenn er es denn so wünscht … Die Taschen leer, der Kassenmann wohl leicht säuerlich und beschämt.

»Es tut mir leid, hat der Herr wohl falsch beobachtet, wie kann ich es wieder gut machen, wie peinlich.« - Ach und je.

»Bei Ihnen klaue ich nichts mehr, darauf können Sie sich verlassen«, sagte ich zu ihm, die Sache ins Lächerliche ziehend.

Draußen wartete Manni in seinem Kombi. »Alles okay?« fragte er.

»Alles okay, Manni«, entgegnete ich. »Der Typ, der mich angeschmiert hat, campt am See.«

»Interessant,« meinte Manni. »Sehr interessant. Meinste er zahlt dir Schmerzensgeld?«

»Geniale Idee, Manni, denke ich auch gerade darüber nach. Wir finden den Heini – auf dem Platz stehen nicht so viele Wohnwagen.«

Am Nachmittag packten wir dann unser Zelt, den neuen Grill und ein bisschen Camperzeug, was so gebraucht wird, ein und fuhren zum Platz am See. Das Wetter war ganz nett, und so dauerte der Aufbau des Zeltes nicht länger als zwei Flaschen Pils. Danach machten wir es uns ein bisschen vor unserer Behausung gemütlich und beobachteten die anderen Camper.

Obwohl wir jeden mit unserem »Grüß Gott, Herr Camperfreund« begrüßten, wollte niemand so recht mit uns ins Gespräch kommen. Irgendwann später kam dann mal der Platzwart und meinte, wir sollten bitte etwas leiser sein. Lautere Gespräche könnte man abends am See machen, da dort eine große Party stattfinden würde. So beschlossen wir unseren Platz vor dem Zelt aufzugeben und ein wenig durch die Parzellen zu schlendern. Die Kiste Pils war ohnehin alle und so konnte man einem Streit mit dem blöden Platzwart aus dem Weg gehen. Meinen Freund aus dem Campingladen hatte ich beim Rumsitzen nicht gesehen. Also besser mal aufbrechen!

Zwischen den Wohnwagen und wenigen Zelten herrschte reges Treiben. Hier wurde gegrillt, dort ein Baby gewaschen, dann wieder spielten Kinder mit ihren Eltern Karten. Wir streunten ein bisschen zwischen den Plätzen der Dauercamper rum. Hier war wenig los. Manni musste nach dem vielen Bier mal pinkeln und verzog sich hinter einen Wohnwagen. Der Wohnwagen hatte einen kleinen Anbau, der nicht verschlossen war. Das übliche Versteck! Der Zweitschlüssel hängt fast immer über dem Türrahmen oder liegt unter einer Fußmatte. Er passte in die Wohnwagentür und als Manni wieder um die Ecke kam, machten wir es uns ein bisschen bequem in der Kiste.

Wie luxuriös, dachte ich. Wenn man mal ein bisschen mehr Bares schnappt, kaufe ich mir auch so ein Ding.

Erst einmal jedenfalls fanden wir im Kühlschrank ein paar Bier, die uns gut taten. Mit dem Küchenmesser aus der Besteckschublade ritzten wir dann unsere Namen in die Tür des Kleiderschrankes: Manni B. + Klaus H. 2011. Ich ging nochmal kurz raus in den Anbau und holte die Dose mit dem Bauschaum. Nachdem wir den Toilettendeckel im Wohni damit zusammengeklebt hatten, sprühten wir den Rest in den Kühlschrank – so würde die Tür auch besser halten, zumindest von innen. Manni nahm dann noch eine Flasche Spiritus aus dem Küchenregal und platzierte diese hinter die Verkleidung der Heizung. Mehr war wirklich nicht!

Wir sind dann raus, wollten vor der Abendfeier am See noch ein kleines Nickerchen im Zelt machen. Und da sahen wir ihn, den, der mir Schmerzensgeld schuldete wegen falscher Anschuldigungen!

Manni meinte, ich solle ihn ansprechen, aber ich wollte mir das doch für die Nacht aufheben. »Lass man, Manni, den besuchen wir später«, sagte ich. Der Typ hatte uns jedoch erkannt. Irgendwie wechselte er die Hautfarbe, sagte aber nichts, verschwand dann schnell in seinen Wagen. Der größte Wohnwagen auf dem Platz übrigens!

Die Party am See war wirklich genial! Wir sind um 22 Uhr rübergegangen und haben uns eine Flasche Korn mitgenommen, da es an den Ständen einfach zu teuer war. Auf dem Weg vom Platz zum See klaute ich noch einem älteren Herrn das Handy aus der Manteltasche. Ohne Simkarte geht so was immer gut weg am Bahnhof und ältere Leute haben ihr Handy meistens bar bezahlt.

»Wer war die treibende Kraft?«, fragte der Staatsanwalt.

»Die treibende Kraft«, Herr Staatsanwalt? Nun jeder trieb für sich und wir beide zusammen die Treibjagd.«

Der Staatsanwalt fühlte sich scheinbar verarscht, verstand ohnehin nichts, war eben nie selbst on the road gewesen.

Nie hätte ich mir die Blöße gegeben, zu sagen, dass ich die treibende Kraft gewesen war. Warum auch, es stimmte ja nicht. Eine Idee zündete immer sofort in unseren beiden Köpfen. Wir sahen uns an und dann machten wir es einfach.

Ich weiß dann auch nur, dass ich morgens gegen 5 Uhr in der Polizeiwache wieder zu mir kam.

Was genau im Zeitraum zwischen Party und der Zelle lag, setzte sich erst bruchstückhaft und dann doch wieder recht präzise zusammen, als der Staatsanwalt mich gezielt danach fragte: »Und in der vergangenen Nacht, die Sie letztendlich auch zu uns geführt hat, was genau ging da ab?«

»Ja, was genau ging da ab, Herr Staatsanwalt. Es war einfach eine normale Nacht, ähnlich den vielen vorher, nur das scheinbar etwas leicht aus dem Ruder lief. Wir wollten uns nur ein paar Handys holen und vielleicht etwas Bargeld. Wir haben am See gefeiert, irgend so eine Party eines Radio-senders. Viele Leute da, auch vom naheliegenden Camping-platz. Irgendwann bekamen wir dann Hunger. Wo hätten wir ausführlicher speisen können, als bei den Campern, dachten wir. Die haben immer etwas zu essen im Wagen, Herr Staatsanwalt, wir hatten ja nichts in unserem kleinen Zelt. Und Bier und Handys und Bargeld und was sonst noch zu Geld zu machen ist, haben die da auch. So gingen wir dann rüber zum Campingplatz und suchten uns den größten Wohnwagen aus, der auf dem Platz stand. Den Typen, dem der Wagen gehörte, kannten wir ja. Er schuldete mir ohne-hin noch etwas, da er mich am Vormittag in einem Geschäft fälschlicherweise beschuldigt hatte, etwas geklaut zu haben.

Jedenfalls waren die Leute gar nicht nett, als wir sie aus dem Schlaf klopften. Ich bat die Alte, uns etwas zu essen zu machen, da mit ihrem Alten noch etwas eingehend zu besprechen sei. Das gefiel dem Typen ganz und gar nicht und er meinte, wir sollten seine Frau in Ruhe lassen und er würde die Polizei rufen und so weiter. Nach einem kurzen aber heftigen Wortwechsel mussten wir ihm dann was aufs Maul geben. Nun gut, ein bisschen zu hart, vielleicht, Herr Staatsanwalt, aber es war Ruhe im Waggon. Zu essen gab es jedenfalls nichts, uns war auch der Appetit vergangen. Das dauernde Gezeter der Alten ging uns auf die Nerven und so klatschten wir ihr auch noch eins. Dann suchten wir uns noch raus, was man sonst noch gebrauchen könnte. Wir haben deren Hund mit raus genommen und dann den Wohnwagen angesteckt. Ich nehme an, dass die beiden Alten es irgendwie nicht mitbekommen hatten, dass es heiß wurde, oder sie waren eingeschlafen, oder hatten sich noch nicht recht von unserer Bitte nach etwas Essbaren erholt. Ist ja auch egal, Herr Staatsanwalt. Mein Gott, wie knallte das Ding ab, als es die Gasflaschen erwischte. Ein paar Sekunden später wurde es erst richtig lustig auf dem Platz, Herr Staatsanwalt, wirklich lustig, hätten Sie auch gesagt. Dutzende Menschen rannten, halbnackt, nackt oder nur im Schlafanzug über den Platz, schrien hektisch nach Hilfe, versuchten vergeblich den Leuten im brennenden Wohnwagen zu helfen, riefen nach der Feuerwehr und dem Platzwart und allem Denkbaren, was ihrer Meinung nach helfen könnte. Richtig gut ging es da ab, Herr Staatsanwalt. Hätten diese blöden Polizisten nicht den Eingang zum Platz zugemacht, um zu kontrollieren, wer sich dort aufhielt, wären wir nie aufgeflogen. Manni hat dann ja noch versucht, den Platzwart dazu zu bewegen, ihn durch den Notausgang rauszulassen, was aber gründlich misslang – Manni hatte ihn wohl zu hart angefasst – aber deshalb bin ich jetzt ja wohl auch hier, Herr Staatsanwalt, oder?«

Mir gefiel es nicht so gut, als der Staatsanwalt dann meinte, ich müsste noch ein bisschen hier ausharren. Vielleicht ein paar Jährchen, sagte er, aber das würde sich zeigen.

GUIDO M. BREUER

wenn es nacht wird in der eifel

Ich habe noch niemals ein schwarzrotgoldenes Tuch gehisst. Auch keine Ferrari-Fahne. Eine besondere Abneigung hege ich gegen stinkende Holzkohlegrills und stolz zur Schau getragene Bierbäuche, nackt oder im verdreckten Feinripp.

Ich konnte nie verstehen, warum man sich freiwillig auf eine parzellierte Wiese begibt, um unter Fluchen und Zetern mit einem unübersichtlichen Kuddelmuddel von Gestängen und Zeltbahnen zu kämpfen oder sich stattdessen, weil dies dann doch gar zu unbequem erscheint, einen mobilen Blechcontainer hinstellt, der so geräumig wie das halbe Zimmer eines Stundenhotels ist und den Charme der Abstellkammer meiner Urgroßmutter hat.

Ich verrichte meine Notdurft ungern in einer roh zementierten, dreckigen und spinnenverseuchten Baracke, in der es nach Pisse, Bierschiss und Klosteinen stinkt. Wenn ich duschen will, kaufe ich mir nicht vorher ein paar perforierte Münzen, die ich in einen Automaten einzuwerfen habe, nur damit das warme Wasser genau in dem Moment stoppt, wenn ich komplett eingeseift in einer glitschig-muffigen Kabine stehe. Wenn mir jemand vorschreiben will, welche Art von Geräuschen ich zwischen zwölf und vierzehn Uhr emittieren darf, bekomme ich Mordgelüste.

Mit anderen Worten: Ich hasse Camping.

Gestatten Sie, dass ich mich nicht vorstelle. Aber für den Fall, dass Sie die Illusion bevorzugen, sich den Erzähler einer Geschichte als namentlich bekannte Person vorstellen zu können: Mein Name sei Klopfer.

Gerne würde ich damit beginnen, dass es ein typisches Eifeler Sauwetter war, als wir an diesem Campingplatz ankamen, mit einem für die Jahreszeit viel zu kalten Nieselregen und drohendem Gewitter. Würde irgendwie zu der Geschichte passen, finde ich. Tatsächlich aber war es sonnig und warm, ein lauer Wind strich über die Wipfel der Bäume. Ein paar kleine weiße Wolkenfetzen trieben gemächlich über die bewaldeten Hügel hinweg, schienen kurz über der mächtigen mittelalterlichen Burg, die über den steilen Sandsteinfelsen thronte, verweilen zu wollen und lösten sich dann im strahlend blauen Himmel auf. Der Campingplatz lag verschlafen im grünen Tal der Rur, die bei Nideggen durch die Nordeifel floss. Was sie vermutlich immer noch tut. Wir hatten von Köln bis hierhin gerade mal eine Stunde gebraucht. Wir, das waren ich und mein Partner Bambi, ein Zweimetermann mit einer Körpermasse, die kaum hinter das Lenkrad des Minivans passte, in den wir eine nagelneue Campingausrüstung geworfen hatten. Bambi ist dumm wie ein unpaniertes Schnitzel, aber treu. Er gehört zu der angenehmen Sorte dummer Menschen, die sich ihrer Beschränktheit bewusst sind und deshalb ohne Lamentieren bedingungslos einem Schlaueren folgen, dem sie vertrauen. Und der bin ich.

Wir durchfuhren die Schranke, die den Campingplatz von der Außenwelt trennte. Ich wies Bambi den Weg zur Anmeldung. Er ließ sich nicht von dem Greis ablenken, dessen zitternde Hand über eine Leine mit einem Dackel verbunden war und der mit seiner freien Linken wild gestikulierte. Der Alte rief uns etwas zu, was sich anhörte wie »um diese Zeit nicht fahren«.

Was für ein Blödsinn. Es sei denn, er hätte das Zelt, unseren nagelneuen und riesigen edelstählernen Schwenkgrill, den mobilen Kühlschrank und den ganzen anderen Kram tragen wollen. Inklusive Bambi, denn mein großer Freund geht keinen Meter freiwillig zu Fuß, es sei denn, ich ordne es an. Und das tat ich natürlich nicht. Wenn die Einfahrt in der Mittagszeit verboten gewesen wäre, hätte man diese dämliche Schranke verschließen sollen. Unser Van rollte langsam über den Kiesweg. Bambi hielt auf mein Geheiß an einer Ecke, wo ein Schild uns darauf hinwies, dass dort die Formalitäten zum Bezug unserer Parzelle zu erledigen wären. Was ich tat.

Eine halbe Stunde später beobachtete ich unsere Wochenend-Nachbarn dabei, wie sie ihrerseits Bambi beim Aufbau des Zeltes beobachteten.

»Der Riesenkerl passt doch gar nicht in dieses kleine Zelt«, hörte ich ein grauhaariges, etwas ungepflegt wirkendes Weib zu ihrem schmerbäuchigen, glatzköpfigen Mann flüstern.

»Wenn er es denn heute noch zum Stehen kriegt«, flüsterte die Glatze zurück und grinste. Das Grinsen fror ein, als der Dackel, den ich am Eingang gesehen hatte, dumm dreinglotzend und mit zitterndem Hinterteil einen kleinen Haufen absonderte. Die Glatze blaffte den Alten, der am anderen Ende der Hundeleine hing, an: »Sach mal Willi, siehste nich, dat dein Köter auf meine Wiese scheißt?«

»Doch«, sagte Willi und machte ein ausdrucksloses Gesicht, dem seines Hundes nicht unähnlich. Als ich sicher war, dass das Gespräch damit für ihn beendet war, fügte er doch noch hinzu:

»Meine Lisbett macht dat gleich weg.«

»Nicht gleich, mein Freund«, konterte die Glatze. »Jetzt!«

»Lisbett macht doch selber gerade«, grinste Willi und zog den Hund mit sich fort, obwohl der offenbar gerne noch etwas nachgelegt hätte. Unter der Glatze hellte sich die Miene nun auch wieder auf, also war die Angelegenheit zur Zufriedenheit aller geregelt. Abgesehen von Lisbett vielleicht, aber darüber machte ich mir in diesem Moment schon mehr Gedanken als mir lieb war.

»Die Platzordnung ist in Bezug auf Hunde doch wohl eindeutig«, schnitt eine messerscharfe Stimme durch die Szene. Ein Mann trat hinzu, gekleidet in eine verwaschene kurze Hose und ein Hemd, das ansonsten wohl gewohnt war, mit Anzug und Krawatte kombiniert zu werden. Aus der Hose stachen zwei dürre, schneeweiße Beine hervor, die an altmodischen Socken mit Rautenmuster und ausgelatschten Sandalen endeten.

»Ach nee, der Oberstaatsanwalt«, knurrte der Teckelbesitzer im Weggehen. »Heinrich, lass doch den Willi in Ruhe, der Haufen wird gleich entsorgt werden«, sagte eine dürre, braungebrannte Frau mit auffallend schwarz gefärbtem Haar. Ich betrachtete ihr tief zerfurchtes Dekolleté und die vermutlich vor Jahren einmal vergeblich gestrafften Brüste, die in einem geblümten, viel zu knappen Bikini hingen. Diesen Anblick fügte ich in Gedanken noch der eingangs erwähnten Liste der mir verhassten Attribute des deutschen Zelt- und Lagerwesens hinzu. Dann konzentrierte ich mich auf Heinrich, den Oberstaatsanwalt. Sein Gesicht wurde von einem Riesenzinken beherrscht, über dem kleine, stechende Augen blitzten. Das verlieh seinem Konterfei etwas Geierähnliches. Er strich mit einer kontrolliert erhabenen Handbewegung sein Hemd glatt, so als hinge eine Robe darüber, und kommentierte mit seiner unangenehm eisigen Stimme, die sich in einem Gerichtssaal vermutlich furchteinflößend ausnahm: »Henriette, wir hatten uns doch darauf geeinigt, dass jeder nur darüber spricht, wovon er etwas versteht. Also schweige bitte.«

Henriette senkte ihren Blick und tat, wie ihr geheißen. Bambi hatte mittlerweile beschlossen, dass das Zelt fertig aufgebaut sei, und hievte den mächtigen Schwenkgrill aus dem Wagen.

»Respekt«, kommentierte die Glatze. »Auf das Ding passt ja ein ganzes Schwein.«

»Yep«, brummte Bambi und begann, die Grillkohlesäcke auszuladen.

Ich fügte hinzu: »Dafür wäre unser Grill in der Tat prädestiniert. Jedoch – Bambi und ich sind Veganer und essen nichts vom Tier.«

Es entstand eine Stille, die man sich eigentlich nur in Verbindung mit dem Ticken einer Zeitbombe, zwei Sekunden vor der Explosion, vorstellen konnte. Dann prustete die Glatze los:

»Nichts vom Tier? Bambi? Ich werf mich weg!«

»Haben Sie etwas dagegen, dass mein Partner Bambi heißt?«, fragte ich so sanft wie möglich. »Ich bin übrigens Klopfer.«

Nach einer Sekunde brach schallendes Gelächter los.

»Büb«, stellte der kahlköpfige Alte sich vor, als er endlich ausgegrölt hatte, und hob die Hand zum Gruß. »Sagt mal Jungs, ihr seid doch bestimmt schwul, oder?«

»Ooooch«, machte Bambi und sah mich unglücklich an. Ich kraulte meinen Bart, setzte ein verständnisvolles Lächeln auf und antwortete: »Sowas gibt's hier wohl eher nicht, oder?«

Bübs Frau schaltete sich ein: »Doch o wohl, wir haben hier alles. Auf Platz dreißig liegen zwei nette Herren. Sie sind sehr ordentlich und sauber, zu allen freundlich und stören niemanden.«

»Das würde ich Siegfried und Roy auch nicht raten«, kommentierte ein Mann, der mit einer Bierflasche in der

Hand zu der kleinen Gruppe gestoßen war. Er strich über seine dichte Brustbehaarung und kratzte sich anschließend eine Stelle seiner Badehose, die glücklicherweise unter dem herabhängenden Bauch nicht zu sehen war. »Gunter«, sagte er und prostete mir mit dem Stubbi zu. Anerkennend wies er dann in Richtung des von Bambi in seiner ganzen Größe aufgerichteten Schwenkgrills. »Mein lieber Scholli, das Ding muss genutzt werden. Da wissen wir doch, wo wir uns heut Abend zum Grillen treffen, oder?«

»Kein Problem«, sagte ich. »Wenn ihr nichts dagegen habt, dass Bambi und ich nur Gemüse zubereiten. Wenn ihr euer Fleisch mitbringt, müsst ihr Bambi fragen, ob er nichts dagegen hat, wenn totes Tier auf seinen Rost gelegt wird.«

»Yop«, brummte Bambi. »Ich grille auch Aas.«

Die Runde lachte, und innerlich zog ich vor meinem Partner den Hut. Den Spruch hatte ich ihm gar nicht beigebracht.

* * *

Ein paar Stunden später war die Sonne hinter dem Bergrücken verschwunden. Die Wärme des Tages wich einer feuchten, kühlen Luft, die vom Fluss über die Wiesen zu uns herübergekrochen kam. Doch davon spürten wir nichts, seit Bambi die Grillkohle zum Glühen gebracht und sich eine illustre Schar von Campern um das Stahlmonster geschart hatte. Oberstaatsanwalt Heinrich beanspruchte die größten Redeanteile für sich und duldete keine Parallelgespräche. Seine Frau Henriette hatte ein Einsehen mit mir gehabt und sich etwas übergezogen, das ihren von Alter, Sonnenbank und plastischer Chirurgie gezeichneten Körper verhüllte. Die Glatze hieß tatsächlich Büb und war ein pensionierter Drucker, der beinahe, aber auch nur beinahe, mehr über die Herstellung von Pralinenschachteln wusste als über den richtigen Einschlagwinkel von Zeltheringen in lehmigen oder sandigen Böden. Bübs Frau entpuppte sich als Kennerin der Pflege von Kederschienen an Wohnwagen. Ich erfuhr an diesem Abend zwar nicht ihren Namen, dafür jedoch wurde ich Zeuge ihrer erstaunlichen Fähigkeit, innerhalb weniger Stunden sowohl einen Alemannia-Aachen-Schal zu stricken als auch gleichzeitig ein halbes Dutzend Streifen Schweinebauch und die gleiche Anzahl Rostbratwürste zu verschlingen. Siegfried und Roy hießen in Wahrheit Gerd und Roland, sie lächelten meist still vor sich hin und warfen nur selten ein Wort in die Runde. Falls sie etwas besonders gut konnten, behielten sie es für sich. Willi und Lisbett beschäftigten sich den ganzen Abend damit, ihren Teckel mit Schaschlik zu füttern und sich mit einem Getränk namens Schlehwittchen zu betrinken, das in Form mehrerer Flaschen ständig kreiste und mir die Falten aus dem Skrotum zog. Gunter wollte unbedingt mit seinem neuen Handy ein Video erstellen, das Klopfer und Bambi mit Schlehwittchen zeigte. Das passte mir gar nicht. Ich versuchte es erst mit dem Hinweis darauf, dass Bambi Antialkoholiker sei, dann mit der Androhung, sein verdammtes Handy in die Büsche zu schmeißen, und letztlich tat ich das auch. Gunter war zu diesem Zeitpunkt jedoch bereits so besoffen, dass er mir dies nicht übelnahm, sondern kichernd vom Klappstuhl sank und ins Dunkle krabbelte, wo er sein Gerät vermutete.

Er wurde danach nicht mehr gesehen.

Gunters Frau hieß Elvira, bestach durch enormen Bierkonsum und sprach kein Wort. Dafür konnte sie mit geschlossenem Mund enorm langandauernde Rülpser produzieren. Irgendwann ging sie ins Bett, kurz nachdem Oberstaatsanwalt Heinrich begonnen hatte, mit seinem letzten großen Fall anzugeben. Er prahlte:

»Der sogenannte Pate vom Rursee bildet sich ein, das organisierte Verbrechen im Rheinland beherrschen zu können. Ich werde ihm im Gerichtssaal nächste Woche das Handwerk legen, dem kleinen Provinzgauner.«

»Pate vom Rursee?«, fragte ich. »Hört sich witzig an.«

Heinrich streckte seine Streichholzbeine aus und erläuterte: »Der Mann heißt Wladimir Slotin. Kleiner Zuhälter, der über viele Jahre sein Geschäft langsam, aber sicher ausgeweitet und sich nun in Bereiche gewagt hat, in denen er es mit mir zu tun bekommt. Er haust eigentlich in Köln, hat aber ein Boot auf dem Rursee, von dem aus er oft seine krummen Geschäfte führt, daher der Spitzname.«

»Ihr habt hier schon schräge Vögel«, meinte ich und knabberte an einer halb verkohlten Auberginenscheibe. »Ich wette, das kommt vom vielen Fleischfressen. Das macht einen schwabbelig im Bauch und matschig in der Birne!«

Es folgte ein heftiges Dementi aller, egal wie viel Fleisch oder Bier sich gerade im Schlund befand. Heinrich entzog den anderen mit einer energischen Handbewegung das Wort und heftete seinen stechenden Blick, der allerdings schon leicht durch Bitburger Pils und mehrere Portionen Schlehwittchen getrübt war, auf mich.

»Mein lieber Klopfer«, sagte er. »Fleisch ist ein Stück Lebenskraft.«

»Ja klar«, winkte ich ab. »Und Frischmilch macht müde Männer munter. Heinrich, mir graut vor dir, möchte ich sagen.«

Der Oberstaatsanwalt war es offensichtlich nicht gewohnt, dass man ihm widersprach, und erhob seine Stimme nun fast drohend. »Klopfer, so lasse ich dir das nicht durchgehen. Ihr Veganer seid mir einfach zu extrem. Extremisten jedweder Couleur sind eine Gefahr für das Gemeinwohl. Wenn ihr uns den Fleischgenuss genommen habt, was kommt dann? Trinken? Kleidung? Atmen?«

»Lass gut sein, mein lieber Heinrich«, meinte ich und stand auf. »Schau mal, als Entschuldigung und weil du auch besoffen noch so eindrucksvoll argumentieren kannst, öffne ich dir nicht nur mein Herz, sondern auch meine Lieblingsflasche. Bambi, reiche mir mal bitte den Glendronach.« Bambi sagte »Yep«, trat vom Grill an den Wagen und kam mit einer Flasche zurück, die ich dem Staatsanwalt unter die Nase hielt. »Das ist ein fünfzehn Jahre alter Schotte, der als Entschuldigung für meine extremistische Entgleisung bestimmt ausreichen wird. Ein feiner Stoff, nichts für Willi und Gunter, die alten proletarischen Schnapsnasen.«

Heinrich nahm mir die Flasche aus der Hand, öffnete sie und sog das Aroma des Whiskys ein. »Ah, wunderbar«, sagte er.

»Ich glaube, Klopfer, ich habe dich unterschätzt.« Dann legte er den Kopf in den Nacken und ließ den guten Schotten aus der Flasche in den Mund laufen.

»Heinrich!«, sagte Henriette. Der Oberstaatsanwalt setzte kurz ab, atmete tief durch und nahm dann noch einen Schluck. Ein kaum wahrnehmbares Lächeln zeichnete sich unter seinem Geierschnabel ab. Er proklamierte feierlich: »Euer Ehren, es hat sich eine neue Beweislage ergeben. Die Staatsanwaltschaft beantragt Einstellung des Verfahrens. Der Angeklagte ist unverzüglich auf freien Fuß zu setzen. Das Beweismittel wird vom Oberstaatsanwalt persönlich vernichtet.«

Daraufhin nahm er einen weiteren Schluck und reichte mir die Flasche. Ich tat es ihm nach und gab den Glendronach sofort wieder zurück. Wir setzten uns wieder hin, und die Flasche wechselte noch einige Male hin und her. Niemand traute sich zu fragen, ob er auch eine Portion abbekommen könnte. Als die Flasche zur Neige ging, war der Oberstaatsanwalt hochachtungsvoll, und mir erging es ähnlich. Der Rest der Runde hatte sich längst verabschiedet. Heinrich versuchte sich zu erheben, scheiterte aber kläglich. Bambi trat an ihn heran und hob ihn auf, als sei der Alte leicht wie eine Feder. Ich wollte nur noch ins Zelt kriechen und meinen Rausch ausschlafen.

»Bambi, mein Guter«, sagte ich. »Tust du mir bitte den Gefallen und entsorgst unseren Oberstaatsanwalt, wie es sich gehört.«

»Ja, mein guter Bambi«, wiederholte Heinrich lallend.

»Yop«, sagte Bambi und trug den Alten fort. Ich kroch ins Zelt und legte mich in den Schlafsack.

Es war gut, Bambi dabei zu haben. Er würde allein zurechtkommen. Ich war besoffen und rechtschaffen müde. So schlief ich beinahe augenblicklich ein.

* * *

Ich weiß nicht, ob mich die Hitze weckte oder der Lärm. Vermutlich beides. Die Sonne stand bereits hoch am Himmel und knallte heiß aufs Zelt. Ich riss den Schlafsack auf und kroch zum Eingang. Draußen war ein ziemlicher Betrieb, lautes Stimmengewirr, Menschen riefen allerhand durcheinander. Ich rieb mir den Schlaf aus den Augen, kratzte meinen Bart, der ziemlich am Hals juckte, und fragte: »Was ist hier los?«

Bambi, die treue Seele, reichte mir eine Tasse frisch aufgebrühten Kaffee. »Yop«, sagte er. »Der Heinrich wird vermisst. Und der Gunter.« Ich trank einen ersten Schluck. Das weckte die Lebensgeister und vertrieb den Nachgeschmack von Bitburger, Schlehwittchen und Whisky. Ich hatte die Tasse in Ruhe geleert, als ein Schrei über den Campingplatz gellte: »Da liegt einer!«

In den Büschen, die kaum zehn Meter neben unserem Zelt standen, liefen mehrere Leute zusammen. Ich erkannte Henriette, Lisbett und Elvira, dazu kamen Siegfried und Roy. Sie hoben eine Gestalt vom Boden auf, die leblos wie eine Puppe schien. Doch dann bewegte sich die Gestalt, und man sah, wie Gunter langsam das Bewusstsein wiedererlangte. »Leck mich«, hörte ich ihn sagen. »Ich bin immer noch blau wie ne Eule. Demnächst bleib ich beim Bier. Scheiß Schlehflittchen!«

Seine Frau schalt ihn lautstark, begleitet von schadenfrohem Gelächter der Kollegen Büb und Willi, die dazugestoßen waren. Dann löste sich die Runde auf. Zurück blieb, etwas unsicher umherblickend, Henriette. Siegfried und Roy versuchten sie zu trösten. Ich ging zu ihnen hin und fragte, wo denn der Heinrich abgeblieben sein könnte. Freimütig erzählte ich, dass ich wohl die Hauptschuld daran trug, dass der Oberstaatsanwalt so versackt sei, immerhin hatte ich bis zuletzt mit ihm die Flasche Glendronach verarbeitet. Henriette gab zu, dass Heinrich immer schon das Laster gehabt habe, einem guten Whisky nicht widerstehen zu können, das sei sogar im Kollegenkreis bekannt. Ich beruhigte sie mit den Worten, er werde ähnlich wie Gunter irgendwann schon wieder auftauchen. Siegfried und Roy stimmten mir zu. Dann ging ich zum Zelt zurück, um noch eine Runde zu schlafen. Dort schnarchte allerdings schon Bambi, der wohl auch einiges an Schlaf nachzuholen hatte. Ich griff mir eine Decke und legte mich in den Schatten eines Baumes.

* * *

Als ich zum zweiten Male an diesem Tag erwachte, standen zwei Uniformierte vor oder besser gesagt über mir.

»Ist er das?«, hörte ich den einen fragen.

»Ja«, antwortete eine Frauenstimme. Als ich ganz bei Sinnen war, erkannte ich Henriette, die hinter zwei Polizisten stand.

»Sie haben gestern den Herrn Oberstaatsanwalt Dr. Heinrich Trautmann zuletzt gesehen?«, fragte der Ältere der beiden.

Ich richtete mich auf. »Ich nehme es an, Herr Wachtmeister«, sagte ich, die drei Sterne auf seiner Schulter wohl erkennend. Ungerührt von der falschen Anrede fuhr der Polizeiobermeister fort:

»Was meinen Sie damit?«

»Wir haben gestern Abend gegrillt und getrunken. Ziemlich viel, würde ich sagen. Bin jetzt noch nicht ganz nüchtern. Ich trank mit dem Heinrich zuletzt alleine eine Flasche Whisky aus. Dann gingen wir schlafen. Von daher denke ich, dass ich den Heinrich wohl zuletzt gesehen haben werde.«

»Es ist jetzt schon Nachmittag«, greinte Henriette. »Er hätte längst wieder auftauchen müssen. Den Gunter haben wir doch auch schon heute Morgen gefunden.«

»Wer ist Gunter?«, fragte der Polizist.

Ich grinste. »Das ist ein Camper und Saufkumpan, der gestern schon früher als Heinrich den Löffel abgegeben und seinen Rausch in den Büschen da drüben ausgeschlafen hat.«

»So so.« Der Polizeiobermeister sah Henriette skeptisch an.

»Ich würde sagen, hier können wir wenig machen. Wenn Sie wollen, gnädige Frau, und in Anbetracht der Amtsstellung Ihres Mannes, können wir die Kriminalpolizei einschalten. Ich weiß jedoch nicht, ob ich Ihnen dazu raten soll.«

»Doch, bitte«, flehte Henriette den Beamten an. Der zuckte die Achseln und schlug dann vor: »In Ordnung, wir suchen die nähere Umgebung gründlich ab, und wenn wir Ihren Mann nicht finden, verständigen wir die Kollegen von der Kripo. Einverstanden?«

»Wenn Sie meinen«, seufzte Henriette. Die beiden Polizisten nickten und machten sich auf die Suche nach Heinrich.

Ich tätschelte Henriettes Arm und sagte: »Beruhige dich, er wird schon wieder auftauchen. Pass nur auf, spätestens, wenn er den Grill riecht, wacht er auf und kriecht aus dem Busch. Bambi und ich laden euch alle zum veganen Barbecue ein. Ihr werdet sehen, das ist etwas ganz Besonderes.«

* * *

An diesem Tage fingen wir früher mit dem Grillen an als am Abend zuvor. Die Nachbarn waren neugierig, was die beiden Veganer ihnen auf den Rost zaubern würden. Bambi bediente wieder den Schwenkgrill und legte auf. Willi und der auferstandene Gunter brachten das Bier mit. Auch Henriette war dabei, obwohl sie sichtlich aufgelöst war. Elvira versuchte sie mit einem Stubbi Bitburger zu trösten, und wir kamen überein, dass sie das erste fertige Grillgut erhalten sollte.

»Mensch, dat duftet ja«, wunderte sich Willi. »Und dat is wirklich nix vom Tier?«

»Yop«, antwortete Bambi.

Ich erläuterte: »In der Tat, da ist nichts Tierisches drin. Bambi hat einmal mehr gezaubert. Das ist eine Masse aus Kichererbsen, Tofu und ein paar speziellen Zutaten, die er selbst mir nicht verrät. Aber probiert nur, ihr werdet sehen da vermisst keiner das Schwein.«

Henriette begann zu schluchzen. Vielleicht dachte sie, ich hätte mit meiner letzten Bemerkung ihren Heinrich gemeint. Jedenfalls bekam sie das erste vegane Steak, und es schien sie etwas abzulenken. Nach und nach aßen alle nach Herzenslust, und beinahe kam ich mir vor wie ein Missionar, der die tierfressende Gemeinde zum Besseren bekehrt. Ich jedoch musste verzichten, meinem Magen war nicht danach. Der Duft des Grills lockte noch weitere Camper an. Bambi sagte nur »Yep« und legte massenhaft weiter auf. Der Grill war groß, und Bambi verstand sein Handwerk. Ich sah zufrieden in die Runde schlemmender Menschen, die sich an Bambis Grillzauber und am Bitburger Pils labten. Es begann zu dunkeln. Die glühende Kohle warf einen magischen roten Schimmer auf glückliche Gesichter. Siegfried oder Roy, ich weiß es nicht mehr, zog eine Mundharmonika hervor und spielte eine wehmütige Melodie. Gunter brummte dazu einen Text. »Weit ist das Land, unsagbar schön ... Wenn es Nacht wird in der Eifel ...«

Langsam begann ich zu verstehen, was die Leute am Camping so schätzten. Der Kreis wurde größer und größer, jemand brachte eine Gitarre mit, und bald lagen wir vor Madagaskar und hatten die Pest an Bord. Auf dem Höhepunkt der romantischen Stimmung trafen ein paar Männer ein, die sich als Beamte der Kripo Düren vorstellten. Beinahe hätten wir Heinrich vergessen. Die Polizei nicht. Natürlich hatten die beiden Landbullen keine Spur des Herrn Oberstaatsanwalts entdeckt, und die Sache endlich an die Kriminalpolizei weitergeleitet. Nun wurden wir alle befragt. Bambi und ich kamen zuerst dran, weil wir den Heinrich von allen Anwesenden zuletzt gesehen hatten. Ich holte die Pässe aus dem Wagen und wies uns als Branco Bambic und Bruno Klopfer aus. Ein Kriminalbeamter fragte mich so oft, wo ich den Oberstaatsanwalt denn vermutete, dass ich mir den Scherz nicht verkneifen konnte und auf den Mini-Kühlschrank wies: »Vielleicht war ihm zu heiß geworden und er ist da in unsere Kühlbox gekrabbelt. Sollen wir nachschauen?«

Die Beamten schauten zweifelnd auf den Kühlschrank, in dem vielleicht eine Melone, keinesfalls jedoch ein Mann Platz finden konnte, und einer meinte: »Es ist nicht witzig, wenn ein Oberstaatsanwalt spurlos verschwindet. Wenn Sie uns noch irgendetwas Sachdienliches mitteilen wollen: Wir werden noch eine Weile hier sein und die anderen Zeugen befragen.«

Das taten die Kriminaler dann auch. Wir hatten jedoch keine sachdienlichen Hinweise abzugeben, und offenbar auch niemand sonst. So kam es, dass die Runde die Reste von Bambis kulinarischem Meisterwerk aß, mit dem letzten Bier hinunterspülte und dann ein wenig missmutig zu Bett ging.

* * *

Der nächste Morgen war geprägt von Aufbruchstimmung. Während ich mit den Nachbarn einen letzten Plausch hielt, packte Bambi unsere Sachen zusammen und verstaute alles im Wagen. Wir verabschiedeten uns und machten uns auf den Weg Richtung Köln. Bambi begann nach ein paar Minuten schweigsamer Fahrt zu kichern. »Was?«, fragte ich.

»Chef, du bist echt coolio«, meinte er. »Was, wenn der Typ von der Kripo doch in den Kühlschrank geguckt hätte?«

Nun ja, er wäre sicher überrascht gewesen, dort dem vorzeitig außer Dienst gestellten Oberstaatsanwalt Dr. Heinrich Trautmann ins Gesicht zu blicken. Wladimir Slotin, der Pate vom Rursee, hatte für die hunderttausend Euro Vorkasse nicht mehr und nicht weniger als den Kopf des Oberstaatsanwalts gefordert. Und den brachten wir ihm nun auch. Der Rest des guten Heinrich war von Bambi in harter und ehrlicher Arbeit perfekt entsorgt worden. Es durfte keine Spur von der Leiche auffindbar sein, das war die Bedingung für die zweiten hunderttausend Piepen.

Bambi hatte seine Talente. Seine Metzgerlehre war uns schon bei so manchem Job von Vorteil gewesen. Als Veganer hatten wir es jedoch noch nie probiert. Nun freute ich mich auf ein saftig blutiges Rindersteak. Und darauf, den juckenden Bart abrasieren zu können. Die falschen Pässe mussten verbrannt, der Van und das Campinggerümpel entsorgt werden.

Zu letzterem konnten wir uns bis heute aber noch nicht durchringen. Wer weiß, vielleicht werden wir uns bis zum nächsten Job bei einem Campingurlaub erholen. Nicht in der Eifel, versteht sich. Sicherheitshalber nicht einmal in Deutschland.

Weit ist das Land, unsagbar schön ...

Anna Schneider

familienbande

Es war einer dieser langweiligen verregneten Sonntag-nachmittage. Eigentlich hätte ich wissen müssen, dass dies kein Tag war, an dem man wichtige Entscheidungen fällen sollte. Wir taten es dennoch.

Um auf andere Gedanken zu kommen und in Ermangelung von lohnenden Alternativen, begannen wir damit, unseren Sommerurlaub zu planen. Im Hintergrund lief die Wiederholung von DSDS mit dem Motto »Après Ski Hits«. Die passende Untermalung, um auf tolle Ideen zu kommen. Dieser Sommer sollte anders werden, darin waren wir uns einig. Besser als alle bisherigen. Wir wollten machen, was wir noch nie getan hatten. Suchten nach dem ultimativen Abenteuer, nach Freiheit. Wir wollten nicht mehr wie im letzten Jahr mit Läusen gespickt aus dem Ausland zurückkehren. Nicht mit einem von Mayonnaise verdorbenen Magen in einem Hotelzimmer mit drei Zustellbetten übernachten – das war uns im Jahr davor passiert. Nein. Damit sollte endgültig Schluss sein.

Wir wollten an einen vollkommen anderen Ort. Wo man unsere Sprache verstand. Wir waren in Feierlaune und suchten ein neues Urlaubsziel, wo man mit freundlichen Menschen die Nacht zum Tag machen konnte. In einem wunderschönen Ambiente, naturnah und idyllisch. Es lag schon bald auf der Hand: Wir beschlossen, in Deutschland zu bleiben. Zelten im schönen Sauerland. Nahebei, aber doch ganz anders als bei uns in Krefeld.

Einziger Haken: Wir hatten kein Geld. Auch wenn ein Campingurlaub in Deutschland, wenige Kilometer von unserem Heimatort entfernt, sicher das kostengünstigste aller denkbaren Urlaubsvergnügen war: Wir konnten uns kein Zelt leisten. Ein Großraumzelt schon gar nicht, aber wir waren nun mal zu fünft. Auch wenn man es günstig bekam, kostete so ein Ding seine 400 Euro. Schätzten wir. Dazu kamen Beleuchtung, Schlafsäcke, Isomatten. Ein Kocher, Verpflegung, Getränke, Miete für den Stellplatz. Wir rechneten hin und her. Es blieb bei tausend Euro. Mindestens. Gab es eine billigere Variante? Nein, keine außer daheim zu bleiben. Unser Jüngster, der Karli, hatte dann die rettende Idee: Oma fragen. Vielleicht konnten wir sie überreden, uns das Geld vorzustrecken.

Gesagt, getan. Wir bereiteten alles akribisch vor. Druckten Bilder aus dem Sauerland aus: strahlend blaue Seen, Hügellandschaften wie aus einem Heimatfilm. Stellten ein Ausflugsprogramm zusammen: Familienspaß im Fun Park, Kultur bei den Festspielen in Elspe, Naturerlebnisse im Vogelpark in Eckenhagen und in der Atta-Höhle.

Dann luden wir Oma ein. Nachdem sie mit Papa die Treppe hochgestiegen war, gab es für uns kein Halten mehr: Wir redeten wild durcheinander. Hielten ihr unsere Bilder unter die Nase, die wir hübsch zu einem Buch zusammengetackert hatten. Überboten uns gegenseitig mit Argumenten. Noch nie war ein Mittagessen mit Oma so kurzweilig. Und nie so erfolgreich, denn Oma sagte tatsächlich ja. Und nicht nur das: Sie wollte uns das Geld sogar schenken. Wir sahen uns verblüfft an. Keiner sagte ein Wort. Das Ergebnis war viel besser als erwartet!

Dann klatschte Oma in die Hände und verkündete: »Wir kaufen ein Zelt für sechs Personen.« Wir blickten sie fragend an. Und verstanden: Oma wollte mit.

Mag sein, dass in diesem Moment niemandem die Tragweite dieser Entscheidung bewusst war. Vielleicht lag es auch schlicht daran, dass wir diese Reaktion nicht auf dem Zettel hatten. Wir freuten uns. Natürlich. Aber – wie soll ich sagen – gemäßigt. Doch es sagte auch niemand ein Wort dagegen. Dabei war uns vermutlich allen bewusst, dass Läuse oder verdorbene Lebensmittel vergleichsweise kleine Probleme waren. Und von einem Abenteuer mussten wir nun nicht mehr träumen.

Oma jedenfalls erkannten wir seit diesem Tag nicht mehr wieder. Ihre beige-braun-lila-gemusterten Kleider, die hellblaue Kittelschürze und die Gesundheitsschuhe verschwanden. So, als hätte es sie nie gegeben. Statt dessen erschien Oma schon Wochen vor der Abreise in Cargohosen und Karobluse. »Trekkingzubehör«, sagte sie stolz und drehte sich vor unseren Augen im Kreis. Dabei waren wir schon beeindruckt, dass Oma plötzlich in der Lage war, zu Fuß zu uns zu kommen. Jeden Tag schleppte sie neue Dinge an: Campingkocher, Melamingeschirr, alles was das Herz eines Campers höher schlagen ließ. Am Tag der Abreise holten wir sie mit unserem Opel Sintra ab. Sie trug eine Tropenweste, in deren Taschen offenbar alles verstaut war, was man in der Wildnis brauchte. Außer ihrer Reisetasche hatte sie eine Metallkiste dabei. Eigentlich hatten wir uns darauf verständigt, dass jeder nur ein Gepäckstück mitbringen durfte. Aber Oma blieb stur und meinte, die müsse mit. Für Notfälle. Also luden wir sie ein, verfrachteten Oma in die erste Sitzreihe und dann ging es los.

Die Fahrt, vor der mir schon seit langem graute, wurde lustiger als befürchtet. Oma hatte einen nahezu unerschöpflichen Vorrat an deutschem Liedgut, das sie zum Besten gab: »Im Frühtau zu Berge«, »Hoch auf dem gelben Wagen«, »Muss I denn zum Städtele hinaus«. Obwohl außer Oma niemand textsicher war, sangen wir aus vollem Halse mit. Die Sonne schien, wir aßen unsere Stullen – von Oma vorbereitet, obwohl wir ohne Staus nur ungefähr eineinhalb Stunden brauchten – und begannen uns zu entspannen. Vielleicht war es doch keine schlechte Idee gewesen, Oma mitzunehmen.

Wir erreichten den Campingplatz »Seeblick«. Die Wasseroberfläche der Listertalsperre funkelte in der Sonne, wir hatten satte 26 Grad. Der Besitzer des Campingplatzes hieß uns willkommen und wies uns unseren Stellplatz zu. Unser Zelt stand nur wenige Meter vom Seeufer entfernt, den Wagen durften wir direkt daneben parken. Das kam uns sehr gelegen, denn so konnten wir einen guten Teil des Gepäcks im Kofferraum lassen, um es trocken aufzubewahren. Und hatten unsere Kleidung nicht in dem ohnehin engen Zelt herumliegen. Wir besichtigten die Sanitäranlagen, die strahlend weiß und sauber waren, ganz anders als ich es befürchtet hatte. Die Umgebung war ein echter Traum: Wälder, grüne Wiesen, ein blau-weißes Boot auf der Talsperre, in dem ein Angler geduldig darauf wartete, dass sein Abendessen anbiss. Dann begeisterte uns Oma auch noch mit einer Einladung: Wenn wir das Zelt aufgebaut hätten, wollte sie uns in den Seeblick-Grill, das Lokal des Campingplatzes, einladen. Das ließen wir uns nicht zweimal sagen und ich war unendlich froh, noch nicht kochen zu müssen – denn das stellte ich mir mit dem Campingkocher für sechs Leute nicht so einfach vor. Der Zeltaufbau ging trotz der militärischen Anweisungen von Großmutter nicht so schnell und mühelos vonstatten, wie erwartet. Aber mit Hilfe der Nachbar-Camper, die aus Deutschland, Holland, Dänemark und England kamen, brachten wir unser Zelt doch irgendwann zum Stehen. Und stellten fest, dass Oma noch ein zweites Kleinzelt besorgt hatte. Das hatte sie wohl von anderen Gästen aufstellen lassen, während wir mit dem Großzelt kämpften. Somit konnten wir ein Zelt zum Schlafen und eines zum Leben nutzen, was die Wohnsituation, der ich mit Grauen entgegengesehen hatte, deutlich entspannte. Und damit wurde auch mir leichter ums Herz: Bliebe das Wetter wie bisher, würden wir gut zurecht kommen.

Auf der Terrasse des Seeblick-Grills fanden wir schnell einen Tisch für uns alle. Oma bestellte sich ein Steak mit Kräuterbutter, dazu eine Folienkartoffel. Ich beäugte meine Schwiegermutter irritiert, denn ihr Gallenleiden, das mir schon viele Beschimpfungen wegen meiner fettreichen Küche eingebracht hatte, schien vergessen. Sie aß mit Appetit – und mich überkam das schlechte Gewissen. Hatten wir Oma verkannt? Ihr Unrecht getan? Sie blühte immer mehr auf in unserer Gesellschaft, erzählte Geschichten aus der guten alten Zeit und wandelte sich von einer mürrischen Alten zu einer wahren Entertainerin. Selbst die Nachbartische hörten ihr gerne zu und so saßen wir an unserem ersten Abend bierselig auf der Terrasse und genossen unsere Freiheit. Kurz vor Mitternacht wankten wir untergehakt und kichernd zu unserem Zelt, krabbelten in unsere Schlafsäcke und beschlossen, das Zähneputzen heute ausfallen zu lassen. Ausnahmsweise.

Mitten in der Nacht erwachte ich. Ob es von dem nervtötenden Geräusch einer Stechmücke kam oder davon, dass Oma mit Paul um die Wette schnarchte, wusste ich nicht.

Jedenfalls beschloss ich, einen kleinen Spaziergang zu machen und noch einmal die Toilette aufzusuchen. Leise stahl ich mich aus dem Zelt. Der Mond, der beinahe schon voll war, stand über der Talsperre, vereinzelt brannte in den Wohnwagen noch Licht. Ich fragte mich, warum ich auch nur einen Zweifel an diesem Urlaub gehabt hatte. Die Nächte vor unserer Abfahrt waren von Alpträumen durchzogen gewesen. Aber kaum hier angekommen, hatte sich ein richtiges Familien- und Urlaubsgefühl eingestellt.

Auf dem Rückweg blieb ich deshalb noch einen Moment unter einem Baum sitzen und genoss die feuchte, erfrischende Nachtluft, die ganz andere Gerüche hatte, als unsere Stadt: Es roch nach Moos und Walderde, nicht nach Benzin und Döner. Ich betrachtete die Wolken, die am Mond vorbeizogen. Wunderte mich über die Ruhe auf diesem Zeltplatz. Nur die Vernunft brachte mich zurück zu meinem Nachtlager: Morgen würde ich wieder funktionieren müssen und der ungewohnte Alkohol steckte mir sicher in den Knochen. Als ich gerade in meinen Schlafsack kriechen wollte, stellte ich fest, dass das Schnarchen einstimmig geworden war. Oma war weg. Vermutlich hatte auch sie noch einmal zur Toilette gemusst. Ich wunderte mich, sie unterwegs nicht gesehen zu haben, war aber urplötzlich viel zu müde, um noch weiter darüber nachzudenken.

Am nächsten Morgen weckte uns Oma. Pünktlich um halb acht trieb sie die Kinder aus dem Zelt. Sie hatte Fahrräder organisiert – woher auch immer – und teilte ihnen in knappen Worten mit, dass sie künftig für das Frühstück zuständig seien. Das kann ja lustig werden, dachte ich noch, als Karli und Ilona sich freiwillig meldeten. Ich kam aus dem Staunen nicht mehr heraus. Oma gab ihnen Geld und einen Klaps auf den Hintern. Dann wandte sie sich mir zu und raunte: »Kaffee kriegst du ja wohl hin, oder?« Ich schluckte meinen Ärger herunter. Immerhin hatte ich ihr zu verdanken, dass ich nicht mit dem Auto los musste, um für die ganze Meute etwas Essbares zu besorgen. Der Campingtisch war schnell aufgestellt und weil die Sonne erneut schien, konnten wir vor dem Zelt sitzen. Ich holte die Aldi-Marmeladen, Nutella und Honig, deckte die Frühstücksbrettchen und Tassen. Butter fehlte, aber das würden wir einmal verschmerzen. Ich atmete die gute Luft ein, ließ den Blick über den See wandern und war froh, hier zu sein.

Kurze Zeit später kehrten die Kinder zurück und hatten es tatsächlich geschafft, den nächsten Ort und einen Bäcker zu finden. Sie hatten die Besitzer des Campingplatzes nach dem Weg gefragt und waren ganz begeistert von dem kleinen Ort mit den niedlichen Fachwerkhäuschen. Dass den Kindern so etwas überhaupt ins Auge fiel, wunderte mich. Schnell machte ich mich daran und legte Servietten auf jeden Platz, um etwas Besonderes beizusteuern. Mittlerweile war auch Papa aufgestanden und Oma zufrieden, dass »der Junge« endlich mal dazu kam, auszuruhen. Er arbeitete ja ohnehin zu viel. Ich war beruhigt. Da war wieder die Oma, die ich kannte. Dabei hatte sich Paul noch nie in seinem Leben zu viel aufgebürdet. Den kompletten Haushalt überließ er ohne schlechtes Gewissen mir alleine. Doch ich wollte mich nicht beschweren. Immerhin hockte er abends auf dem Sofa und brachte nicht das Geld in Kneipen durch, wie die Gatten meiner Freundinnen.

Nach dem wirklich fröhlichen Frühstück teilte Oma Natascha zum Abräumen ein. Sie hatte keine Brötchen besorgt und konnte auch mal was tun. Sie schaute mich Hilfe suchend an, ich schaute rasch wieder zum See hinüber, um nicht einzuknicken. *Ich* war es ja nicht gewesen, die die Kommandos gab und würde ein wenig Entlastung wirklich genießen. Aus den Augenwinkeln bemerkte ich eine Bewegung und Natascha machte sich wirklich ans Abräumen. Sollte ich tatsächlich noch etwas von Oma lernen können?

Die war voller Tatendrang und lud uns ein, mit ihr die Umgebung bei einem Spaziergang zu erkunden. Laufen war für meine Kinder normalerweise ein Schimpfwort. Aber hier stimmten sie begeistert zu. Wir wanderten einmal um die Talsperre. Es war idyllisch: Sanfte Hügel und Weiden, dahinter die Wälder, die teils bis ans Ufer der Talsperre reichten. Wie in einem Kitschfilm begegnete uns ein Schäfer mit einer blökenden Herde. Die Kinder waren verzückt und streichelten begeistert die Lämmchen, traurig, dass sie keines mit nach Hause nehmen konnten. Die Zeit verging wie im Flug und bei einem Blick auf die Armbanduhr stellte ich fest, dass ich völlig vergessen hatte, etwas fürs Mittagessen zu besorgen. Aber jetzt war es ohnehin zu spät. Improvisation war gefragt. Ich hoffte, dass noch genug Brötchen da waren, dann könnte ich rasch einkaufen fahren und wir würden früher zu Abend essen. Im Urlaub war ja alles ein bisschen anders.

Zurück auf dem Campingplatz, bat uns Oma wieder an den Tisch. Sie schob uns mit den Worten: »Wer teilt sich eine Quattro Stagione mit mir?« einen Pizzabestellzettel hin. »Die liefern auch zum Campingplatz«, teilte sie mir mit einem Augenzwinkern mit. »Und keine Bange, die Rechnung übernehme ich.« Woher Oma nur diesen Zettel wieder hatte? Alle plärrten wild durcheinander, wollten ganz viele verschiedene Pizzas bestellen und dann voneinander probieren. Also fragte ich nicht, sondern suchte mit. Paul hielt am Tor Ausschau nach dem Wagen, der tatsächlich nach nur 25 Minuten kam. Das Essen war nur noch lauwarm, aber saulecker. Ich merkte, wie ich mich entspannte. Ich war die einzige gewesen, die die Idee, mit Oma in den Urlaub zu fahren, nicht nur positiv empfunden hatte. Natürlich war ich dankbar für ihre Großzügigkeit gewesen, aber ich blieb misstrauisch. Bis heute. Nun freute ich mich von ganzem Herzen, dass meine Familie sich durchgesetzt hatte.

Am Nachmittag und Abend sollte sich jeder selbst beschäftigten. Ich hielt mit vollem Bauch erst einmal einen geruhsamen Verdauungsschlaf, ging danach in dem herrlichen Wasser baden und ruhte mich dann in einem Liegestuhl neben Paul aus und blätterte in einer Illustrierten.

Abends lud uns Oma erneut ein. Und so sollte es auch an den folgenden Tagen bleiben. Tagsüber machten wir Ausflüge in der Umgebung. Als wir die Tropfsteinhöhle besichtigten, vergoss Oma beim Anblick der einzigartigen Sinterfahnen sogar ein paar Tränen, weil sie die so wunderschön fand. Am Nachmittag und frühen Abend ging jeder seinen eigenen Interessen nach.

Nach einer Woche kannten wir alle Gäste, die wie wir in den Seeblick-Grill einkehrten, wussten, wo ihre Stellplätze und ihre Heimat waren.

Dieser Samstagabend sollte mich endgültig davon überzeugen, Oma nicht wirklich gekannt zu haben. Einer der neuen Gäste hatte eine Karaokeanlage mitgebracht, die er zur Freude aller auf der Terrasse installieren durfte. Die Sangesfreude meiner Schwiegermutter hatte ich schließlich schon einmal auf der Fahrt zum See erleben dürfen. Nun überraschte sie mich außerdem damit, dass sie auch alle Hits des Jahres schmettern konnte. In lupenreinem Englisch. Unsere Oma war der Star des Abends. Wieder und wieder wurde sie zum Mikro gerufen, sang sogar ein Duett mit einem Holländer

und schwang mit zwei Engländerinnen zu den Hits der Suga-
babes die Hüften. Und auch das gar nicht schlecht.

Ich sah in die Gesichter meiner Familie und mir war klar,
dass wir es wirklich geschafft hatten. Dies war der abenteu-
erlichste, lustigste und harmonischste Urlaub, den wir je ver-
bracht hatten. Und ich fühlte eine unendliche Dankbarkeit
derjenigen gegenüber, die uns das ermöglicht hatte: Unserer
Oma.

Als alle anderen schon eingeschlafen waren – wieder
einmal war reichlich Bier geflossen und wir viel zu spät gegangen – stand ich noch einmal auf, um nicht mitten in der
Nacht zur Toilette zu müssen. Die Nacht war lau und ich
freute mich auf ein paar Schritte alleine in der Dunkelheit.
Als ich zurückkehrte, erschrak ich: Ein Schatten huschte an
unserem Zelt vorbei. Er schien sogar *aus* unserem Zelt gekommen zu sein. Langsam schlich ich hinter der Person her.
Ich konnte in dem diffusen Dunkel nicht ausmachen, wer
es war, aber derjenige wollte definitiv nicht in Richtung der
sanitären Anlagen. Nein: Diese Gestalt ging zielstrebig auf
den Wohnwagen zu, der den neuen belgischen Camping-
gästen gehörte. Sie klopfte kurz an der Tür. Drinnen blieb
alles dunkel. Dennoch öffnete sie die Tür und ging hinein.
Ich traute meinen Augen nicht. Minutenlang geschah nichts.
Ich schlich einige Meter näher an den Wohnwagen. Sollte ein
Dieb hier in der Nacht sein Unwesen treiben? Ich erinnerte
mich, häufiger gehört zu haben, dass jemand Geld vermisst
hatte. Nur kleine Beträge, hundert oder fünfzig Euro. Keiner
hatte großes Aufheben darum gemacht und rasch Erklärun-
gen gefunden. Sollte ich einem Dieb auf der Spur sein?

Plötzlich öffnete sich die Tür, die Gestalt huschte wieder
heraus und kam in meine Richtung. Verdammt! Ich stand
nicht im Verborgenen, sondern völlig frei. Es war zu spät,

sich zu verstecken, also ging ich einfach entgegen. So, als würde ich einen nächtlichen Spaziergang zum See machen. Die Gestalt wich ebenfalls nicht von ihrem Weg ab. Mein Herz klopfte laut, das Blut surrte mir in den Ohren. Wenigstens war ich größer als dieses Wesen. Als wir nur noch wenige Meter voneinander entfernt waren, erkannte ich den »Dieb«.

»Oma!«, entfuhr es mir prompt. »Was hast du in dem Wagen zu suchen?«

»Schrei doch nicht so, Irene!« Sie zog mich mit sich und kroch in unser Versorgungszelt. Dort machte sie Licht und griente mich an. Sie zog zwei Scheine aus der Tasche, mit denen sie wie mit einem Fächer vor ihrem Gesicht wedelte: »Und wieder 100 Euro!«

»Mein Gott, Oma!!! Du kannst doch Daan und Julie nicht einfach beklauen! Und was wäre geschehen, wenn sie wach geworden wären?«

»Papperlappapp«, flüsterte sie mir zu. »Für den Fall habe ich doch vorgesorgt!«

Sie kniete sich hin, drehte am Zahlenschloss der Metallkiste und hielt mir triumphierend eine Packung Schlafmittel hin.

»Von meinem Hausarzt. Habe ihm vorgeklagt, ich könne auf dem harten Boden im Zelt sicher kein Auge zutun. Da hat er mir gleich die Familienpackung verschrieben. Denkst du etwa, ich mache mich im Grill jeden Abend umsonst zum Affen? Schwupps, Tablette ins Glas und die schlafen wie die Toten!«

Ich blickte ungläubig in die Kiste, in der außer dem Schlafmittel weitere Medikamente lagen. Und Scheine. Eine Menge Scheine.

»Aber warum tust du das?«

»Kindchen, es gefällt dir doch hier, oder? Mir jedenfalls. Und nächstes Jahr kommen wir wieder. Refinanzierung nenne ich das. Wie könnten wir uns das alles denn sonst wieder leisten? Pizza, Pommes, Eintritte.« Sie schloss die Kiste, fummelte an dem Schloss und sah mich triumphierend an.

»So, und jetzt gehen wir endlich schlafen. Morgen wollen wir doch in den Vergnügungspark!« Sie robbte zum Ausgang, drehte sich aber kurz vor dem Zeltausgang noch einmal um.

»Die Ausländer bringt das schon nicht um. Du glaubst nicht, wie viel Bargeld die da drin rumliegen haben. Redet doch auch keiner richtig davon. Und mich verdächtigt hier bestimmt niemand. Aber uns sichert es die Zukunft, Irene! Wir halten doch jetzt so richtig zusammen. Das spürst du doch auch, oder?«

Ich nickte.

»Siehst du. Das sind die Familienbande. Blut ist dicker als Wasser!«

Familienbande. Wie wahr. Ich folgte Oma. Ich hatte sie wirklich unterschätzt.

ANDREAS SCHMIDT

die letzte zigarette

Bernd Kaltenbach stöhnte gequält auf, als er die schwere Honda am Abend auf seinen kleinen Hof lenkte. Neben dem Schuppen parkte ein Auto – ein Zivilfahrzeug der Polizei. Das erkannte der Reporter des Rhein-Wied-Express auf den ersten Blick. Man erwartete ihn also bereits. Bernd Kaltenbach lenkte Else, wie er sein altes Motorrad liebevoll nannte, vor das Scheunentor und stemmte die Maschine auf den Ständer. Mit einem letzten zufriedenen Blubbern erstarb der Motor.

Auf der selbst gezimmerten Bank neben dem Eingang hockte eine untersetzte Gestalt mit dunklen, kurz geschorenen Haaren in Kaltenbachs Alter, die ihm gespannt entgegenblickte.

Udo Reuschenbach war Kriminalhauptkommissar bei der Kripo in Koblenz und dort für Tötungs-, Waffen- und Branddelikte zuständig.

»Ich dachte, wir sollten mal wieder ein Feierabend …«

»Tut mir leid«, murmelte Kaltenbach betont mitfühlend. »Aber ich habe heute leider kein Bier für dich.«

»Erzähl keinen Mist, der Kasten Steffi steht bestimmt im Schuppen.«

Bernd grinste, als er einen Anflug von Panik im runden Gesicht seines Freundes sah. »Hör zu, Alter: Ich habe einen Scheißtag hinter mir, hab mich mit Prangenberg gezofft, und zwar so sehr, dass er mir für die nächsten zwei Wochen nichts außer Fototermine bei Schützenvereinen und Kaninchenzüchtern gegeben hat. Und du weißt, wie sehr ich diese Vereinsmeierei liebe!«

»Wir könnten dein tragisches Schicksal auch in Bier ertränken«, bot Udo Reuschenbach bereitwillig an. »Ich leiste dir gern seelischen Beistand.«

Kaltenbach schüttelte den Kopf, während er die Tür des alten Bauernhauses aufschloss und die Diele betrat. »Komm schon«, rief er über die Schulter. »Nicht, dass du noch weinst, weil ich nicht mit dir spielen möchte.«

Udo Reuschenbach sprang von der Bank auf und folgte seinem Freund in das Haus. Die Männer betraten die Küche.

Bernds Blick fiel auf die überquellenden Mülleimer und den Abwasch, der sich schon seit Tagen in der Küche türmte.

Eigentlich hatte er Hunger, aber außer ein paar Flaschen Steffens Pilsener waren die Vorräte so gut wie aufgebraucht. Nun, vielleicht würde er sich später eine Pizza aus Waldbreitbach kommen lassen. Später, wenn Udo weg war.

Wie selbstverständlich hatte es sich sein Freund auf der Eckbank gemütlich gemacht. »Und sonst?«

»Alles Scheiße«, erwiderte Bernd Kaltenbach und meinte damit eher den Kühlschrankinhalt als seinen momentanen Gemütszustand. »Morgen ist Haushalt und Einkauf angesagt.«

»Na dann geht's doch.« Udo Reuschenbach angelte den Flaschenöffner vom Wandhaken und öffnete die Flasche, die Kaltenbach ihm reichte, bevor er sich einen knarrenden Küchenstuhl heranzog und sich zu dem Kommissar an den Tisch setzte.

Die Männer prosteten sich zu und tranken.

»Hm.« Kaltenbach nickte. »Also – was willst du wirklich hier?«

»Was meinst du?« Udo Reuschenbach blickte Bernd über den Rand seiner Flasche hinweg an.

»Ich will wissen, worüber du reden willst. Gibt es Zoff mit Larissa? Hat sie dich rausgeschmissen?«

»Unsinn.« Reuschenbach winkte ab. »Nur im Job komme ich nicht weiter.«

»Immer noch die Einbruchserie?« Bernd Kaltenbach zeigte sich mitfühlend.

Udo Reuschenbach nickte. Seit einigen Wochen wurde vermehrt in kleine Hütten und Ferienhäuser eingebrochen, aber der oder die Täter konnten bisher nicht gefasst werden.

»So«, sagte Reuschenbach dann. »Jetzt noch mal für's Protokoll: Und wie geht es dir?«

»Bis zu meiner Heimkehr ging es noch, aber jetzt bist du ja da, und ich kann doch nicht …« Kaltenbach wurde von einem ohrenbetäubenden Knall unterbrochen, der sogar die Scheiben des Küchenfensters erbeben ließ.

»Heilige Scheiße, was war das?«, fragte er und sprang mit der Flasche in der Hand vom Stuhl auf. Der kippte nach hinten und schlug scheppernd auf dem Terrakottaboden auf.

»Eine Explosion«, murmelte Udo Reuschenbach, der von einem Schlag auf den anderen kreidebleich geworden war. »Da ist irgendwas in die Luft geflogen.«

Nun hatte sich auch Udo erhoben. Ein wenig träger als Kaltenbach, aber immerhin – er stand.

»Komm schon, wir müssen los«, rief der Reporter und angelte nach seiner Fototasche, die auf der Arbeitsplatte lag.

»Ja, aber nicht zum Fotografieren. Wenn das so rumst, dann will ich hoffen, dass niemand zu Schaden gekommen ist.« Reuschenbach setzte die Bierflasche ab und stürmte aus der Küche. Bernd folgte ihm und verzichtete darauf, zu widersprechen. Mit einer heißen Story für die Zeitung könnte es ihm unter Umständen gelingen, Prangenberg wieder milde zu stimmen. Also schleppte er die Kameratasche mit, ob Reuschenbach das nun passte oder nicht.

Im Norden schien der Abendhimmel zu leuchten. Eine gelbe Feuersäule vertrieb die hereinbrechende Dunkelheit. Das Prasseln des Feuers war bis hierher zu hören.

Die Männer sprangen in Udos Dienstwagen. Er startete den Motor und wendete in einem irrwitzigen Tempo auf Kaltenbachs kleinem Hof.

Im gleichen Moment heulten die Sirenen im Dorf los – ein sicheres Zeichen dafür, dass in Roßbach Ausnahmezustand herrschte und etwas Tragisches geschehen sein musste. Udo Reuschenbach fuhr, als wäre der Leibhaftige hinter ihm her. Als er mit quietschenden Reifen nach links auf die Brückenstraße abbog, sahen sie, dass auch die Mitglieder der Freiwilligen Feuerwehr aus dem Gerätehaus stürmten und in die Feuerwehrfahrzeuge sprangen.

Wenige Meter hinter dem Gebäude der Freiwilligen Feuerwehr passierten sie die Wiedbrücke. Von hier aus konnten sie rechter Hand den Campingplatz sehen, der sich mitten in der Wiedschleife befand. Der Platz lag idyllisch zwischen der Wied und den umliegenden Ausläufern des Westerwaldes und bot mehr als hundert Dauercampern eine zweite Heimat. Doch die Campingidylle hatte sich in ein Inferno verwandelt, denn einige Wohnwagen standen lichterloh in Flammen. Aufgeregt liefen ein paar Männer mit Handfeuerlöschern umher und versuchten vergeblich, den Brand zu löschen. Durch das offene Seitenfenster drang ein bestialischer Gestank in das Wageninnere.

»Die sind wahnsinnig«, kommentierte Bernd kopfschüttelnd. »Was machen die, wenn die Gasflaschen in die Luft fliegen?«

»Sind sie wahrscheinlich schon«, erwiderte Reuschenbach und trat das Gaspedal durch, als er hinter sich das Geheul einer Feuerwehrsirene vernahm. »Immerhin sind die Floriansjünger auf Zack«, freute er sich und bog kurz hinter der Brücke nach rechts in einen kleinen Zufahrtsweg zum Campingplatz ab.

»Wir dürfen rein«, murmelte Bernd in einem Anflug von Sarkasmus, als er den offenen Schlagbaum sah. Der Platzwart achtete pedantisch darauf, dass die Schranke in der Zeit von dreizehn bis fünfzehn Uhr sowie von zweiundzwanzig bis sieben Uhr in der Früh geschlossen war – in den Ruhezeiten durften keinerlei Autos den Platz befahren. Addi Buscher, der eher unsympathische Platzwart, zelebrierte die Platzordnung, ein Pamphlet aus den späten 1960er-Jahren. Ihm war daran gelegen, die Ruhe der Campinggäste nicht zu stören.

Udo Reuschenbach ignorierte auch das von Buscher handgemalte Schild mit der Aufschrift »Achtung – Schrittgeschwindigkeit!«, als er den Dienstwagen auf den schmalen Schotterweg lenkte, der zur Unglücksstelle führte. Kaltenbach warf einen Blick über die Schulter und sah, dass die Feuerwehrfahrzeuge ihnen etwas langsamer folgten. Die Wehrleute hatten offenbar Schwierigkeiten auf dem engen Weg, der nur für die Benutzung von Personenwagen vorgesehen war.

Einige Camper winkten Reuschenbach und Kaltenbach heran. Udo steuerte den Wagen auf einen freien Platz und sprang hinaus. Er hielt seine Dienstmarke so, dass er für alle sofort als Polizist erkennbar war. »Hauptkommissar Udo Reuschenbach, ist jemand verletzt?«

Die Anwesenden blickten die beiden Männer an wie Geister. Der Schreck saß ihnen tief in den Gliedern, und Bernd vermutete, dass einige von ihnen unter Schock standen.

In ihrem Rücken begann die Feuerwehr mit den Löscharbeiten. Viel war von den drei brennenden Wohnwagen schon jetzt, wenige Minuten nach der Explosion, nicht mehr übrig.

Verkohlte Teile lagen weit verstreut herum. Der Platz glich einem Schlachtfeld. Lediglich die Fahrgestelle waren noch zu erkennen; die Spannstangen der Vorzelte erinnerten an die Gerippe übergroßer Tiere. Die dünnen Wände aus Aluminium waren unter der großen Hitzeeinwirkung geschmolzen; auch die Innenverkleidungen – allesamt in Leichtbauweise gefertigt – hatten sich in Wohlgefallen und in unansehnliche schwarze Ascheberge verwandelt. Die Camper konnten beim Ausmaß der Explosion froh sein, dass ihre umliegenden Wohnwagen nicht auch in Mitleidenschaft gezogen worden waren. Offenbar hatten die Besitzer der brennenden Wohnwagen Glück im Unglück gehabt und waren zum Zeitpunkt der Explosion nicht auf dem Platz gewesen. Morgen war Freitag, da reisten die meisten Dauercamper über das Wochenende an, während der Platz unter der Woche eher verwaist war und nur von Rentnern bewohnt wurde.

Bernd zog sich beim Anblick der qualmenden Wracks die Kopfhaut zusammen.

Reuschenbach, der auf seinen Freund etwas hilflos wirkte, startete einen neuen Versuch, die Menschen anzusprechen. »Braucht jemand einen Arzt?«

»Nein.« Ein bärtiger Mann Ende sechzig mit einem imposanten Bauch trat auf Reuschenbach zu. Er trug eine graue Jogginghose, ein blassblaues T-Shirt und Badelatschen über den weißen Socken.

Während Udo Reuschenbach seinen Job machte und die Feuerwehr sich um die brennenden Campingmobile kümmerte, zückte Bernd die Nikon und machte einige Aufnahmen.

»Sind Sie von der Polizei?«

Er blickte über die Kamera in das runzelige Gesicht einer Frau Mitte siebzig. Ihre Augen waren hellgrau und musterten ihn wachsam.

»Nein, ich bin von der Presse«, erwiderte Kaltenbach und schoss noch ein paar Bilder.

»Es ist niemand verletzt«, murmelte die alte Frau monoton.

»Das ist doch schön«, lächelte der Reporter des Rhein-Wied-Express.

»Nein, das ist schrecklich, weil es einen Toten gibt.«

»Wie bitte?« Kaltenbach ließ die Nikon sinken und winkte Udo Reuschenbach heran.

»Ein Mann ist in den Flammen umgekommen. Wir haben seine Leiche gesehen, total verkohlt und nicht mehr zu erkennen. Schlimmer als der Ötzi.« Sie schüttelte sich bei der Erinnerung an das Gesehene.

Udo zückte das Handy und telefonierte mit den Kollegen der Bereitschaft in Koblenz. »Ich brauch hier das ganz große Besteck«, sagte er mit einer Stimme, die keinen Widerspruch duldete. »Brandsachverständige, Spurensicherung, alles.« Er berichtete knapp, was sich im Wiedtal ereignet hatte, dann unterbrach er die Verbindung und widmete sich der alten Dame an Kaltenbachs Seite.

»Wissen Sie, um wen es sich handelt?«

»Das war der Addi.« Ihre Stimme klang mechanisch. »Addi Buscher, unser Platzwart. Er lebte unter der Woche in diesem Wohnwagen.«

»Gut, dass der Drecksack weg ist«, knurrte der Dicke verächtlich und zog den rechten Mundwinkel hoch. Er hatte sich unaufgefordert zu Udo und Bernd gesellt. Seine Miene war grimmig. »Hat uns genug Ärger gemacht.«

»Na, so was nenne ich mal Mitleid«, grinste Bernd an Udo gewandt.

Reuschenbach nickte unmerklich. »Was heißt das, er hat Ihnen Ärger gemacht, Herr …«

»Dieter. Ich bin der Dieter.« Er hielt Udo eine fleischige und behaarte Pranke hin, die der Hauptkommissar großzügig übersah. »Wir Camper sind alle auf Du.« Nun lächelte er hinter seinem buschigen Vollbart. »Sind ja eine große Familie und halten alle zusammen.«

»Hatten Sie Streit mit Herrn Buscher, dem Platzwart?«, hakte Udo nach.

Der dicke Dieter lachte humorlos auf. »Wer hatte den nicht? Er war ein Arschloch.«

»Das sagst du doch nur, weil er deine Anne vögelt«, keifte die Alte nun mit schadenfroher Stimme dazwischen.

»Halt's Maul, Hanna«, zischte Dieter und hob drohend eine Faust. Seine braunen Augen blitzten die alte Frau wütend an.

»Ist doch so«, verteidigte sich Hanna in Reuschenbachs Richtung. »Dieter säuft ja ständig. Und da muss er sich nicht wundern, dass ihm seine Anne wegläuft. Sie ist zehn Jahre jünger und sieht passabel aus, Herr Wachtmeister.«

»Hauptkommissar«, verbesserte Reuschenbach sie sichtlich pikiert.

»Du hast genauso Dreck am Stecken«, rief Dieter nun. »Hast den Addi bestochen, damit er die Schnauze hält und du deinen Werkzeugschuppen stehen lassen kannst – ohne die übliche Baugenehmigung.« Er wandte sich an Bernd. »Das müssen Sie wissen: Hier geht nichts ohne Bürokratie, und ein Werkzeugschuppen ist eine bauliche Veränderung. Und wer die Genehmigung nicht hat, muss das Ding wieder abreißen, nachdem der letzte Nagel im Holz und die letzte Schraube verschraubt ist.«

»Warum denn das?«, wunderte sich Reuschenbach.

»Sagen Sie mal – sind Sie schwer von Begriff?« Der dicke Dieter hielt Kaltenbachs Freund offenbar wirklich für einen Vollidioten. »Addi hat genau gesehen, was auf seinem Platz passiert. Gesagt hat er aber immer erst was, wenn es schon fast zu spät war. So wie mit Hannas Schuppen, den ihr der bekloppte Sohn aus Düsseldorf aufgebaut hat. Niemand macht sich die Arbeit, so einen Schuppen wieder abzureißen – also schmiert er den Platzwart, damit der die Fresse hält, ist doch klar.«

Reuschenbach hatte einen Notizblock gezückt und schrieb eifrig mit.

Bernd besann sich auf das eigentliche Unglück und warf einen Blick zu den Rettungskräften, die gerade dabei waren, auch noch die letzten Glutnester zu löschen.

Er wandte sich an die Camper, die noch immer herumstanden und sich die Mäuler zerrissen. »Haben Sie eine Idee, wie so was passieren konnte?«

»Aber sicher – jemand hat den Addi auf dem Gewissen«, keifte Hanna. »Feinde hatte er ja genug.«

»Moment«, schaltete sich Udo mit gerunzelter Stirn ein. »Wollen Sie behaupten, dass das da«, er deutete auf die Wohnwagenwracks, »dass das da kein Unglück ist, sondern ein Attentat?«

»Jetzt haben Sie es«, freute sich die alte Frau. »Aber das war eine Frage der Zeit, bis dem Addi mal ordentlich einer was aufs Maul haut.«

»Aufs Maul ist gut«, murmelte Bernd. »Also sagen Sie, es war ein Mord? Sagen Sie uns, was Sie erlebt haben!«

»Ein Knall, mitten im Fußballspiel, das ich gerade in meinem Wohnwagen geguckt habe. Dann die Erschütterung. Der ganze Wohnwagen hat gewackelt, aber so, dass ich dachte, er fliegt mir von den Stützen und ist dahin.«

»Und dann?«

»Hab ich das Feuer gesehen. Und dann ging es ganz schnell. Es hat noch ein paar Mal kräftig geknallt, als durch die große Hitze auch die Gasflaschen der benachbarten Wohnwagen hochgegangen sind. Und nun stehen wir hier.«

Kaltenbach nickte andächtig, dann wandte er sich an seinen Freund. »Du solltest sicherheitshalber die ganze Bagage mitnehmen und sie nach dem Ausschlussverfahren wieder auf freien Fuß setzen, wenn du mich fragst.«

»Ich frage dich aber nicht«, erwiderte Udo mit säuerlicher Miene.

»Dann bitte sie alle einzeln zum Verhör unter vier Augen – von mir aus in der Campingklause.«

»Die hatte zu, und der Schlüssel dürfte auch verbrannt sein«, wusste Dieter zu berichten.

»Dann frage ich mich, warum die Tür der Campingkneipe aufsteht«, entgegnete Kaltenbach.

»Da ist doch etwas faul, oder seh ich das falsch?« Udo Reuschenbach klappte das Notizbuch zu und hob fragend eine Augenbraue.

»Lass uns gucken gehen, dann sehen wir weiter«, erwiderte Bernd und zuckte die Schultern. »Hier und heute wundert mich nämlich nichts mehr.«

Die Freunde ließen die Camper stehen und marschierten auf das flache Gebäude zu, in dem sich das Büro des Platzwartes, die sanitären Anlagen und die Campingkneipe befanden. Die Eingangstür der Klause stand einen Spalt breit offen.

»Da hat einer eingebrochen«, murmelte Udo, als er die Beschädigungen an der Türzarge auf Höhe des Schlosses entdeckte. »Guck dir das an, da hat einer mit 'nem Schraubenzieher reingehebelt.«

»Nicht anfassen!«, rief Kaltenbach und fing sich dafür einen vernichtenden Blick von seinem Freund ein.

»Sag mal – für wie blöd hältst du mich?«

»Willst du lange diskutieren oder ein Verbrechen aufklären?« Bernd konnte sich ein Grinsen nicht verkneifen.

»Arschloch«, giftete Udo und griff zum Handy. Während er dem Freizeichen am anderen Ende der Leitung lauschte, trat er an eines der Fenster und warf ein Blick in das Innere von Addi Buschers Arbeitsplatz. Hier mussten die Experten für Einbruchsdelikte nach dem Rechten sehen. Kaltenbach trat neben ihn und blickte durch das große Fenster. Jenseits der Scheibe bot sich ihm ein Bild der Verwüstung. Wer auch immer hier eingebrochen war – er hatte ganze Arbeit geleistet und nichts an seinem Platz belassen.

»Ist mir scheißegal, was ihr zu tun habt – der Serieneinbrecher hat wieder zugeschlagen«, zeterte Reuschenbach wütend in den Hörer.

Er drückte die rote Taste und stopfte das Handy zurück in die Hosentasche. Dann wandte er sich Kaltenbach zu. »Und?«, fragte er. »Was hältst du davon?«

»Meinst du, das geht auf das Konto dieser Typen, die dir im Moment das Leben so schwer machen?«

»Ganz sicher sogar.« Reuschenbach nickte und deutete zu den verkohlten Wohnwagenresten. »Aber diesmal sind sie einen Schritt zu weit gegangen. Es hat einen Toten gegeben, und es ist mir gleichgültig, ob dieser Addi ein Arschloch war oder nicht. Es reicht. Und deshalb …«

»Was macht ihr denn da?«

Die Stimme, die hinter ihnen erklungen war, sprach mit schwerer Zunge. Ein Kichern folgte.

Als Bernd und Udo sich umwandten, blickten sie in das gerötete Gesicht eines untersetzten Mannes von schätzungsweise Mitte sechzig. Der Blick seiner grauen Augen war glasig, dafür glühte die Nase knallrot. Man musste kein Fachmann sein, um zu wissen, dass der Mann betrunken war.

»Addi«, rief Kaltenbach sichtlich erstaunt, war der unbeliebte Platzwart anscheinend von den Toten erwacht. »Was treibst du denn hier?«

»Dasselbe könnte ich euch fragen«, entgegnete Addi Buscher vorwurfsvoll. Dann erst schien er zu begreifen, was passiert war. Offenbar lag es daran, dass sein Geist vom Alkohol benebelt war. Kopfschüttelnd zeigte er auf die verkohlten Reste seines Wohnwagens. »Wass isst mit dem Wohnwagen passiert, so eine verdammte Ssscheiße? Offenes Feuer ist doch auf meinem Campingplatz verboten!«

»Sieht man doch, was passiert ist, Addi.« Kaltenbach versuchte ein schiefes Grinsen, das allerdings schändlich misslang. »Kaputt. Da ist nichts mehr zu machen.«

Udo Reuschenbach nahm Haltung an und räusperte sich. »Haben Sie eine Idee, wer sich da in Ihrem Wohnwagen befunden haben könnte, als das verheerende Feuer ausbrach?«

Addi Buscher dachte angestrengt nach, dann schüttelte er den grauen Krauskopf. »Nee. Warum?«

»Weil die Feuerwehr eine bis zur Unkenntlichkeit verbrannte Leiche in den Trümmern gefunden hat und wir davon ausgegangen sind, dass es sich bei der bedauernswerten Person um Sie handeln könnte«, erklärte Reuschenbach geduldig.

Addi Buscher schüttelte den Kopf. »Unsinn – ich steh doch hier. Hab den Abend gemüllich angefangen, mir wass gekocht, bevor ich losgezogen bin. Das letzte, an das ich mich erinnern kann, war, dass etwas mit dem Gaskocher nicht stimmt. Brauch wohl nen neuen. Mann, die Westerwälder Strünzer haben mich fertig gemacht, ssach ich euch.«

Westerwälder Strünzer, ein Kräuterschnaps aus der Region, war tödlich, davon konnte Kaltenbach ein Lied singen – insbesondere, wenn man den Strünzer abwechselnd mit einem kühlen Pils trank.

Inzwischen hatte sich die Nacht über das Wiedtal gesenkt, und der seichte Abendwind wehte den Glockenschlag von Sankt Michael über den Fluss zum Campingplatz.

»Aber 'sss mal widder typisch«, mokierte sich der betrunkene Platzwart. »Kaum iss die Katze aus dem Haus, tanzen die Mäuse auf 'em Tisch.« Er schüttelte den Kopf. »Machen hier gefährliche Sachen und sowas. D'sss geht doch so nich'!« Addi Buscher blickte betroffen erst Bernd, dann Udo an. »Aber jetz'mal unter uns: Wass'n hier los? Ich hab einen Knall gehört. Und w'rum steht die Tür zur Klause auf – ich bin doch gar nicht da!«

»Ich glaube«, murmelte Udo Reuschenbach, »dass wir die Einbrecher, die uns schon seit Wochen auf Trab halten, haben.« Er streifte dünne Gummihandschuhe über und bückte sich nach einer zerknüllten Packung West. »Vielleicht ein Einzeltäter? So wie ich das sehe, hat er nach dem Bruch in die Campingkneipe die Gunst der Stunde genutzt, um sich in ihrem Wohnwagen umzusehen. Der defekte Ofen war offenbar noch in Betrieb, als der Dieb mit einer brennenden Zigarette das Vorzelt betrat. Der Rest ist tragische Gesichte.« Reuschenbach machte eine bewegte Miene. »Die Angewohnheit, bei der Arbeit zu rauchen, ist ihm zum Verhängnis geworden.«

Udo war sicher, auf der richtigen Fährte zu sein. »Wir haben an allen Tatorten Zigarettenreste der Marke West gefunden.«

Kaltenbach hatte genug gehört. Er klopfte dem Platzwart auf die Schulter. »So wie es aussieht, hast du verdammtes Glück gehabt. Du lebst, und der Typ, der hier gewütet hat, nicht mehr. Er musste seine Taten mit dem Leben bezahlen.« Kaltenbach grinste. »Jedem das, was er verdient.«

»Bernd – bitte«, mahnte Udo seinen Freund.

»Was mach ich denn jetzt bloß?«, fragte sich Addi verzweifelt.

Kaltenbach zeigte auf die Gruppe der Camper, die mit den Feuerwehrleuten beisammenstanden und in eine hitzige Diskussion verwickelt waren. »Die können dich nicht leiden, Addi. Vielleicht wäre es sinnvoll, in Rente zu gehen?«

Der Platzwart nickte. »Keine schlechte Idee«, überlegte er. »Dann kauf ich mir einen neuen Wohnwagen und guck mir etwas von der Welt an. Ich werde meine neue Freundin mitnehmen.« Sein Blick glitt an Udo und Bernd vorbei. »Da kommt sie gerade. Darf ich vorstellen: Das ist Anne.«

Bernd und Udo blickten sich um und sahen eine schlanke Frau Ende fünfzig, die trotz ihres fortgeschrittenen Jahrgangs noch ausnehmend hübsch war. Sie näherte sich den Männern.

Plötzlich raschelte es im Unterholz. Eine Gestalt schälte sich schwerfällig aus dem Dickicht; und während die Feuerwehrleute an den Wracks der ausgebrannten Wohnwagen leistungsstarke Scheinwerfer aufgestellt hatten, lag der Rest des Campingplatzes im Schatten der Nacht. Offenbar war die Hauptsicherung durchgeknallt. Das Dröhnen der Stromaggregate hallte durch den Talkessel.

»Hier seid ihr also.« Die untersetzte Gestalt hatte mit tiefer Stimme und einem Hauch der Genugtuung gesprochen. Ein metallischer Gegenstand blitzte auf, als der Mond durch die aufgezogen Wolken drang.

Im gleichen Augenblick peitschte ein Schuss durch die Dunkelheit. Addi Buscher presste sich beide Hände vor die Brust. Blut drang durch seine gespreizten Finger; sein Gesicht war schmerzverzerrt, doch kein Laut kam über seine spröden Lippen. Der Platzwart sackte mit weit aufgerissenen Augen zu Boden. Bevor Bernd und Udo sich versehen konnten, blitzte das Mündungsfeuer ein zweites Mal auf. Diesmal wurde Anne getroffen. Ein spitzer Schrei kam über ihre Lippen, als auch sie von einer tödlichen Kugel getroffen zu Boden ging. Sie starb vor den Augen der Freunde.

»So«, drang Dieters Stimme an ihre Ohren. Er warf eine kleine Pistole vor seine Füße und reckte beide Hände vor. »Ich bin fertig. Meine Anne wird nicht mehr fremdgehen mit diesem Camping-Pascha. Und nun legt mir Handschellen an!«

tatwerkzeug hering

I ch brauch dich, Oma.«
Dieser Satz von mir war meiner Großmutter Hannah nicht neu, aber wie immer tat sie ganz erstaunt.

»So ein Unsinn«, behauptete sie. »Ein junger und erfolgreicher Mann wie du und ein altes Weib wie mich brauchen ...«

Die Begriffe *jung* und *erfolgreich* kann man nur aus ihrer Sicht verstehen: Ich bin 43 (sie 86), ich lebe mehr schlecht als recht davon, Sachbücher zu veröffentlichen, während Oma Hannah Zeit ihres Lebens Putzfrau auf einem Campingplatz war.

»In diesem Fall passt das sehr gut zusammen«, erwiderte ich. »Wir beide machen nämlich Campingurlaub.«

»Und was soll ich dabei tun?«, fragte sie verblüfft, hatte aber bereits Blut geleckt, wie ich problemlos an ihrer Stimme erkannte.

»Einfach nur mitkommen«, sagte ich. »Du bist so herrlich unverdächtig, Oma.«

Sie lächelte verschmitzt.

Das war der Anfang unseres Abenteuers. Es startete an einem frühen Septembertag und fand auf einem Campingplatz an der Nordsee statt. Von der ersten Sekunde an fühlte Oma sich hier zu Hause. Ihr fiel es nicht schwer, in Windeseile Kontakt zu anderen Campern herzustellen. Bewundernswert, denn die meisten hier waren Neuem und Fremdem gegenüber eher skeptisch. Das sah ich am Ausdruck ihrer Augen, hörte es am nur scheinbar offenen Klang ihrer Stimmen und glaubte sogar, es an ihrer Körperhaltung zu erkennen. Oma Hannah interessierten meine Vorbehalte nicht.

»Papperlapapp«, meinte sie. »Alles Menschen wie du und ich.«

Sie redete so, obwohl ich ihr unterwegs im teuer geliehenen Wohnmobil ausführlich erklärt hatte, wessen ich diese Menschen bezichtigte. Sie aber hatte mir jahrelange Erfahrungen mit Campern voraus. Vor allem mit Dauercampern, deren zweites Zuhause der Wohnwagen war. Sie mochte sie. Mir dagegen kamen sie vor wie eine andere Spezies Mensch.

»Und du glaubst wirklich«, fragte sie seufzend, als sie vom ersten kleinen Rundgang über den Platz zurückkehrte, »dass sie den armen Kerl ins Wasser getrieben haben?«

»Selbstjustiz«, sagte ich entschieden, während ich die Gasflasche überprüfte. »Genau das glaube ich.«

Die Gasflasche war okay, ich setzte Teewasser auf. Es war früher Vormittag, draußen begann ein zarter Regen. Wir waren nachts gestartet, um den Tag schon so gut wie möglich nutzen zu können. Ich hatte keine Zeit zu verlieren, in knapp zwei Monaten musste das Manuskript beim Verlag sein.

»Oder glaubst du es nur, weil du es glauben willst?« Hannah setzte sich. Ich holte zwei Becher aus dem Schrank, hängte Teebeutel über den Rand, warf große Stücke Kandis hinein.

»Warum sollte ich das tun?« Ich fühlte mich erwischt.

»Weil du an diesem Buch über Selbstjustiz schreibst?«, schlug sie vor. Aus ihrem straff am Hinterkopf gebundenen schneeweißen und vollen Haar war eine Strähne gerutscht, die sie hinters Ohr klemmte. »Hast du nicht mal gesagt, dir fehlten reale Fälle?«

»Kann schon sein.« Ich kippte heißes Wasser in die Becher. Der Kandis knisterte.

»Neu und unverbraucht?«, bohrte Hannah weiter.

Ich quetschte mich auf die enge Bank des Wohnmobils.

»Ich bin sicher«, sagte ich ruhig, »dass es sich hier um Selbstjustiz handelt. Und ich hab mir das nicht ausgedacht. Ich fantasiere nicht, sondern sammle Fakten. Schließlich schreibe ich Sachbücher und keine Romane.«

»Nun gut.« Sie tunkte den Teebeutel mehrmals tief ins Wasser. »Wir werden sehen, was dran ist. Von mir aus kann es losgehen.«

Mit unserem Wohnmobil waren wir die ersten, die wieder auf dem verwaisten Platz von Grete Wagner standen. Seit der Entdeckung ihres Todes im März, also am Anfang der Saison, war ihr Areal unbesetzt. Kein Zufall, wie Hannah schnell herausgefunden hatte.

»Sie haben alle zusammengeworfen«, erklärte sie mir, »und den Platz für ein halbes Jahr gemietet.«

Es war noch immer unser erster Tag am Meer, inzwischen früher Nachmittag. Die Sonne hatte sich durchgesetzt, ein wunderbarer Spätsommertag.

Hannah hatte im Waschraum (wo sie die »allerbesten Möglichkeiten« sah, andere Camper kennenzulernen, nicht nur, weil dort zwangsläufig »jeder mal hinkam«, sondern weil hierher auch fast jeder »Zeit mitbrachte«) ihre ersten flüchtigen Bekanntschaften geschlossen. Einer allerdings war weitergegangen und hatte sie ohne Umschweife zum Tee eingeladen.

»Er heißt Heinz«, schwärmte Oma. »Ein furchtbar netter Kerl. Und Tee kochen kann er richtig gut.« Ich überhörte den Seitenhieb gegen meine eigenen verkümmerten Künste in dieser Richtung. »Er benutzt ein Sieb und losen Tee. Er ist ungefähr in deinem Alter, also ein richtiges Küken. Die meisten hier sind Rentner.«

»Und warum haben die den Platz von der Wagner gemietet?«

»Zu ihrem Gedenken«, erklärte Hannah. »Grete Wagner kam seit über vierzig Jahren hierher, war sozusagen die Dienstälteste.«

Wir saßen auf Klappstühlen vor unserem Wohnmobil. Vom Meer her wehte eine leichte Brise, die Luft schmeckte salzig. Und wenn wir uns nur ein bisschen die Hälse verrenkten, konnten wir sogar an Massen von Wohnmobilen, Wohnwagen, Vorzelten und Einzäunungen vorbei einen Blick auf die gelassen dahinplätschernden Nordseewellen erhaschen.

»Zuerst kam sie noch mit Mann und drei Kindern«, fuhr Hannah fort, »irgendwann später dann ohne Kinder, aber mit Mann. An diese Zeiten kann sich auch Heinz noch gut erinnern. Aber der Kerl war wohl eher ein Muffelkopp, so wie du.« Sie lächelte liebevoll. »Heinz sagt, dass sie nach seinem Tod regelrecht aufgeblüht sei. Inzwischen kam sie schon seit über zehn Jahren allein hierher. Als sie ermordet wurde, war sie zweiundachtzig.«

Sie stöhnte schwer, als müsste nun auch sie wegen ihres Alters sehr bald damit rechnen, ermordet zu werden.

»Das weiß man nicht genau«, korrigierte ich. »Ihre Leiche war schon ein paar Monate in den Teppich eingerollt, als Jens Baumgart bei ihr erwischt wurde. Ob sie vor oder nach ihrem dreiundachtzigsten Geburtstag getötet wurde, ließ sich da nicht mehr so genau feststellen. Das stand in allen Zeitungen.«

»Du scheinst ja wieder mal sehr genau Bescheid zu wissen.« Sie klang beleidigt. »Heinz war da allerdings ganz sicher: Sie war zweiundachtzig! Und jetzt mach uns mal lieber noch einen Tee, aber diesmal einen vernünftigen. Oder soll ich wieder zu *ihm*?«

Heinz war, wie sich herausstellte, unser direkter Nachbar. Er hatte einen dicken Bauch und lief den ganzen Tag mit Shorts, Sandalen und freiem Oberkörper herum, egal ob die Sonne schien oder nicht. Seine halblangen Haare hatte er am Hinterkopf zu einem straffen Pferdeschwanz gebunden. Er kam seit zwanzig Jahren alleine hierher. Während der nächsten Tage blieb es mir nicht erspart, ihn näher kennenzulernen.

Ganz offenbar hatte Hannah einen Narren an ihm gefressen. Andauernd besuchte sie ihn auf einen Tee oder ließ sich von ihm besuchen, auch an den Abenden auf einen Schnaps. Oma trank ganz gern mal einen, als *Medizin*, wie sie stets betonte. Ab und zu unternahmen sie gemeinsame Strandspaziergänge. Und zweimal innerhalb unserer ersten Woche fuhr dieser Kerl auf ihren Wunsch mit ihr in seinem alten Opel in die nahegelegene Stadt. Immerhin zog er sich hierfür Hemd und lange Hose an. Oma und er schienen wie füreinander geschaffen. Ich war mir sicher, dass sie uns beide als Enkel ausgetauscht hätte, ohne mit der Wimper zu zucken, wäre dies nur möglich gewesen.

Nicht dass ich eifersüchtig gewesen wäre, aber es störte mich, dass sie es wegen diesem Heinz versäumte, wie vereinbart unter den Dauercampern zu recherchieren. So war es kein Wunder, dass ich nach einer Woche noch immer mit leeren Händen dasaß. Wenn nicht bald etwas passierte, konnte ich mein Buch vergessen und den Verlag gleich dazu. Meine Existenz war bedroht, von Tag zu Tag wurde ich unruhiger. Schließlich begriff ich, dass ich selbst aktiv werden musste.

Als Erstes musste ich mehr über die beiden Opfer erfahren: Grete Wagner und Jens Baumgart. Für mich stand fest, dass nicht nur die Alte, sondern auch der vierzigjährige Baumgart das Opfer eines Gewaltverbrechens geworden war. Auch wenn er gleichzeitig Täter war. Denn daran, dass er Grete Wagner ermordet hatte, konnte es keinen Zweifel geben. Mit drei Zelt-Heringen hatte er sie kaltblütig von hinten abgemurkst. Die typische Tat eines Wahnsinnigen. Und wahnsinnig war Baumgart, das stand fest. Seit jeher galt er als geistig behindert und zudem gefährlich.

Aus dem Behindertenwohnheim, in dem er zunächst gelebt hatte, war er in eine psychiatrische Klinik verlegt worden, nachdem er gegenüber Personal und Mitbewohnern mehrmals massiv Gewalt angedroht hatte. Durch Presseberichte war bekannt, dass er diese Drohungen nur aufgrund rechtzeitiger Intervention durch das Fachpersonals nie umgesetzt hatte. Mit starken Medikamenten hatte man ihn sediert und damit unschädlich gemacht.

An seiner latent vorhandenen Gefährlichkeit war aber nie gezweifelt worden. Im Nachhinein konnte die Öffentlichkeit kaum glauben, dass ein dermaßen verborgen explosiver Gewaltmensch wie Baumgart überhaupt in Freiheit herumlaufen konnte und das schon seit Jahren. Dafür verantwortlich gemacht wurde in der Presse, neben den psychiatrisch zuständigen Ärzten und Psychologen, vor allem seine Schwester, die um zehn Jahre ältere ledige Maria Baumgart, die ihn bei sich aufgenommen hatte.

Dieser an und für sich vollkommen unverständliche Schritt wurde ihrer eigenen Einsamkeit (bis zu Jens' Einzug hatte sie nach dem frühen Tod ihres Mannes lange allein gelebt) sowie ihrer großen Naivität und Dummheit zugeschrieben. Soweit bekannt war, verfügte sie über keinerlei Schul- oder Berufsabschlüsse.

Die Sommermonate verbrachten die beiden Geschwister seit vielen Jahren regelmäßig auf dem Campingplatz am Meer. In einem alten Wohnwagen lebten sie miteinander vor sich hin, auf den ersten Blick sogar friedlich. Jedenfalls bis zu dem Tag, an dem man Jens im Wohnwagen der alten Grete Wagner neben der Leiche liegend entdeckt hatte. Natürlich war er sofort verhaftet worden und den Medien erschien der Fall spektakulär genug, auch mit Mikrofonen und Kameras über den Campingplatz herzufallen und so ziemlich alles aus den Campern herauszupressen, was sie über Täter und Opfer wussten, zu wissen glaubten oder meistens: Gar nicht wissen konnten.

Natürlich war dieser riesige Kerl (über zwei Meter war der groß) ihnen allen schon immer unheimlich gewesen, allein wie der einen anschaute, immer dieses seltsame Grinsen im Gesicht und die scheinbar harmlosen, jedoch im Hintergrund stets stechenden Augen. Zwar hatte er nie jemandem etwas getan, »noch nicht mal der Fliege an der Wand«, wie einer der Camper, ein gutmütig dreinschauender Mittsechziger, vor den laufenden Kameras eines privaten Fernsehsenders verkündet hatte, ohne deshalb allerdings auch nur im Geringsten von seiner Schuldvermutung abzuweichen. Ihnen allen war eben klar gewesen, dass es irgendwann passieren musste.

»Auf mich wirkte der immer wie ein im Innern brodelnder Vulkan«, meinte die Frau des Gutmütig-Dreinschauenden, die selbst nicht weniger gutmütig dreinschaute. »Man wusste nicht, wann er ausbricht, aber man wusste genau, dass es irgendwann passieren würde. Genau genommen kann der arme Kerl ja noch nicht mal was dafür. Man hätte ihn da nur nie rauslassen dürfen. Die arme Grete ...«, deutlich sichtbare Tränen waren ihr in die Augen getreten, sie hatte sie weggewischt, »... sie war hier so beliebt. Sie war der gute Geist unserer Gasse.« Wegen eines nunmehr heftigen Tränenausbruchs hatte sie das Interview an dieser Stelle abbrechen müssen.

Alles, was ich weiter zu diesem Fall gesehen, gelesen oder gehört hatte, war immer im gleichen Tenor gewesen. Die wichtigsten Aussagen zusammengefasst: Grete Wagner war bei allen anderen Campern ausgesprochen beliebt, auf keinen Fall hatte sie Feinde. Ein Raubüberfall konnte ausgeschlossen werden, niemand wusste von irgendwelchen ernst zu nehmenden Wertgegenständen oder nennenswerten Barbeträgen in ihrem Wohnwagen. Alle waren zutiefst erschüttert über die Brutalität des Verbrechens. Keiner zweifelte daran, dass der psychisch Kranke und geistig Behinderte Jens Baumgart der Täter war, dass es sich also keineswegs um einen Zufall handelte, dass man ausgerechnet ihn bei der teilweise bereits skelettierten Leiche gefunden hatte.

Wie erwähnt war dies am Anfang der Camping-Saison gewesen. Im Winterhalbjahr werden die Wohnwagen wegen Überflutungsgefahr vom Campingplatz entfernt und auf umliegenden Bauernhöfen abgestellt. So natürlich auch der Wagen von Grete Wagner. Und als man diesen im Frühjahr wieder zurückziehen wollte an den Strand, der Bauer machte das bei ihr seit Jahren routinemäßig ohne besonderen Auftrag, hatte er im Wagen zunächst Jens Baumgart entdeckt, der in dem furchtbaren Gestank heulend herumlag. Der Mann hatte sich sofort sein Hemd ausgezogen, es sich wegen des Gestanks vor Mund und Nase gepresst und erst dann die Leiche Grete Wagners in dem nur halb aufgerollten Teppich entdeckt.

Alles Weitere ergab sich von selbst: Baumgart wurde verhaftet, tagelang vernommen, die Camper gaben ihre eindeutigen Interviews, machten bei der Polizei ihre Aussagen und dann ... ja, dann passierte das, was alle Beteiligten ein zweites Mal völlig aus der Bahn warf: Jens Baumgart, der bis zuletzt seine Unschuld beteuert hatte, konnte entkommen.

Die Polizei suchte fieberhaft, fand ihn aber nicht. Zwei Tage später wurde seine Leiche am Strand gleich neben dem Campingplatz angeschwemmt. Selbstmord, das war jedem klar. Er war hier ins Wasser gegangen, draußen ertrunken und nun hatten die Wellen ihn wieder an Land getrieben. Es hatte den Täter an den Ort seines furchtbaren Verbrechens zurückgetrieben, um hier seinem eigenen unnützen und blutbefleckten Dasein selbst ein Ende zu setzen.

Ich glaubte von Anfang an nicht an diese Theorie. Bricht einer aus dem Gefängnis aus, um sich dann, wenn er endlich in Freiheit ist, umzubringen? Mag sein, dass es sowas gibt, aber ich hielt es in diesem Fall nicht für sehr wahrscheinlich. Ich glaubte sofort an Selbstjustiz der Camper. Nein, ich glaubte nicht nur daran, ich war mir zu hundert Prozent sicher, dass sie ihn getötet hatten.

Diese Sicherheit hatte mich nun hergetrieben. Ich musste endlich Anhaltspunkte finden, die meine Theorie untermauerten, sonst war alles umsonst und ich würde mein Buch niemals fertig bekommen.

Da Hannah, meine liebe Oma, auf die ich so sehr gebaut hatte bei meinen Campingplatz-Recherchen, nur noch Augen für ihren neuen Schwarm Heinz hatte, sah ich mich nun vollständig auf mich selbst zurückgeworfen.

Ich folgte Omas Tipp und taperte an diesem Nachmittag zum Waschhaus. Natürlich war ich nicht zum ersten Mal hier, hatte meine Besuche aber stets so kurz wie möglich gehalten, um nicht gezwungenermaßen mit jemand ins Gespräch zu kommen, mit dem ich auf keinen Fall ins Gespräch kommen wollte, nämlich einem x-beliebigen Dauercamper!

Dieses Mal aber dehnte ich meinen Aufenthalt zeitlich so weit wie möglich aus. In einer kleinen Plastikschüssel hatte ich unser Frühstücksgeschirr und wusch es umständlich in den dafür vorgesehenen Becken ab. Ich rasierte mich, putzte mir noch einmal die Zähne, wusch mich wieder und wieder mit einer Gründlichkeit, die mich selbst befremdete. Aber all das nützte nichts, ich kam mit niemandem ins Gespräch, obwohl klassische Dauercamper in großer Zahl herumlungerten. Die meisten in der gleichen Absicht wie ich: sie suchten jemand zum Reden. Zwischen ihnen und mir gab es nur den einen Unterschied: sie fanden jemand.

An mir schauten alle vorbei, fast als wäre ich durchsichtig. Auch wenn ich sie noch so freundlich anlächelte oder manchmal schon Luft holte, um etwas zu sagen, sie gingen weiter. Eine Aura der Unnahbarkeit schien mich zu umgeben. So jedenfalls die harmloseste Erklärung, die ich fand.

Eins war jedenfalls klar: Auch wenn ich noch stundenlang versuchte, Kontakte zu knüpfen, würde es mir nicht gelingen. Frustriert packte ich mein Geschirr und das andere Zeugs zusammen und verließ das Waschhaus.

Unterwegs ging ich zur Toilette, schloss mich in einer Kabine ein.

Draußen hörte ich zwei Männer miteinander reden. Sie gaben sich keine Mühe, dabei leise zu sein. Ich brauchte mich nicht anstrengen, um jedes einzelne Wort zu verstehen.

»Mir hängt die Sache immer noch nach«, sagte der eine. Seine Stimme krächzte etwas.

»Mir auch«, erklärte der andere, der älter klang. »Das war keine schöne Sache, man träumt nachts davon.«

»Geht mir genauso«, stimmte der erste zu. »Obwohl es gar nicht anders kommen konnte, nachdem sie ihn einfach so haben ausbüxen lassen …«

Dummerweise wurde in der Kabine nebenan abgezogen. Das Geräusch verschluckte die Worte. Nur ein einziges konnte ich noch verstehen: »… Strafe …«

Mein Herz schlug sofort wie wild, an einen gelungenen Toilettengang war nicht mehr zu denken. Ich stand auf, zog meine Hose hoch, blieb aber noch in der Kabine. Es konnte nicht den leisesten Zweifel geben, um was es hier ging.

An ihren schlurfenden Schritten hörte ich, dass die beiden den Raum verließen. Ich öffnete die Kabinentür und folgte ihnen. Schließlich standen wir nebeneinander an den Waschbecken. Die beiden sahen ziemlich genau so aus, wie ich sie mir von den Stimmen her vorgestellt hatte: der eine klein, ein wenig schrumpelig, Brille, kaum noch Haare, braungebrannt mit freiem, eingefallenem Oberkörper, der andere dick, groß, um die Fünfzig, ebenfalls braungebrannt, mit altem, über dem Bauch abstehendem T-Shirt. Beide trugen weiße Socken und Sandalen.

Sie sagten kein Wort mehr. Genau wie ich standen sie einfach da, ließen sich Wasser über die Hände laufen, benutzten Seife aus dem Spender und wuschen sie wieder ab.

Mir wurde immer deutlicher, dass ich irgendetwas tun musste, wollte ich diese frische und heikle Spur nicht gleich wieder aus den Augen verlieren. Aber was sollte das sein?

Hilflos trabte ich den beiden hinterher, schnappte im Vorbeigehen Geschirr und Handtücher. Wenigstens redeten sie endlich wieder miteinander.

»Also dann«, sagte der Dicke zu dem Alten. »Man sieht sich.«

»Keine Frage«, antwortete der Alte. »Das tut man.«

Dann trennten sich ihre Wege, der eine ging nach links, der andere nach rechts. Da stand ich nun mit meinem Talent und der Abwaschschüssel unterm Arm. Meine eigene Richtung lag geradeaus. Nach kurzem Zögern trabte ich dem Dicken hinterher.

»Hallo!«, rief ich fast verzweifelt.

Er drehte sich um. »Ja?«

Ich musste irgendwas sagen, irgendwas, irgendwas …

»Hab ich Sie nicht im Fernsehen gesehen?«, fragte ich.

In seinem Gesicht tat sich eine seltsame Mischung aus Stolz und Misstrauen auf.

»Kann schon sein«, sagte er.

»Es ist traurig, dass er sich selbst gerichtet hat«, sagte Kurt, dessen Stimme weiter krächzte und seine Frau Karin nickte. Kurt war der dicke Dauercamper, dem ich von der Toilette aus gefolgt war. Er und Karin kamen seit über zehn Jahren hierher, zuerst mit ihren Kindern, inzwischen mit ihren Enkeln oder allein. Wir saßen vor ihrem Wohnwagen unter einem Sonnensegel, Kurt und ich tranken die zweite Flasche Bier.

»Hat er das denn?«, fragte ich.

Das erste Bier hatte mich mutig gemacht. Ich war nicht mehr ganz so vorsichtig, wie es eigentlich meinem Naturell entsprach.

Verständnislos blickten Kurt und Karin mich an.

»Hä?«, fragte Kurt.

Wieder musste ich irgendwas sagen.

»Hat er sich denn wirklich selbst gerichtet?«, wiederholte ich. »Oder hat da vielleicht irgendwer nachgeholfen?«

»Wie meinst du das denn jetzt?« Kurt war fassungslos.

Ich fühlte mich in die Enge getrieben und gestand, das Gespräch zwischen ihm und dem anderen Dauercamper im Toilettenhaus belauscht zu haben. Ansätze meiner Selbst-justiz-Theorie unterbreitete ich gleich mit, was natürlich unvorsichtig war.

»Das ist jetzt aber nicht dein Ernst, oder?«, meinte Kurt. »Du glaubst nicht wirklich, dass wir alle hier zusammen Jens ins Wasser getrieben haben?«

»Doch!« Ich konnte nicht mehr anders, es musste einfach aus mir heraus. »Genau das glaube ich!« Ich stand auf und wollte gehen. Kurt legte eine seiner schweren Pranken auf meine Schulter, drückte mich zurück auf den Stuhl. Ich bekam Angst, viel zu weit hatte ich mich aus dem Fenster gelehnt. Nun war mein eigenes Leben in Gefahr.

»Du hast sie doch nicht alle«, sagte Kurt. »Jeder hier hat Jens gemocht, wir kannten ihn seit Jahren. Auf seine komische Art gehörte er irgendwie dazu. Keiner von uns hat damals geglaubt, dass er Grete tatsächlich umgebracht hat. Die hat ihn doch geradezu geliebt, die haben oft stundenlang zusammengesessen beim Tee und miteinander geschnackt, er hat oft kleine Arbeiten für sie erledigt. Immer wenn Heinz nicht konnte. Niemals hätte Jens ihr was getan. Niemals!«

»Das hat sich im Fernsehen damals aber ganz anders angehört«, wandte ich ein. »Da schien der Fall für alle klar zu sein.«

»Das haben die Fernseh-Fritzen so gedreht!«, zischte Kurt wütend. »Die haben das so zusammengeschnitten, als würden hier alle Jens verdächtigen. Und dann haben sie das Ganze mit ein paar Außenseitern abgerundet, die immer gegen den Strom schwimmen und die den armen Jens bis heute verdächtigen. Ein paar von uns sind aber sogar vor Gericht gezogen gegen die Fernseh-Fuzzis.«

»Aber wer hat Jens dann umgebracht?« Meine Angst war kleiner geworden, aber längst noch nicht verschwunden. »Wer hat ihn bestraft?«, fragte ich zitternd. Mit dem letzten Wort spielte ich noch einmal auf das in der Toilette Erlauschte an.

»Jens selbst hat sich bestraft.« Erstmals schaltete sich Karin direkt ins Gespräch ein. Seltsamerweise hatte sie das gleiche Krächzen in der Stimme wie ihr Mann.

»Und wofür hat er sich bestraft?« Die Dinge erschienen mir immer unlogischer. Irgendwas passte hier nicht zusammen. »Wenn er doch gar nichts gemacht hat?«

»Jens hat darunter gelitten«, Kurt hatte sich wieder beruhigt, »dass er Grete nicht helfen konnte. Er hat damals, im Frühjahr, nach ihr gesucht, übrigens der Einzige, der das getan hat, und sie schließlich in ihrem Wohnwagen auf dem Bauernhof gefunden.«

»Als er später bei der Polizei abgehauen war«, ergänzte Karin, »hab ich ihn hier auf dem Campingplatz getroffen. Er hat geheult wie ein Schlosshund, weil er nicht da gewesen war, um Grete zu beschützen.«

»Und wir denken«, flüsterte Kurt nun fast, »dass er sich genau dafür bestraft hat.« Seine Stimme erstickte völlig.

»Eine andere Erklärung für seinen Selbstmord gibt es nicht«, vollendete Karin, während sie Kurts Hand streichelte.

In diesem Moment begriff ich, dass ich mich getäuscht hatte. Meine Theorie vom kollektiven Mord der Dauercamper an Jens Baumgart war falsch. Daran konnte es keinen Zweifel geben.

»Wenn es nun aber gar kein Selbstmord war …?«, sagte ich mehr zu mir selbst. In meinem Kopf ratterte es wie wahnsinnig. »Was habt ihr vorhin gesagt?«, hakte ich nervös nach. »Jens hat viele Kleinigkeiten erledigt für Grete?«

»Ja, so Sachen wie kleine Einkäufe, Glühbirnen auswechseln und so'n Kram«, erklärte Karin. »Dinge eben, die eine alte Frau allein nicht so ohne Weiteres geregelt kriegt.«

»Aber ihr habt noch was gesagt.«

Fragend schauten beide mich an.

»Wer hat das alles normalerweise für Grete erledigt?«

»Heinz«, antworteten beide krächzend wie aus einem Mund und Kurt ergänzte: »Der hat ja direkt nebenan gewohnt. Die beiden waren *so*!« Er verhakte zwei Finger ineinander, um ihre Nähe zueinander zu demonstrieren.

»Fast wie Mutter und Sohn.« Karin lächelte wehmütig.

Die Gedanken in meinem Kopf überschlugen sich. Noch wusste ich nicht, auf was sie hinausliefen, aber irgendwas war da. Ich stand auf, wollte gehen, um das alles so gut wie möglich und in aller Ruhe zu sortieren.

»Man sieht sich!«, rief Kurt mir über die Abzäunung seines Platzes hinterher, etwas verdattert über meinen plötzlichen Aufbruch.

Karin war noch mit anderem beschäftigt: »Heinz war ja auch der Einzige, der ihr großes Geheimnis kannte. Außer uns natürlich.« Sie lächelte. Neugierig geworden ging ich zwei Schritte zurück.

»Vor zwei Jahren hat sie im Lotto gewonnen«, erklärte Kurt. »Und das nicht zu knapp. Und ausgegeben hat sie ja nichts. Sie hat den Campingplatz als Alleinerbe eingesetzt. Toll, oder? Sollten aber so wenige Leute wie möglich wissen. So bescheiden war Grete.«

Ich winkte zum Abschied, innerlich zutiefst beunruhigt.

Ich konnte Hannahs Rückkehr kaum erwarten. Ich brannte darauf, ihr meine neuen Erkenntnisse über ihren Busenfreund Heinz mitzuteilen. Was war, wenn er Grete Wagner zur Änderung ihres Testaments zu seinen Gunsten bewegt hatte? Je länger ich darüber nachdachte, umso wahrscheinlicher erschien mir diese Variante. Kein Mensch wusste etwas vom Campingplatz als Erbe. Hier stimmte etwas nicht. Aber die Staatsanwaltschaft hatte ihren Täter ja schnell gehabt! Bevor ich die Polizei anrief, wollte ich noch hören, was Hannah zu meiner Theorie sagte. Auf ihre Instinkte war absoluter Verlass.

Aber sie kam nicht. Zwei Stunden vergingen, drei, schließlich vier. In mir stieg Angst auf, zuerst nur leichte, aber nach und nach entfaltete sie sich zur nackten Panik. Was war, wenn er auch sie …? Ich musste etwas unternehmen, dringend, sofort, sonst konnte es bereits zu spät sein. Ich griff zum Handy, wählte ihre Nummer, sie meldete sich augenblicklich. In einem einzigen Ruck fielen mir tausend Steine wie eine losgetretene Lawine vom Herzen.

»Wo bist du denn?!«, schrie ich fast in den Hörer. »Wo treibst du dich herum?« Und noch ehe sie antworten konnte, fügte ich sehr viel leiser hinzu: »Sei vorsichtig, Oma. Dieser Heinz ist …«

»Ein Mörder«, sagte sie ganz ruhig. »Ich weiß. Deshalb hab ich ihm ja auch KO-Tropfen verpasst und bei der Polizei abgeliefert. Da sitze ich übrigens immer noch. Die wollen noch meine Aussage haben.«

»Aber wieso …«, stammelte ich. »Und woher hast du KO-Tropfen?«

»Aber Junge«, sie kicherte, »bist du tatsächlich so weltfremd? Sowas ist doch heutzutage nun wirklich kein Problem. Noch nie was vom Internet gehört?«

»Aber woher weißt du, dass er Grete Wagner ermordet hat?«

Ich sah vor meinem inneren Auge, wie sie abwinkte. »Ach«, brummte sie ärgerlich, »das war mir sofort klar. Er wusste so sicher, dass sie bei ihrer Ermordung 82 war. So verdammt sicher, wie es nur der Täter wissen konnte. Das ist mir gleich aufgefallen.«

»Aber wieso hast du dann nicht sofort …?«

»Das war doch noch kein Beweis! Ich brauchte sein Geständnis.«

Mir blieb die Spucke weg, ich konnte kaum noch reden.

»Und er hat …?«, stieß ich mit Mühe hervor.

»Gestanden, ja.«, verkündete sie stolz. »Und den Mord an Jens Baumgart gleich mit. Der wusste nämlich, dass Heinz der Täter war und da hat der ihn mit seiner Pistole bei Flut ins Meer gejagt.«

»Aber wieso hat er dir das denn alles gestanden?«

»Weil er entschlossen war, mich ebenfalls umzubringen. Ich war ihm ja auf die Schliche gekommen. Da hat er kurz vorher noch seine Generalbeichte bei mir abgelegt, sowas befreit ja. Natürlich konnte er nicht ahnen, dass ich ihm zu diesem Zeitpunkt bereits die Tropfen in seinen Coffee-to-go verpasst hatte.«

»Oma«, sagte ich, »du bist ...« Ich wusste nicht, ob ich den Satz mit »wahnsinnig« beenden sollte oder mit »ein Genie.«

»Ich weiß«, antwortete sie trotzdem. »Holst du mich gleich ab? Sagen wir, so in einer Stunde. Dann müsste ich hier eigentlich fertig sein.«

die füße im wasser

Vielleicht hätten wir uns doch einen neuen Campingkocher besorgen sollen«, bemerkte Lisa Reincke auf dem
Stadtring von Paris.

»Nein, mein Schatz. Der alte Kocher funktioniert einwand-
frei«, sagte ihr Mann, Hauptkommissar Thomas Reincke,
während er den dunkelblauen Volvo auf die linke Spur
lenkte. »Müsste man von hier nicht die Kuppeln von Sacré
Coeur sehen?«

»Bestimmt – wenn der Nebel nicht da wäre«, antwortete
Lisa. »Wann haben wir den Kocher zuletzt benutzt? Vor
zwanzig Jahren?«

»Genau. Grit war vier und Fred war fünf Jahre alt. In diesem Jahr haben sie beschlossen, dass Camping blöd ist und
dass sie sich lieber neue Eltern suchen würden anstatt mit
uns noch einmal zelten zu gehen«, erinnerte sich Thomas
und lachte.

»Und da wir brave Eltern sind, haben wir die Campingausrüstung die letzten zwei Jahrzehnte auf dem Dachboden vor
sich hin gammeln lassen. Hätten wir das Zelt nicht probewei-
se vor der Abfahrt aufbauen sollen?«

»Wann hätten wir das denn machen sollen? Ich bin schon
froh, dass das Packen halbwegs geklappt hat. Und außerdem
hat es die letzten Tage nur geregnet.«

»Das kann uns in der Bretagne auch passieren.«

»Bestimmt nicht!«

Hinter Chartres verzog sich der Nebel, kurz vor Le Mans stahlen sich die ersten Sonnenstrahlen durch die Wolken, die komplett vom strahlend blauen Himmel verschwunden waren, als die ersten steinernen Kalvarienberge am Wegesrand auftauchten. Längst hatte Lisa sich von der guten Laune ihres Mannes anstecken lassen und verschwendete keinen Gedanken mehr an Campingkocher und undichte Zeltplanen. Sie hatten eine CD von Francis Cabrel eingelegt und sangen lauthals mit.

Nach einer Rast in Tal Ar Groas, wo sie sich Austern, Brot mit gesalzener Butter und ein Glas Muscadet schmecken ließen, erreichten sie am frühen Abend den Campingplatz »Les pieds dans l'eau«. Etliche Male hatten sie hier bereits ihr Zelt aufgeschlagen. Zuerst in den Semesterferien. Wie hatten sie sich geärgert, als das wilde Zelten in den Dünen von La Palue verboten wurde. Aber dann hatten sie »Les pieds dans l'eau« entdeckt und waren ausgesöhnt, auch wenn Lisa beim ersten Mal geargwöhnt hatte, der Zeltplatz würde beim ersten Regenfall unter Wasser stehen. »Warum sonst heißt er »Die Füße im Wasser?«, fragte sie. Die Antwort war einfach: Grenzte der Campingplatz von der einen Seite an einen Wald, lag er an der anderen Seite direkt an einem Meeresarm. Nasse Füße bekam man nur, wenn man in ihn hineinwatete.

»Perfekt!«, befand Thomas, als er den Volvo rückwärts auf ihrem Platz geparkt hatte, den sie bereits vorher übers Internet reserviert hatten. Die Plätze links und rechts daneben waren leer. Es war derselbe Platz wie vor zwanzig Jahren. Nur der Stamm der Eiche, unter deren Zweigen sie ihr Zelt aufschlagen wollten, hatte einige Zentimeter an Umfang gewonnen.

»Da geht es dir wie mir«, sagte Lisa und tätschelte die Rinde der Eiche.

Thomas hatte derweil das Zelt ausgepackt und stand ein wenig ratlos vor den Stangen, die zu seinen Füßen wie ein Mikadospiel ausgebreitet waren.

»Ich kann mich gar nicht daran erinnern, dass das so viele waren«, murmelte er und fuhr sich übers Kinn.

»An der Rezeption habe ich gesehen, dass man hier jetzt auch Wohnwagen mieten kann«, erklärte Lisa und grinste, während sie eine Kiste mit allerlei Krimskrams aus dem Kofferraum hievte.

Thomas schnaubte verächtlich und begann, die Stangen nach ihrer Größe zu sortieren.

»Das sieht doch schon besser aus«, brummte er nach einer halben Stunde und betrachtete die fünf Stapel zu seinen Füßen.

»Das hast du gut gemacht, Schatz«, lobte Lisa und reichte ihrem Mann einen Pappbecher mit Rotwein, bevor sie begann, den einen Teil der Stangen ineinander zu stecken und den anderen Teil durch Winkel miteinander zu verbinden.

»Wenn du jetzt einmal deinen Liegestuhl verlassen und mit anfassen könntest«, forderte sie Thomas nach einer Viertelstunde auf.

Sie wurden von einer dichten Staubwolke eingehüllt, als sie die Zeltplane auseinander rollten und auf das Gestänge hievten.

»Der nächste Regen wäscht das ab«, sagte Thomas lässig.

»Und uns dazu«, fügte Lisa hinzu und streckte Zeige- und Mittelfinger ihrer rechten Hand durch ein Loch in der Seitenwand.

»Heute regnet es nicht mehr«, behauptete Thomas. »Und morgen besorgen wir im Supermarkt Flickzeug – und Weingläser. Aber jetzt – will ich nur noch schlafen.«

Lisa wusste nicht, ob es die lauten Stimmen, der laufende Motor oder der Gestank von Abgasen war, der sie am nächsten Morgen weckte. Kopfschüttelnd sah sie auf ihren Mann, der leise schnarchend neben ihr lag.

»Wow, guck mal, ein Steilwandzelt«, hörte sie jemanden sagen. »So etwas gehört doch ins Museum.«

Ein Mädchen kicherte.

»Und hier«, fuhr die erste Stimme fort, »ist wohl die Klimaanlage.«

Stoff riss, als eine Hand sich grob durch das Loch in der Seitenwand schob. Lisa überlegte nicht lange. Eigentlich überlegte sie gar nicht, als sie samt Schlafsack aufsprang, die Hand ergriff und leicht herumdrehte.

»Und das hier«, erklärte sie über den Schmerzensschrei, der daraufhin ertönte, hinweg, »ist der eingebaute Sicherheitsmechanismus.«

»Was ist denn hier los?«

Thomas schälte sich aus seinem Schlafsack und hievte sich von der Luftmatratze hoch.

»Ich habe gerade unseren Nachbarn ›Guten Tag‹ gesagt«, antwortete Lisa und ließ die Hand los, die daraufhin flugs zurückgezogen wurde.

Auch sie streifte nun ihren Schlafsack ab, öffnete das Zelt und trat in Jogginghose und T-Shirt hinaus. Ihr Mann folgte ihr seufzend. Eine Auseinandersetzung am frühen Morgen passte so gar nicht in seine Vorstellungen von einem erholsamen Campingurlaub. Am besten sie packten ihr Zelt wieder ein und suchten sich einen anderen Platz.

»Einen wunderschönen, guten Morgen«, empfing ihn eine süße Stimme, noch ehe er sich aus der Zeltöffnung gequält hatte, die Lisa nur zur Hälfte geöffnet hatte. Thomas starrte auf eine gepflegte Frauenhand mit langen, rot lackierten

Fingernägeln, die sich ihm entgegenstreckte. Verdattert griff er danach, starrte auf die zwei riesigen Diamantringe an Mittel- und Zeigefinger, bevor sein Blick weiterwanderte zu den hochhackigen Schuhen, den seidenbestrumpften Beinen, dem türkisfarbenen Kostüm und schließlich an dem puppenhaft geschminkten Gesicht hängen blieb, über dem sich ein auftoupierter Haarknoten in aschblond türmte.

»Wie nett, dass wir deutsche Nachbarn auf dem Platz haben«, plauderte die süße Stimme derweil weiter. »Wir sind die von Schmiedesteins aus Berlin. Ich bin Angela, das ist mein Mann Eduard«, sie wandte sich um, aber ein Eduard war nicht zu sehen, »und unsere Kinder, die Zwillinge Gabi und Ferdinand.«

Anstatt die von Schmiedesteins aus Berlin zu begrüßen, warf Thomas zuerst einen besorgten Blick auf seine Frau. Lisa lehnte mit übereinander gekreuzten Armen und zusammengekniffenen Lippen am Volvo und musterte die Neuankömmlinge wortlos. Im Moment machte sie zumindest nicht den Eindruck, als wollte sie jemandem den Hals umdrehen. Thomas war beruhigt.

»Sehr erfreut«, sagte er zu Angela. »Wir sind Lisa und Thomas Reincke aus Ostfriesland.«

Thomas hörte ein unterdrücktes Kichern aus Richtung der beiden von Schmiedenstein-Kinder. Nichts anderes hatte er erwartet. Natürlich hätte er auch sagen können, dass Lisa und er aus Hamburg kamen. Offiziell war er sogar noch Hauptkommissar der Hamburger Polizei, hatte sich nur eine Auszeit genommen und diesen alten Hof in Ditzum gekauft. Aber was ging das die von Schmiedensteins aus Berlin an?

»Schönes Zelt«, fügte er noch hinzu und konnte einen kleinen Anflug von Neid nicht unterdrücken. Die »Travel Lodge RT« konnte innerhalb weniger Minuten problemlos aufgebaut werden. Und das, obwohl sie in der Breite so gerade eben auf den Zeltplatz passte. Aber halt, was war das? Entdeckte er da nicht einen Hering, der das Luxuszelt auf ihrem Platz festhielt? Auch die Inneneinrichtung des Zeltes war niegelnagelneu und vom Allerfeinsten, wie er durch den geöffneten Eingang sehen konnte. Schränke und Regale bargen Töpfe, Kocher, Geschirr und Gläser. Keine einfachen, längst ausgeblichenen Kunststoffbecher, die sich bei ihnen selbst in einer der Klappboxen befanden. Irgendwo zwischen den Dosen mit Hühnersuppe und Ravioli. Oder dem Toilettenpapier und dem Duschgel.

»Ja, dann …«, beendete Thomas das Gespräch und zog sich rasch in sein Zelt zurück, in dem Lisa bereits verschwunden war.

Thomas hätte darauf wetten mögen, dass Frau von Schmiedestein auf ihn gewartet hatte, als er eine halbe Stunde später mit dem zerbeulten Wasserkessel aus Aluminium das Zelt verließ, um Wasser für den Kaffee zu holen. Lisa schien Ähnliches befürchtet zu haben. Sie hatte sich geweigert, zu dem Hahn gleich um die Ecke zu gehen. »Ich habe den Kessel gefunden«, hatte sie erklärt. »Und du füllst ihn.«

»Das ist unser erster Campingurlaub«, hörte Thomas die Stimme seiner Nachbarin.

Das ist nicht zu übersehen, dachte er und ließ ein »Schön« vernehmen.

»Wissen Sie, ich habe ein Seminar besucht«, plauderte Angela von Schmiedestein weiter und war auf ihren hochhackigen Schuhen schneller, als Thomas es jemals erwartet hätte, zu ihm hingestöckelt. »Darin ging es darum, wie gesund es für Körper und Geist ist, einige Tage in der Natur zu verbringen. Außerdem stärkt es das Zusammengehörigkeitsgefühl innerhalb der Familie. Wissen Sie, mein Mann arbeitet den ganzen Tag von früh bis spät. Und die Kinder sind auch mehr unterwegs als zu Hause. Schule, Tennis, Reiten, Fußball, Klavierunterricht, und, und, und. Na ja, und ich. Ich weiß manchmal gar nicht mehr, wo mir der Kopf steht.«

»Gesellschaftliche Verpflichtungen, vermute ich«, bemerkte Thomas und konnte sich ein Grinsen kaum verkneifen.

»Sie sagen es.« Angela lächelte ihn an, als habe sie einen Verbündeten in ihm gefunden. »Glücklicherweise haben wir eine Putzfrau und eine Köchin. Und natürlich eine Nanny, die sich um die Kinder kümmert.«

»Natürlich«, echote Thomas, während er versuchte, den Deckel auf den zerbeulten Kessel zu drücken.

»Kommst du endlich, Ma?«, ertönte aus der »Travel Lodge RT« eine nörgelige Stimme. »Wir wollen in die Stadt fahren.«

Angela lächelte Thomas entschuldigend an. »Tja, die Kinder. Mit vierzehn werden sie allmählich flügge. Ach, können Sie mir sagen, wo die nächste Stadt ist?«

»Nun, der nächste größere Ort ist Crozon. Aber ob er dem entspricht, was Ihre Kinder sich vorstellen …«

»Aber gewiss«, versicherte Angela, winkte ihm mit Mittel- und Zeigefinger ihrer rechten Hand neckisch zu und entschwand Richtung Zelt.

Lisa und Thomas verbrachten den Tag damit, ihre Sachen auszuräumen und halbwegs überschaubar im Zelt unterzubringen. Sie gingen im »Leclerc« einkaufen und beschlossen, das Gemüse vor dem Zelt zu schnippeln, als sie sahen, dass die von Schmiedesteins noch nicht zurückgekehrt waren. Mit einem lauten Plopp entkorkte Thomas eine Flasche Châteauneuf, was mit einem vielfachen Echo aus allen Ecken und Winkeln des Platzes beantwortet wurde. Als sie nach ihrem Eintopf, den sie auf dem Campingkocher fabriziert hatten, einen Calvados genossen, stiefelten die von Schmiedesteins im Gänsemarsch wortlos auf ihr Luxuszelt zu, die Zwillinge bepackt mit Plastiktüten. Während die Kinder gleich im Zelt verschwanden, um ihre Schätze auszupacken, gesellten ihre Eltern sich zu den Reinckes. Lisa stöhnte auf, als Eduard zwei lederbezogene Stühle aus seinem Zelt holte und sie unaufgefordert neben ihren weißen Plastikstühlen aufstellte.

»Wir hatten noch nicht das Vergnügen«, stellte Herr von Schmiedestein sich daraufhin vor und griff mit beiden Händen nach Lisas Hand, die er an seinen Mund führte und mit seinen Lippen streifte.

Unauffällig wischte Lisa ihre Hand an der Hose ab, während Eduard Thomas begrüßte, bevor sie ihr Calvadosglas dicht unter die Nase führte, um den penetranten Geruch von Eduards Rasierwasser zu übertünchen. Wie er gekleidet war, hätte Herr von Schmiedestein besser auf einen Golf- als auf einen Campingplatz gepasst, befand Lisa und vermutete, dass er dort auch sonst seine Freizeit verbrachte. Doch dann blieb ihr keine Gelegenheit mehr, ihren Nachbarn unauffällig zu mustern, da er seine Augen nicht mehr von ihr nahm. Selbst dann nicht, als Lisa sich aus lauter Verzweiflung um ein Gespräch mit seiner Frau bemühte, die von den Einkaufsmöglichkeiten in Brest schwärmte. Himmel, war dieser sonnenbankgebräunte Typ, der dasselbe Haarfärbemittel wie seine Gattin zu benutzen schien, von sich eingenommen, dachte Lisa und täuschte ein herzhaftes Gähnen vor, als Eduards Hand wie zufällig ihr Knie streifte.

»Entschuldigen Sie, aber es war ein anstrengender Tag. Ich ziehe mich dann mal zurück«, sagte sie und schluckte, als Angela mit ihrer süßlichen Stimme trällerte: »Aber sicher doch, meine Liebe. Wir werden ja noch oft Gelegenheit haben, miteinander zu plaudern.«

Wieder wurden Thomas und Lisa am nächsten Morgen von lauten Stimmen geweckt. Doch kamen sie diesmal nicht allein vom Platz nebenan. »Zut!«, fluchte eine Stimme auf Französisch und übertönte noch das entrüstete »Wieso soll ich deine dämlichen Croissants holen?«

»Ich wünsche dir einen wunderschönen Morgen, mein Schatz«, sagte Thomas und beugte sich über seine Frau, um ihr die Wange zu küssen.

»Aua, deine Bartstoppeln pieksen«, beschwerte sie sich und drehte Thomas' Kopf so, dass seine Lippen die ihren berührten. »So ist es besser«, raunte sie und zog ihren Mann noch dichter an sich heran.

»Merde!«, tönte es von draußen ins Zelt. Ebenso wie »Deck deinen Tisch doch allein.«

Thomas ließ sich neben Lisa auf die Luftmatratze fallen. »Auch wenn's verboten ist – lass uns in den Dünen von La Palue zelten. Dort ist es auf jeden Fall ruhiger als hier.«

»Schauen wir mal, was da draußen los ist. Und – vielleicht sollten wir heute irgendwo auswärts frühstücken.«

Geschirr zerbrach, gefolgt von einer Schimpftirade, deren einzelne Worte nicht zu verstehen waren.

»Tja, da lobe ich mir doch unser Plastikgeschirr«, bemerkte Thomas und robbte aus seinem Schlafsack.

Vor dem Zelt fiel sein erster Blick auf Angela von Schmiedestein, die in einem seidenen Morgenmantel vor einem Scherbenhaufen stand und sich die Haare raufte. Ungeschminkt hatte ihr Gesicht nichts Puppenhaftes mehr. Es wirkte einfach nur alt, bemerkte Thomas. Als sie ihn sah, strich Angela schnell ihre Haare glatt. Thomas wandte seine

Aufmerksamkeit der französischen Familie zu, die drei Plätze weiter ihr Zelt aufgeschlagen hatte. Am Abend zuvor hatte die Frau einige Kleidungsstücke auf eine Leine gehängt, die sie zwischen zwei Äste gespannt hatte, wo sich die Leine auch noch befand. Nur die Wäsche lag zerstreut auf dem Boden, und zu allem Überfluss hatte jemand darauf herumgetrampelt und eine klebrige Flüssigkeit darübergegossen.

»Gabi und Ferdinand, habt ihr etwa den ganzen Honig aufgegessen?«, hörte Thomas Frau von Schmiedesteins Stimme, die ihre ganze Süße verloren hatte.

»Das ist ja unglaublich!«, ereiferte sich Angela von Schmiedestein, als Thomas ihre Frage, wo denn der Honig abgeblieben wäre, mit einem Hinweis auf die französische Familie beantwortete, die gerade feststellte, dass ihre auf dem Boden liegende Kleidung süßlich, irgendwie nach Honig roch. Doch Angelas Empörung richtete sich keineswegs gegen ihre Kinder, sondern gegen den Hauptkommissar, dem sie vorwarf, ihre lieben, unschuldigen Kinder zu Unrecht zu verdächtigen.

»Diese Kinder genießen eine Erziehung und eine Ausbildung, wie sie in unserem Lande wohl sonst nirgendwo zu finden ist. Und wann hätten sie das tun sollen? Sie sind gestern Abend noch vor uns ins Zelt gegangen und haben bis gerade eben tief und fest geschlafen.«

»Wenn Sie das sagen …«

Thomas zuckte mit den Schultern und ging.

»Hoffen wir mal, dass die jetzt so sauer auf uns sind, dass sie uns nicht mehr auf die Pelle rücken«, flüsterte Lisa ihrem Mann zu, als sie in ihr Auto stiegen und zum Frühstücken nach Crozon fuhren, nachdem sie rasch ihre Badesachen zusammengesucht hatten.

Als sie abends auf den Zeltplatz zurückkehrten, hatte Angela von Schmiedestein den Vorfall vom Morgen längst vergessen. Sie hatte andere Sorgen.

»Ach bitte ... gibt es hier denn niemanden, der das Geschirr wäscht und sich um die schmutzige Wäsche kümmert?«, fragte sie. »Wie hat das denn diese französische Familie gemacht?«

Wortlos wies Lisa mit dem Kopf auf das Waschhaus, in dem neben den Duschen und Toiletten auch große Becken untergebracht waren, in denen sich Geschirr spülen ließ.

»Da war ich schon«, klagte Angela. »Aber ich habe dort weder Waschmaschine noch Trockner gefunden.«

»Die gibt es in der Natur auch nicht«, bemerkt Thomas trocken. »Hier wird alles per Hand gemacht. Aber kann Ihre Familie Ihnen denn nicht helfen?«

Angelas Augen nahmen für den Bruchteil einer Sekunde einen gehetzten Blick an, bevor sie bemüht gelassen sagte: »Eduard fährt die Zwillinge gerade nach Camaret. Sie haben dort eine Diskothek entdeckt.«

»Na, dann wird Ihr Mann ja bald zurück sein«, sagte Lisa und bemerkte erst jetzt die schicke Handtasche an Angelas Arm. »Aber Sie wollen sich auch einen schönen Abend machen, nicht wahr?«

Frau von Schmiedestein lachte auf. »Aber nein. Die ist nur für das Toilettenpapier. Ich mag es nicht, wie die anderen mit einer Rolle Klopapier über den Platz zu laufen. Das ist so vulgär.«

Diesmal ließen die lauten Stimmen nicht bis zum nächsten Morgen auf sich warten.

»Aber ich konnte sie doch nicht allein lassen. Und schließlich mussten sie doch auch wieder zurück«, hörten sie mitten in der Nacht Eduards Stimme, auf die Angela mit einem leicht hysterischen Unterton entgegnete: »Und dafür nahmen sie es in Kauf, mit ihrem alten Vater den ganzen Abend in einer Disco zu verbringen?«

»Na hör mal, so alt bin ich nun auch nicht. Und außerdem habe ich mich diskret im Hintergrund gehalten.«

»Dann hätte ich auch mitfahren können.« Jetzt klang die Stimme eher weinerlich.

»Glaub mir, die Musik wäre viel zu laut für dich gewesen. Du hättest sofort deine Migräne bekommen.«

Thomas grinste und drehte sich zu seiner Frau, die von der Auseinandersetzung nicht das Geringste mitzubekommen schien. Thomas schaltete die Taschenlampe ein und entdeckte die Packung Oropax neben Lisa. »Gute Idee«, murmelte er und war wenige Minuten später, mit einer großen Portion Wachs in den Ohren, wieder eingeschlafen.

Dialoge wie diese zwischen Angela und Eduard wiederholten sich in den folgenden Tagen. Ebenso häuften sich mal mehr, mal minder schwere Fälle von Vandalismus auf dem Platz. Hier wurden Reifen aufgeschlitzt, dort wurden nachts Heringe aus dem Boden gezogen und Stangen gelöst, wobei es ein Glück war, dass die Schlafenden nicht in dem zusammengefallenen Zelt erstickt waren. Thomas und Lisa wachten eines Morgens auf und fanden ihr Zelt unter Wasser. Erst schoben sie es auf den Regen, der schon seit drei Tagen währte und in dem sie vor allem den Vorteil sahen, den von Schmiedesteins aus dem Weg gehen zu können. Ein Calvados nach dem Essen vor dem Zelt – das war bei diesem Wetter nicht drin. Stattdessen aßen sie Crêpes in Locronan, tranken Cidre in Landévennec und besuchten das Musée des Beaux Arts in Quimper.

»Dabei hatten wir das Loch doch geflickt«, sagte Lisa und hob eine Tasche mit Kleidung an, aus der daraufhin ein kleiner Wasserfall floss.

Thomas hatte indes die hintere Zeltplane angehoben, murmelte »Aha« und verließ das Zelt. Lisa folgte ihm und entdeckte schon bald den gelben Schlauch, der fast verborgen vom Gras von ihrem Zelt bis zum Meeresarm reichte. Thomas kochte vor Wut. Wortlos rollte er den Schlauch auf und hielt auf das Zelt der von Schmiedesteins zu.

»Ich schätze, der gehört Ihnen«, sagte er und ließ den Schlauch auf den gedeckten Frühstückstisch fallen, an dem jedoch nur Angela mit den Zwillingen saß.

Angela schaute nicht einmal auf. Sie starrte auf einen Ohrring, den sie zwischen Daumen und Zeigefinger ihrer rechten Hand hielt. Billiger Modeschmuck, fiel Thomas auf. Überhaupt nicht ihr Stil. Auch Gabi und Ferdinand waren auffallend ruhig.

»Mein Mann, … er ist nicht zurückgekommen«, stammelte sie, als Thomas sich laut räusperte. »Er hat die Kinder nach Camaret gefahren und dann … war er weg.« Angela schlug die Hände vors Gesicht, wobei der Ohrring in ihren Schoß fiel. Ein Ruck ging durch ihren Körper. Sie nahm die Hände wieder herunter und keifte: »Dieser elende Mistkerl! Wie kann er die Kinder nur sich selbst überlassen? Dieser Scheißkerl! Wahrscheinlich war er wieder hinter irgendeinem Weiberrock her. Hier, schauen Sie!« Mit spitzen Fingern griff Angela nach dem Ohrring und hielt ihn Thomas entgegen. »Das habe ich vorhin in seiner Hosentasche gefunden. Wahrscheinlich hat er dieses billige Ding als Trophäe mitgenommen.«

Thomas zögerte nicht. Schnell holte er sein Handy aus dem Volvo und rief das Kommissariat an.

»Denkst du, dass sie ihren Mann …?«

Lisa wagte es nicht, ihre Frage auszuformulieren, als ein Auto der örtlichen Polizei auf den Platz rollte und vor dem Zelt der von Schmiedesteins hielt.

»Wundern würde es mich nicht«, antwortete Thomas. »Dass sie diesen Ohrring gefunden hat, wäre schon ein Motiv. Und …«

»Aber das musst glücklicherweise nicht du klären«, unterbrach Lisa ihn. »Schließlich hast du Urlaub.«

Thomas nickte zerstreut und ging im selben Moment auf einen Polizisten zu, der gerade ausgestiegen war.

Lächelnd schüttelte Lisa den Kopf und wartete, bis Thomas zurückkehrte.

»Man hat heute Morgen eine Leiche gefunden. Zwischen den Steinreihen von Lagatjar, am südwestlichen Rand von Camaret. Der Beschreibung nach muss es Eduard von Schmiedestein sein. Obwohl von seinem Gesicht nicht mehr viel übrig ist. Dem Täter, oder der Täterin, war es nicht genug, ihn zu erschlagen. Er oder sie hat seinen Kopf regelrecht zermalmt.«

»Meinst du, dass sie …«, setzte Lisa abermals an.

»Wenn die Nerven blank liegen … wenn man plötzlich merkt, dass die Idylle, in der man sich wähnte, ein Horrorkabinett ist«, sinnierte Thomas. »Ich schätze, sie ist dahintergekommen, dass ihr Eduard nicht nur die Kinder nach Camaret gebracht hat …«

»… sondern sich mit einer bretonischen Schönheit vergnügt hat«, vervollständigte Lisa den Satz.

»Möglich. Wenn ich nur daran denke, wie er mit dir geflirtet hat, … Leider konnte ich dem Polizisten nicht sagen, ob Angela den Platz gestern Nacht noch verlassen hat.«

»Die Nachteile von Oropax – man wird als Zeuge unbrauchbar. Wir haben nicht einmal bemerkt, dass dieser Schlauch in unser Zelt geschoben wurde.«

Drei Tage später lasen Thomas und Lisa Reincke beim Frühstück in der »Ouest France«, dass Angela von Schmiedestein,
die bei ihrer Vernehmung die Absicht zugegeben hatte,
ihren Mann töten zu wollen, aus der Haft entlassen worden
war. Man hatte den tatsächlichen Mörder von Eduard von
Schmiedestein überführt. Einen Kfz-Mechaniker, dessen
Freundin von Eduard im Club »Le Moulin« in Camaret
wiederholt bedrängt und sexuell belästigt worden war.
Der Mann hatte Eduard am Parkplatz aufgelauert, ihn mit
einem Schraubschlüssel erschlagen und zu den Menhiren
gebracht. In der Annahme, seine Tat dadurch vertuschen zu
können, hatte er Eduard das Gesicht mit einem Felsbrocken
zerschmettert.

RICHARD BIRKEFELD

der hintern von michael douglas

Meine Herausgeberin beendete das Telefongespräch mit einer etwas erhöhten Stimmlage. »Du kanntest den Abgabetermin seit Monaten, jetzt sitzt mir der Verleger im Nacken und ich erwarte von dir, dass du mir die Geschichte bis kommenden Montagmorgen rübermailst – sonst fliegst du aus der Antho raus. – Und tschüss, mein Lieber!«

Es war bereits Donnerstagabend. Meine Güte, wie sollte ich die fünfzehn Normseiten in drei Tagen schaffen, wenn mir das noch nicht einmal in den letzten drei Monaten gelungen war.

So eine Schreibblockade war für einen Autoren die reinste Katastrophe. Ich saß vor dem PC, starrte stundenlang auf einen weißen, lediglich mit einem Satzspiegel versehenen Screen, der höhnisch das geistige Nichts mit zwei Worten betitelte. Denn nur mein Vor- und Nachname stand einsam über dem gähnenden Abgrund der Vakatseite. Ein Cliffhanger der besonderen Art.

Nun gut – Schreibblockaden kamen auch bei den namhaftesten Kriminalschriftstellern vor, selbst bei den fleißigsten wie Georges Simenon, von dem erzählt wurde, das seien die schlimmsten fünf Minuten seines Lebens gewesen. Hah – wahnsinnig ulkig! Aber eine monatelange Schreibblockade bei einem mittelmäßigen Autoren wie mir, der sich mit kleinen kriminalliterarischen Petitessen über Wasser halten musste, war ein solches Versagen zukunftsbedrohend, wenn nicht gar tödlich für weitere Lohnschreibereien – vom großen epischen Werk ganz zu schweigen.

»Was ziehst du für ein Gesicht?«, fragte mich meine Frau ein paar Stunden später, als ich mich nach dumpfer Monitorstiererei erschöpft und frustriert ins Ehebett schleppte.

»Ich muss diese Kurzgeschichte für die Ostsee-Antho am Wochenende fertigstellen, sonst bin ich draußen. Normalerweise ist das ja ein Klacks, aber seit Wochen ist mein Kopf leer wie Flasche Strunz.«

»Dann ruh' dich aus, schon dich und schlaf schön, damit du morgen fit bist.« Meine Frau stopfte sich das Kissen in den Rücken und griff nach einem der Bücher, die auf ihrem Nachttisch lagen. »Stört es dich, wenn ich das Licht anlasse und noch ein wenig in dem spannenden Buch deines Kollegen Norbert Horst lese?«

Auch das noch! »Mach doch, was du willst!« Demonstrativ kehrte ich ihr den Rücken zu, zog die Bettdecke über den Kopf und wünschte, in der Frühe von einer Muse, der nackten Melpomene, wachgeküsst zu werden, um wenigstens meiner potenziellen Morgenlatte eine gewisse Berechtigung geben zu können.

Mein alter Kumpel Schorse Bellermann war der Besitzer eines Campingplatzes direkt an der Weser am Ortsrand von Polle. Mitten im Dezember war der Platz natürlich geschlossen, vielleicht verbrachten ein paar hartgesottene Dauercamper dort mal ein Winterwochenende, doch die Mietwohnwagen dürften frei sein.

Ein Anruf genügte, und Schorse, der den Winter in Hannover verbrachte, gab mir grünes Licht, erklärte mir, wie und wo ich den Strom für Licht, Heizung und Warmwasser für die Dusche aktivieren konnte. Den Schlüssel für das Wirtschaftsgebäude sollte ich mir beim Besitzer vom *Hotel zur Burg* abholen, den er am selben Tag noch telefonisch instruieren würde. Den Schlüssel für den Wohnwagen Nr. 12, ein Camper mit Luxusausstattung, fände ich dann am Brett gleich hinterm Tresen der Campingplatz-Rezeption.

Nachdem Schorse den Grund meines Anliegens erfahren hatte, versprach er mir, dass ich dort ganz alleine wäre, und auch kein Dauercamper bis zum nächsten Frühlingsanfang vorbeikäme. Lediglich den Campinganhänger Nr. 2, gleich hinter der Schranke zur Einfahrt, ein feuerrotes Mobile-Home im Retro-Look, hätte er an eine alte Freundin aus Bodenwerder vermietet, die dort nach Einbruch der Dunkelheit aus professionellen Gründen Männer empfänge. Das dürfte mich aber nicht stören, da mindestens zweihundert Meter Luftlinie zwischen beiden Wohnmobilen lägen, und die Freier das Gelände nur zu Fuß erreichen konnten, da sie ihre Autos schon am Parkplatz unten an der Fähre zurücklassen müssten.

»Ich drück dir jedenfalls ganz fest die Daumen, mein Alter, dass du die erhoffte Muße findest«, beendete schließlich Bellermann das Gespräch. »Viel Inspiration und frohes Schaffen!«

Ich war glücklich, derartige Freunde zu haben und saß eine knappe Stunde später im Auto Richtung Weserbergland. Mit meinem Laptop und einem Koffer voll warmer Klamotten.

Es war Freitagmittag.

Ich war früher schon häufig in Polle gewesen, nicht nur bei Schorse auf dem Campingplatz, sondern bereits als Kind in den Sommerferien beim Schülerwandern im Weserbergland. Ich kannte die geheimnisvolle Burgruine Polle, die über der Weser thronte, den Fährbetrieb zur anderen Flussseite, und den Wanderweg stromabwärts bis zum legendären *Gasthaus Zur Brille*, das romantisch auf dem hohen Steilufer lag und von dort oben einen wunderbaren Ausblick über den Weserbogen erlaubte. Als Erwachsener bin ich dann mit unterschiedlichen Freundinnen die Weser hinuntergeradelt, von Hannoversch-Münden bis Hameln, habe bei diesen Exkursionen aber immer in Polle auf dem Campingplatz übernachtet, selbst als der Betrieb noch von Schorses Eltern geleitet wurde. Polle war mir also sehr vertraut.

Nachdem ich nachmittags den Campingplatz erreicht, mir die Schlüssel besorgt, den Strom angeschlossen, die Standheizung eingeschaltet und meine wenigen Sachen im Dauercamper verstaut hatte, machte ich mich auf den Weg zu dem kleinen Supermarkt oben in der Burgstraße, um fürs Frühstück einzukaufen.

Das Campinggelände lag wie ausgestorben da, eine dünne weiße Schneeschicht bedeckte den Platz und überzog die in Reih und Glied aufgebockten Wohnwagen, die teilweise bis über die Radkästen in Schneeverwehungen steckten. Auch die Weser zeigte im ruhigen Wasser der Bootsstege eine Schicht gläsernen Eises, die von der leichten Strömung an der Uferbefestigung aufgerieben wurde.

Der rote Wohnwagen war vom Schnee befreit worden und vom Hauptweg durch einen freigeschaufelten und mit Sand bestreuten Pfad zu erreichen. Alles lag ruhig da, und Schorses Bekannte schien ihren Dienst am Kunden noch nicht aufgenommen zu haben.

Die langsam hereinbrechende Dunkelheit und die erholsame Stille am Weserufer vermittelten mir die Gewissheit, mit diesem Wochenende in Polle eine richtige Entscheidung getroffen zu haben.

Es war bitterkalt, und meine warmen Winterstiefel hinterließen sichtbare Spuren auf den Schneeflächen des Campinggeländes und dem einsamen Fußweg hoch zur Ortsmitte.

Oben im Supermarkt bekam ich alles, was ich für die zwei Tage brauchte. Als ich wieder auf die Straße trat, kam mir eine blonde Frau in einem langen Mantel mit Pelzkragen entgegen, die eine verblüffende Ähnlichkeit mit Sharon Stone hatte. Sie verzögerte ihren Schritt, blickte mich nachdenklich an und blieb schließlich stehen, während ihr zuckender Zeigefinger auf mich deutete.

Jetzt fiel auch bei mir der Groschen! Ja, ich kannte diese Frau, das war doch Britta Dingenskirchen, ja, Britta Wagner, eine ehemalige Mitschülerin aus Hannover. Und die traf ich ausgerechnet in Polle?

»Britta?« Ich war mir noch ein wenig unsicher. »Britta Wagner?«

»Ja!« Die Frau strahlte mich an. »Das gibt's doch gar nicht. Was machst du denn hier in diesem Kaff?«

Noch völlig erschlagen von ihrer Schönheit, erzählte ich ihr von den Gründen meiner Anwesenheit, wobei ich aber die Schreibblockade unterschlug und mehr Gewicht auf meine Tätigkeit als Schriftsteller legte, der hier einige ruhige Tage zu verbringen hoffte.

Sie hörte interessiert zu, fragte nach ehemaligen Schulkameraden und gemeinsamen Bekannten, schlug aber meine Einladung zum Essen im *Hotel zur Burg* mit der Begründung aus, sie hätte noch einen wichtigen Termin, aber vielleicht klappe es ja am Samstag oder Sonntag.

Während ich ihr meine Handy-Nummer auf den Kassenbon kritzelte, donnerte eine endlose Kolonne, teilweise mit Flugabwehrkanonen und Jagdbombern beladener Lastkraftwagen durch den Ort. Auf meine Frage, was die hier zu suchen hätten, antwortete Britta, dass in Polle doch tatsächlich Teile des neuen Bond-Films gedreht würden und unter der Woche hier die Hölle los sei.

Als die Straßenlaternen angingen, verabschiedete sie sich und verschwand in der nächsten Seitenstraße.

Ich wunderte mich darüber, welch wunderschöne Frau Britta geworden war, zumal ich sie nur als etwas pummelige Dunkelhaarige in Erinnerung hatte. Und ich staunte nicht schlecht, dass hier in diesem kleinen Weserstädtchen ein internationaler Film, wahrscheinlich mit Starbesetzung, gedreht wurde.

Ich suchte das *Hotel zur Burg* auf, um dort eine Kleinigkeit zu essen und zu trinken. Doch der Wirt erklärte mir, dass er mir nichts anbieten könnte, da sämtliche Gerichte ausverkauft seien, weil die vielen Filmleute alles verzehrt hätten. Es gelang mir dennoch, dem Wirt ein paar Flaschen Bier abzuschwatzen.

Mit meinen Einkaufstüten kehrte ich zum Campingplatz zurück, stellte dort aber zu meiner Überraschung fest, dass sich neben meinen alten Schuhabdrücken im Schnee neue befanden, die meinen Schritten gegen die Laufrichtung bis zum Wohnwagen gefolgt waren. Und nicht nur das! Die betreffende Person hatte dann auch meinen Camper umrundet und allem Anschein nach, wie ich als alter Pfadfinder sofort interpretieren konnte, durchs Fenster in den Camper geblickt. Das Irre aber an den Spuren war, dass sie wie eine Schleife um den Wohnwagen herumführten, aber nicht weiterzuverfolgen waren, sondern in den ankommenden Abdrücken aufgingen, als wäre die Person rückwärts in ihrer eigenen Spur zurückgegangen.

Aber warum sollte jemand so etwas tun? Mich beschlich kein besonders gutes Gefühl. Im Wohnwagen verriegelte ich die Tür und zog die Fenstervorhänge zu. Schreiben konnte ich aber in dieser beunruhigenden Situation nicht mehr. Nur den passenden Titel für die Kurzgeschichte glaubte ich schon gefunden zu haben: *Blaunase. Tödliche Begegnung in Scharbeutz.* Der mögliche Plot, der kurz einmal aufblitzte, versickerte aber leider schnell wieder in einem Morast schlimmster Befürchtungen, die von den geheimnisvollen Spuren ausgelöst worden waren.

Als ich nach drei Flaschen Bier unter die schwere Bettdecke schlüpfte und das Licht löschte, kroch nicht nur langsam die Kälte meinen Rücken hoch, sondern auch die nackte Angst.

Mitten in der Nacht fuhr ich im Bett hoch. Was war das? Ein Schrei? Ich schob den Fenstervorhang ein wenig beiseite, um nach draußen schauen zu können, doch die Scheiben waren von innen vereist und verzerrten die Sicht, als blickte ich man durch einen Flaschenboden.

Als ich leise die Wohnwagentür entriegelte und sie einen Spalt öffnete, schlug mir eisige Kälte entgegen, während mich gleichzeitig das blanke Entsetzen packte. Vor dem Wohnwagen sah es aus, als sei eine ganze Panzerdivision um meinen Camper herumgefahren. Der Schnee war durch Kettenfahrzeuge aufgewühlt und mit unzähligen Fußabdrücken übersät, die sich in Richtung Platzausgang verloren.

Da! Schon wieder! Das war eindeutig ein Schrei. Er klang wie der Hilferuf einer Frau. Ich stellte mich auf Zehenspitzen, um zwischen den verschneiten Dauercampern hindurch einen Blick auf das Bumsmobil werfen zu können. Ich konnte es zwar nicht direkt sehen, vermeinte aber einen zuckenden gelb-rötlichen Lichtschein zu erkennen, als stünde dort irgendetwas lichterloh in Flammen.

Ungeachtet meiner Angst zog ich mich an und verließ meine Unterkunft, um herauszufinden, ob jemand Hilfe benötigte.

Irgendwie erinnerte mich die mit Spuren überzogene und kontrastreiche Schneelandschaft an die alten schwarzweißen

Wochenschauen über den Zweiten Weltkrieg in Russland. Filmaufnahmen von Charkow, Kursk und Stalingrad prägten sofort meine Sichtweise, übernahmen die Gestaltung der Szenerie. Väterchen Frost, beißende Kälte, Erfrorene, Erschossene und Erhängte, Panzer, Explosionen und verbrannte Erde, zerstörte Dörfer.

Ich kämpfte mich durch die kalte Dunkelheit, orientierte mich am rötlichen Lichtschein, passierte die dunklen, vereisten und mit funkelndem Schnee bedeckten Dauercamper, die aussahen, als seien es russische *Turbasas*, Holzhütten.

Endlich hatte ich einen freien Blick auf den Wohnwagen der Hure. Er brannte zwar nicht, aber von verdeckten Neonröhren angestrahlt, schien er von innen rot zu glühen, wobei mehrere kaputte Sofitten auffällig flackerten und so von Weitem den irrigen Eindruck eines Feuers vermittelten. Auch hier konnte ich unzählige Fußspuren entdecken, die zum Wohnwagen hin- bzw. wegführten.

Ich lauschte eine Zeitlang, aber kein auffälliges Geräusch war zu vernehmen. Gerade wollte ich wieder zu meinem Camper zurückkehren, als ich erneut einen schrecklichen Schrei hörte, der eindeutig aus dem roten Wohnmobil drang. Im selben Moment ging die Beleuchtung aus, und ich stand in nahezu absoluter Finsternis, wäre da nicht das gelbliche Licht gewesen, das durch das Fenster des Freudenwagens schimmerte.

Nun wiederholten sich die Schreie, klangen aber nicht mehr ängstlich, sondern eher lustvoll, als ließe eine Frau hemmungslos ihren Gefühlen freien Lauf. Meine Angst wich einer verständlichen Neugier und ich schlich mich über den Schnee zum erleuchteten Fenster. Der Spalt im Fenstervorhang reichte aus, das Wageninnere zu überblicken.

Meine alte Schulkameradin Britta Wagner saß breitbeinig auf einer Art Anrichte und gab sich einem Mann hin, der mir sehr bekannt vor kam. Er stand mit heruntergelassener Hose zwischen ihren bestrumpften Beinen und versuchte mit heftigen Stoßbewegungen den Akt zu vollziehen, angefeuert von Brittas Lustschreien.

Aber irgendwie waren mir die Bilder vertraut; das Licht, der Blickwinkel, die nackten und haarigen, unter dem Anzugsjackett und Oberhemd des Mannes herausragenden Beine und nicht zuletzt sein etwas aus der Form geratener Hintern.

Basic Instinct! Genau! Die Erkenntnis jagte wie ein glühender Blitz durch meine Stirnlappen: Das Hinterteil des Mannes erinnerte mich an den Plörrarsch von Michael Douglas im Film *Basic Instinct*, als er als Detectiv Nick Curran den Reizen Sharon Stones alias Catherine Tramells erlag.

Und nun trieb es sein Doppelgänger mit meiner Bekannten, die sich überraschenderweise als Hure entpuppt hatte. Jetzt verstand ich auch, warum sie keine Zeit gehabt hatte, meine Einladung anzunehmen.

Doch plötzlich kam Bewegung in das Liebesspiel. Der Mann, der zunächst mit monotonen Bewegungen seinem Höhepunkt entgegenzustreben schien, hatte plötzlich einen Eispickel in der Hand und stach damit auf Britta ein. Sie schrie aus Leibeskräften, versuchte sich zu wehren, strampelte mit den Beinen, doch es half alles nichts, der Mann drückte sie gegen die Anrichte, bis ihr Abwehrkampf erlahmte und sie in sich zusammensackte wie eine von ihren Fäden befreite Marionette.

In diesem Moment wurde der ganze Campingplatz in gleißendes Licht getaucht, und zwar von Leuchtkugeln, die hoch im nächtlichen Himmel in der Luft zu stehen schienen, wie damals die sogenannten »Tannenbäume« bei den Luftangriffen der Alliierten im Zweiten Weltkrieg. Das einsetzende

Sirenengeheul unterstützte diesen Eindruck noch zusätzlich. Panische Angst überkam mich.

Diese Art von Feuerwerk – oder sollte ich sagen Luftalarm – hatte mich kurz abgelenkt. Als ich wieder den Blick ins Wageninnere suchte, starrte ich voller Entsetzen in das von Hass und Wahnsinn verzerrte Gesicht von Brittas Freier. Fast hätten sich unsere Nasenspitzen berührt, wäre da nicht das dünne Glas der Fensterscheibe gewesen.

Ich war auf der Flucht! Quälte mich durch Schneeverwehungen hindurch und hatte den Eindruck, keinen Meter voranzukommen. Es war, als würde man im brusthohen Wasser versuchen, zu laufen. Dieser Typ verfolgte mich, wollte mich als Zeuge seines brutalen Mordes beseitigen. Er war nur wenige Meter hinter mir, und der blutige Eispickel glänzte im Schein der grellen Beleuchtung.

Ich wollte die Treppen erreichen, die unten vom Parkplatz hoch zur Burgruine führten, hoffte, mich in den Winkeln und Ecken des alten Gemäuers vor meinem Verfolger verstecken zu können. Endlich sah ich sie vor mir auftauchen. Ein Gebüsch versteckte die ersten vom Schnee befreiten Stufen und es gelang mir, mich aus dem zähen Weiß zu stampfen und die Treppe zu erklimmen. Sofort ging ich in die Hocke, machte mich klein – und tatsächlich – mein Verfolger ruderte förmlich durch den hohen Schnee an mir vorbei.

Da ich nun etwas erhöht stand, konnte ich am Weserufer eine Gruppe Menschen erkennen, die Scheinwerfer, Reflektionsschirme und Klemmbretter in den Händen hielten und einen Mann im Klappstuhl umringten, der gerade einen Schalltrichter vor dem Mund hielt und laut und deutlich aaaaand action rief. Das waren eindeutig Filmleute. Ich hätte zu ihnen rüberlaufen können, um sie um Hilfe zu bitten, doch die große weiße Schneefläche zwischen uns schien mir zu riesig zu sein, um sie unbemerkt von diesem brutalen Mörder überqueren zu können. So stieg ich bergan, bis ich auf der Burgmauer zum Stehen kam.

Von diesem Standpunkt aus konnte ich den Weserverlauf von Osten nach Westen überblicken. Beide Uferseiten waren von den vermeintlichen Tannenbäumen angestrahlt, die sich bei genauerer Betrachtung als Scheinwerferbündel entpuppten, die an hohen Gerüsten bzw. Traversen hingen.

Lange Schatten überzogen die winterliche Landschaft. Nur der Campingplatz präsentierte sich in gleißendem Licht, so dass ich die vielen bewaffneten und uniformierten Menschen erkennen konnte, die scheinbar ziellos zwischen den Dauercampern herumwuselten, in die Luft schossen oder sich hinter den Wohnwagen verbarrikadierten.

Was dann folgte, ließ mir das Blut in den Adern gefrieren. Aus Richtung Bodenwerder jagten im Tiefflug ein halbes Dutzend Stukas heran, die den Campingplatz bombardierten. Drüben, auf der anderen Seite, konnte ich die Flaks husten hören, deren Leuchtspurmunition rotgestrichelte Linien in den Himmel zeichnete. Ein Stuka wurde getroffen und krachte mit einer riesigen Wasserfontäne in die Weser. Dann waren die Kampfbomber in Richtung Osten verschwunden.

Auf dem Campingplatz herrschte das totale Chaos. Unzählige Wohnwagen waren in tiefen Bombentrichtern verschwunden oder standen in Flammen. Überall lagen Trümmer herum, Verletzte, Tote, und der Schnee schien zu brennen.

Bevor der nächste Angriff erfolgte, stiegen am Ufer unzählige Fesselballons in die Höhe, die wohl die gefährlichen Tiefflüge zu verhindern suchten. Doch in der zweiten Angriffswelle durchschnitten die Flügel der Stukas mühelos die Seile und die runde Luftverteidigung verflüchtigte sich am Himmel wie eine Traube bunter Kinderballons auf einer Geburtstagsfeier.

Auf dem Campingplatz hingegen sah es aus, als explodierten nun reihenweise Gaskartuschen, Körper flogen durch die Luft, Schneewolken wirbelten hoch und verquirlten sich in den Luftverwirbelungen der Sturzkampfbomber zu weißen Nebelschwaden. Schließlich tauchten die Stukas in der Dunkelheit unter und kehrten nicht mehr zurück.

Einzig und allein verschont vom Inferno stand der rote Wohnwagen inmitten eines Flammenmeers und hatte den Angriffswellen getrotzt, wie die rote Felsenküste von Helgoland der Nordsee.

Aber dann sah ich Brittas Mörder die Treppe hochstürmen. Den Blick fest auf mich gerichtet und mit jenem triumphalen Ausdruck im Gesicht, der keinen Zweifel darüber aufkommen ließ, dass meine letzte Stunde geschlagen hatte.

Ich wollte mich umdrehen und flüchten, doch zwei starke Arme umklammerten von hinten meinen Oberkörper. Ich zog und zerrte bis ich ein wenig meinen Kopf drehen und zu meinem Erstaunen feststellen konnte, dass es eindeutig Daniel Craig war, der mich festhielt.

»Bond?« Meine Frage klang wie ein Hilfeschrei.

»Jep!« Der Mann nickte, blickte mich böse an und riss mich hin und her, bis er mich schließlich von sich stieß und so tat, als verpasste er mir einen Kinnhaken. »Take that, Killer!«

Während ich durch den Stoß zu Boden stürzte, vernahm ich von irgendwoher den kurzen abgehackten Ruf: »Cut!«

Endlich verstand ich. Ich spielte in einem Film mit. Irgendwie hatte man mich, ohne zu fragen, in die Inszenierung eingebaut, als Edelkomparsen gewissermaßen. Genau! Dann war auch alles klar! Wenn mir hier schon der englische Schauspieler Daniel Craig über den Weg lief, dann sah Brittas Mörder auch nicht wie Michael Douglas aus, sondern dann war das mit Sicherheit auch Michael Douglas. Aber welche Rolle spielte dann Britta Wagner?

Ich rappelte mich hoch. »Gehört die Ermordung Britta Wagners denn auch zum Plot?« Einige Fragen blieben für mich noch offen.

James Bond alias Daniel Craig glotzte mich mit einem völlig verständnislosen Gesichtsausdruck an. »Who the fuck is Britta Wagner?«

»Eine alte Schulfreundin von mir!« Ich war über Bonds Desinteresse irritiert. »Und es sieht so aus,« fügte ich zögernd hinzu, »als hätte sie Douglas während eines Geschlechtsverkehrs erstochen. Unten in diesem roten Wohnwagen. War das geplant? Steht das exakt so im Drehbuch? Ich habe da berechtigte Zweifel …« Bond wich zurück, winkte gelangweilt ab und wurde wenige Augenblicke später von dem Typen umarmt, den ich vor Minuten noch unten im Klappstuhl gesehen hatte. »Great acting, Craig, very great!«

Gerade wollte ich, um Aufmerksamkeit zu erlangen, mich mitten auf den Burgplatz stellen und all diesen Ignoranten lautstark kundtun, dass der berühmte Michael Douglas ein brutaler Mörder sei, den man schnellstens verhaften sollte, als sich der Amerikaner auf mich stürzte.

Ich schrie laut um Hilfe, bemerkte aber lediglich nur zwei sich nähernde Kameramänner, die ihre Linsen auf mich richteten. Niemand der Umstehenden machte auch nur die geringsten Anstalten, um mir zu helfen.

Ich rang unterdessen mit dem Schauspieler, der übermenschliche Kräfte zu besitzen schien, denn es gelang mir trotz größter Anstrengungen nicht, in diesem Kampf die Oberhand zu gewinnen. Zum Glück war es mir aber gelungen, ihm den Eispickel aus der Hand zu schlagen, der nun wenige Meter entfernt von uns im Schnee lag. »Warum hast du Britta getötet?«, keuchte ich, während ich versuchte, Michaels Hände von meinem Hals zu lösen.

»Das ist Sharon Stone«, hörte ich ihn in Deutsch mit einem breiten amerikanischen Dialekt antworten, »das ist hier ein Film, stupid motherfucker, Sharon spielt eine Hure, Daniel ist 007 und ich bin 004.«

»Nein – das war echt«, röchelte es aus mir heraus, »ich habe den Eispickel in Brittas Körper eindringen sehen.« Ich versuchte, seine Finger umzubiegen. »Du bist ein Mörder – und erkannt habe ich dich an deinem Hängearsch!«

»Alles falsch!« Verschwommen sah ich Douglas grinsen. »Der Böse in dem Film bist du! Du hast Sharon getötet. Das war dein eigener Arsch, den du da gesehen hast!«

Das konnte doch alles nicht wahr sein! War hier denn jeder des Wahnsinns fette Beute? Ich bekam kaum noch Luft, so fest schraubten sich Douglas' Hände um meinen Hals. »Wieso denn ich?«

»Weil du dir diese ganze sinnlose und brutale Zerstörungsorgie ausgedacht hast. Du willst die Welt vernichten, weil Du selbst nichts produzieren kannst! Du bist leer wie Flasche Strunz! Ohne Moral, ohne Anstand, Ehre, Fleiß, Ambitionen und ohne Ideen! Aber dafür wirst du büßen, Blofeld alias Birkefeld, goddamned son of a bitch!«

Ich hörte noch jemanden Cut rufen und dann stürzte ich haltlos in tiefe Schwärze ….

Ich stierte in völlige Dunkelheit und hatte Schwierigkeit, die Umgebung zu realisieren.

»Komm, Schatz, dreh' dich auf die Seite.« Die leise Stimme meiner Frau durchdrang die Finsternis. »Du schnarchst und machst Geräusche wie ein tasmanischer Beutelteufel.«

Ich atmete erleichtert aus. Ein Nachtmahr. Die ganze be-
ängstigende Geschichte nur ein alberner Albtraum. Schaum-
gebäck nächtlicher Fantasie. Beruhigt drehte ich mich auf die
Seite.

»Und komm endlich zur Ruhe, damit du morgen mit deiner Kurzgeschichte beginnen kannst.«

Mein Gott, ja – diese vermaledeite Story. Wenn ich doch
nur ein wenig Muße und Inspiration fände.

Vielleicht sollte ich morgen mal Schorse anrufen …

Manfred C. Schmidt

esens-hamburg-wulfen

Der Anruf kam unerwartet und ungelegen. Ich sehnte mich nach Ruhe und Abgeschiedenheit, hatte bei den letzten Aufträgen genug Kohle verdient und musste meine Prinzipien neu ordnen. Nein, nie wieder würde ich den Burgfrieden gefährden, nie wieder an meinem Wohnort als Auftragskiller tätig werden. Außerdem wollte ich eine neue Berufsbezeichnung für meine Tätigkeit finden. Mir fiel jedoch bis jetzt kein besserer Begriff ein: *Agent für destabilisierende Lebensphasen* eignete sich ebenso wenig wie *Manager for Deathsolutions, Fachbearbeiter für Himmel- und Höllenbewegungen, Maître de Plaisir, Fachkraft für physischen Absentismus* oder ähnlich.

Auf alle Fälle war der Anruf von Luigis Neffe »Grabetechniker« Sergio mehr als überflüssig.

»Du, Ole …«, er konnte es nicht lassen. Dabei wusste Sergio ganz genau, wie allergisch ich beim Nennen von Namen reagierte. Jedem Killerlehrling wurde vom Beginn seiner Karriere an beigebracht, am Telefon keine Namen zu nennen. Jedem Deppen in unserem Metier war klar, dass der Lauschangriff der Polizeibehörden nicht durch offenes Nennen von Namen erleichtert werden musste.

Aber Sergio hielt sich natürlich nicht daran; Sergio nicht und auch nicht seine sardische, bucklige Verwandtschaft, allen voran Sergios Onkel Luigi und dessen Bruder. Es war ihnen nicht auszutreiben.

Ich ergab mich meinem Schicksal in der Hoffnung, dass aktuell keine Recherchen der Polizei gegen mich liefen.

»Also, schieß los!«, setzte ich das Telefonat fort, zweifelnd, ob der italienische Kollege dies nicht als Aufforderung zu einer kriminellen Handlung auffasste und prompt sagte Sergio: »Schießen? Nicht mein Ressort! Du weißt, ich bekomme meine Informationen durch spezielle Grabungstechniken, aber mit Schusswaffen musst du mir vom Leibe bleiben. Übrigens habe ich in Kalabrien dazu mein Diplom bzw. Bachelor gemacht: Ich bin Digger Operator, falls dich das interessiert.«

Nein, tat es nicht. Mir war nicht danach, mich im Detail zu verlieren, also drängte ich den Grund des Anrufes zu erfahren.

»Wir haben einen Auftrag, O…, äh.« Er räusperte sich verlegen und kam soeben darum herum, erneut meinen Namen zu nennen. Das verriet, dass es sich um eine ernste Angelegenheit handelte. Sergio wollte mich nicht verärgern, er oder die *famiglia* brauchte mich.

»Es geht um einen Job in Hamburg. Nähere Einzelheiten werden dir durch einen Kurier mitgeteilt. Ein Cousin ist auf der Durchreise. Er kommt bei dir vorbei und hat genaue Instruktionen.«

»Passt nicht sehr gut. Ich will Urlaub machen«, entgegnete ich. Meine Verabredung mit Carmen Sutra stand seit einigen Tagen. Wir wollten mit Freerks Bulli in Wulfen auf Fehmarn campen. Leider hatte Freerk noch nicht zugesagt.

»Du tust der *famiglia* einen sehr großen Gefallen. Unsere Auftragsbücher sind prall gefüllt und wir haben selber keinen einzigen freien Mann zur Verfügung. Onkel Luigi lässt übrigens schön grüßen und dir ausrichten, dass neben einer größeren Summe als Honorar auch sämtliche Spesen übernommen werden«, meinte Sergio.

Luigi, der alte Gauner. Er saß gut im Geschäft und hatte nicht nur den Markt auf Sardinien im Griff, sondern breitete sich auch immer weiter in Süddeutschland aus. Er konnte sich vor Aufträgen gar nicht retten. Es war erstaunlich, wie er sich mit seiner *famiglia* über Generationen hinweg von kleinen Schafhirten und Viehdieben zu einem der gefürchtetsten Clans hochgearbeitet hatte, mit Millionen Umsatz vor Steuer, versteht sich. Aber tauschen möchte ich nicht mit ihm. Letztlich war ich zufrieden mit meinem eigenen Geschäft.

Und Luigi ließ mir immer etwas zukommen; daher konnte ich dieses Anliegen nun unmöglich ausschlagen. Das ließ auch Sergios Hinweis bezüglich Luigis Grüße unmissverständlich durchblicken: *Machst du diesmal nicht mit, machst du nie mehr mit!*

Nach kurzer Überlegung stimmte ich zu. Ich wollte auf die Kontakte zur *famiglia* nicht verzichten.

»Okay, ich mach's! Ich hätte allerdings noch eine Bitte, ich bräuchte ein Wohnmobil – zur Tarnung«, pokerte ich. Mir war zum Glück noch rechtzeitig eingefallen, dass die Ausleihe von *Benno*, wie Freerk seinen roten Bulli nannte, noch unsicher war. Erfreut vernahm ich Sergios Antwort: »Kein Problem, das bringt der Cousin gleich mit!«

Der Deal war perfekt.

Am folgenden Tag lief ich ruhelos hin und her. Ungeduldig erwartete ich die Ankunft des Kuriers. Die Aufregung packt mich immer, wenn ich nicht genau weiß, was auf mich zukommt. Sind die Fakten klar, werde ich ruhiger.

Die Gewissheit läutete am späten Vormittag an der Tür.

»Biste du Ole?« Die heisere Stimme erinnerte mich an Luigis Bruder. Dieses Mafia-Exemplar war jedoch wesentlich jünger und noch sichtlich grün hinter den Ohren. Die Haare schimmerten nämlich in exotisch anmutenden Farben auf seinem Schädel. Dicke Bolzen steckten in der Mittelscheidewand der Nase, weitere Angelhaken in Ohren und Augenbrauen. Die Hose des Mafia-Punks hing auf Halbmast, so dass die karierte Boxershorts oberhalb des Gürtels blitzte. *Vito Corleone* würde sich im Grab umdrehen! Mafiosi, die ich kannte, waren gut gekleidet, im schwarzen Anzug wie die Blues Brothers, manchmal mit Nadelstreifen.

Drei-Finger-Joe, so hieß der Typ wegen seiner unvollständigen Hand, beschrieb detailliert meinen Auftrag: Der Professor Steven Greenbird aus Hamburg sollte ins Jenseits emeritieren. Anschrift, Fotos und weitere wichtige Einzelheiten steckten im schwarzen Umschlag, den er auf dem Schreibtisch deponierte. Den Autoschlüssel warf er mir geschickt zu.

»Was mache ich anschließend mit dem Wohnmobil?«

»Behalt es, kleine Zugabe«, war Joes knappe Antwort. Er hielt mir seine halbe rechte Handfläche hin: Eine Geste der Rapper und Basketballer – High Five. Noch während ich die Finger zählte, klatschte ich ab und überlegte, ob es sinnvoll sei, mit einem geklauten WoMo unterwegs zu sein.

»Alles save«, meinte Joe, der scheinbar Gedanken lesen konnte, drehte sich auf den Hacken um und verschwand grußlos.

Ich verwarf meine Bedenken und googelte nach Stellplätzen in der Nähe Hamburgs. Ein Campingplatz an der Elbe mit S-Bahn-Anschluss zur City schien mir geeignet.

Und nach dem Auftrag würde ich mit Carmen weiter nach Wulfen/Fehmarn fahren. Der Plan gefiel mir.

Am Abend war alles gepackt: Würgedraht, Kurzwaffen, Gewehr mit Laserausrichtung, Schalldämpfer, verschiedene

Dolche, ein Giftfläschchen mit Einsatz- und Dosieranleitung, die kleine Sprengladung zum Überwinden von Hindernissen sowie der obligatorische Klappspaten. Ganz neu im Programm hatte ich das zusammenlegbare Blasrohr und den Sportbogen mit Köcher und Pfeilen. Diese Empfehlung aus der Fachzeitschrift für lautloses Töten hatte mich gepackt. Das musste ich unbedingt perfektionieren.

Danach steuerte ich das Wohnmobil auf den Parkplatz vor der Esenser Kneipe. Laute Musik dröhnte aus dem Schankraum nach draußen. Beim Eintreten grüßte ich durch Kopfnicken nach allen Seiten und setzte mich auf die gewohnte Bank. Auch Jann Janssen, Freerk Freerksen und Cornelius Cornelius grüßten kurz zurück, eine außergewöhnliche Ehre, die mir seit unserem letzten gemeinsamen Coup zuteilwurde. Neben ihnen stand Carmen Sutra und schlürfte einen Aperol-Spritz. Als sie mich sah, stürmte sie auf mich zu und umarmte mich. »Du, Ole«, sagte sie mit Schmollmund. »Es ist etwas Schreckliches passiert. Ich kann nicht mit, meine Oma in Bremen ist gestorben und da muss ich morgen hin. Das verstehst du doch, oder?«

Ich gab den Verständnisvollen, konnte mir allerdings nicht so richtig erklären, warum Carmen unter diesen traurigen Umständen so fröhlich in dieser Kneipe herumschwirrte: Aber konnten diese Augen und vor allem dieses Dekolleté lügen?

»Nee, is klar, schade eigentlich«, erwiderte ich nur kurz, aber enttäuscht und riss meinen Blick nur schwerlich ob der verpassten Chance von ihren Brüsten.

»Super«, flötete sie, ging wippenden Schritts zurück an den Stammtisch, von dem sich nun Freerk Freerksen löste und auf mich zusteuerte. Die reinste Völkerwanderung, dachte ich noch, als Freerk auch schon neben mir stand und sagte:

»Du, Ole«, er druckste herum und wiederholte, »du, Ole; das mit meinem Bulli, das klappt nicht. Den brauch ich selber!« Die Aussage fiel ihm so schwer, wie das Reden an sich. Da ich mittlerweile mein eigenes WoMo hatte, benötigte ich seinen VW-Bus, diese stinkende Kiste, sowieso nicht mehr.

»Macht nichts«, entgegnete ich nur.

»Alles klar«, hörte ich ihn gedämpft murmeln und ebenso gedämpft kam das »Prost! Prost! Prost!« dieser Dreierbande, als Freerk an den Stammtisch zurückkehrte. Es klang, als feierten sie einen Erfolg. Ich genehmigte mir noch einen Absacker.

Drei Stunden später startete ich gen Hamburg, wurde aber so müde, dass ich bereits auf der Raststätte Hasbruch bei Delmenhorst ein Nickerchen einlegen musste. Gegen 10 Uhr flutete die Sonne das Wageninnere und ich schlug die Augen auf. Mit einem belegten Brötchen von der Tanke, das nach alten Socken schmeckte, setzte ich die Fahrt fort.

Einige Minuten später tauchte plötzlich Freerks roter Bulli mit den typischen Fehlzündungen vor mir auf. Jann Janssen, Freerk Freerksen und Cornelius Cornelius fuhren anscheinend mit Carmen zur Beerdigung. Ich setzte zum Überholen an, hupte dröhnend und freute mich, dass ich alle Mitfahrer im Bulli aus dem Halbschlaf geschreckt hatte.

Kurz danach lenkte ich auf die Autobahn nach Hamburg und wunderte mich, dass der rote Bulli nicht nach Bremen abbog, sondern meiner Fahrspur folgte. Der Abstand vergrößerte sich schnell.

Nach öder Fahrt durch zahllose Baustellen stand ich gegen Mittag endlich an der blockhausartigen Rezeption des Campingplatzes. Ich meldete mich mit falschem Namen an.

»Wir haben noch einen Stellplatz bei den Dauercampern. Oder Sie stellen sich zu den Hippies auf der anderen Seite des Sees«, meinte der Platzwart. Im Nachhinein hätte ich die zweite Variante wählen sollen, aber hinterher ist man immer schlauer. »Nummer 12«, brüllte er mir noch hinterher, als ich anfuhr.

Zum Campingplatz gehörte ein riesiger Badesee, an dem sich im Osten eine Baumgruppe anschloss. Dorthin hatte der Platzwart gezeigt, als er von den »langhaarigen Bombenlegern« sprach. Also fuhr ich in die andere Richtung zunächst über asphaltierte, dann geschotterte Wege. Die Parzellen waren großzügig eingeteilt und von den normalen Campern mit Sichtschutzplanen, von den Dauergästen mit brusthohen Anpflanzungen umfriedet. Von den Hauptwegen zweigten fächerartig kleine Zugänge ab.

Ich bog in den Rotbarschpfad ein. Kaum hatte ich das Wohnmobil schräg zum Weg manövriert, linste auch schon das rote, dickwangige Gesicht meines Campingnachbarn neugierig über die Hecke. Beim Zurücksetzen auf meine Parzelle bemerkte ich, dass die Rückfahrkamera ausgefallen war. Also stieg ich aus, um mir die rückwärtige Distanz zur Stellplatzgrenze anzusehen.

»Tach, junger Mann«, schallte es vom Rotkopf herüber, »fahrn Se mal zügig zu, damit Se hier die Luft nicht so verpesten. Da is ja noch drei Meter Platz.«

Wieder im Wagen erblickte ich ihn im Rückspiegel in voller Größe: Oberkörper mit mächtigem Bierbauch sonnenbrandbraun, hellblaugelbe Bermudashorts, storchähnlich dünne, hellhäutige Stiekelbeine mit dunklen Socken in Sandalen, in der Linken eine halbleere Bierflasche. Mit der rechten Hand wies er mich an, hob dazu die Handfläche zum Zeichen des Langsamfahrens in Kopfhöhe, drehte sie anschließend zu sich und deutete mit auf- und zuklappenden Fingern an, dass noch ein bisschen Platz sei. Der plötzlich absinkende Arm war der nonverbale Befehl zum sofortigen Stopp.

»Dat hamm Se auch noch nich oft gemacht, wat?«, tadelte er meine Fahrkünste. »Steht auch ganz schief die Kiste. Dat ham wa hier nich so gerne!«

Schon wollte ich ihm Bescheid sagen, dass mir das scheiß-egal wäre, doch er verschwand wieder in seinem Domizil. Letztlich war das auch gut so, denn schließlich wollte ich keinen Stress machen und möglichst unauffällig bleiben.

Auf die Schnelle richtete ich mich ein und freute mich auf ein kleines Mittagsschläfchen. Unerwartet riss mich ein lautes Klopfen und Hämmern an der Tür aus der Tiefschlafphase. Instinktiv griff ich nach der Waffe unter dem Kopfkissen und schob vorsichtig die Gardine zur Seite. »El Nervo« von ne-benan stand, mit Feinrippunterhemd bekleidet, in Begleitung eines weiteren Prachtexemplars deutscher Männlichkeit vor dem Wohnmobil.

»Was gibt es?« Ich öffnete die Tür einen kleinen Spalt und schielte hinaus.

»Wir Dauercamper laden zum Arbeitsdienst ein, 17 Uhr an-treten«, kam es kurz und knapp von draußen. »Wir wolln hier ja nicht alles so verkommen lassen, wie das Pack von drüben.«

Auwei, dachte ich, Stress mit den Nachbarn aus den neu-en Bundesländern? Dann aber sah ich, dass der Störenfried über den Badesee zu den Hippies zeigte. Von dort war lautes Knallen zu hören.

»Jetzt schießen die auch noch«, brüllte der Dauercamper und ging einen Schritt zur Seite.

»Nein, nein«, beruhigte ich ihn verschlafen, aber fachmän-nisch. Das Knallen kam mir bekannt vor. »Das ist ein Auto, das sind keine Schüsse!«

»Hm, würd mich bei dem Gesocks nicht wundern, wenn die hier rumballern. Also bis um Fünfe!« Er schob ab und sein Begleiter hinterher.

Du kannst mich mal kreuzweise, dachte ich, um 17 Uhr will ich in Hamburg sein. Ich kramte den Briefumschlag mit der Auftragsbeschreibung und las alles sorgsam durch.

Die S-Bahn brachte mich direkt in die Hamburger City. Von dort nahm ich ein Taxi und ließ mich in das Villenviertel chauffieren, in dem Steven Greenbird wohnte. Während ich an der Jugendstilvilla vorbeispazierte, drückte ich den Auslöser meiner Digitalkamera. Nach fünfzig Metern drehte ich um und lief ein zweites Mal am Haus vorbei. Es war noch zu hell, um ungestört einsteigen zu können. Einige Straßen weiter entdeckte ich ein kleines Café.

Bei dem schwulen Ober bestellte ich einen »Latte!«, worauf dieser dämlich kieksend zur Küche abzog. Kurze Zeit später stellte er das heiße Getränk mit einer noch dämlicheren Bemerkung auf den Tisch, um gleich darauf möglichst schnell die Eingangstür aufzuhalten. Hocherfreut begrüßte er den neuen Gast, der am Nachbartisch Platz nahm. Beide schienen sich gut zu kennen, hielten aber die Form aufrecht.

»Einen Cappu, wie immer, Mister Greenbird?«, flötete der Kellner.

Elektrisiert hörte ich diesen Namen: Greenbird, das war doch ... Ich suchte in meinem Smartphone das Bild meines Opfers. Tatsächlich – Greenbird! Stichwortartig hatte ich sämtliche Informationen über ihn in einem Dossier zusammengestellt. – Lehrbeauftragter an der Technischen Universität, Experte für Computersabotage, Fachgebiet Cyberkriminalität und Organisiertes Verbrechen: Stand auf der Gehaltsliste der Mafia, Luigis Clan, hatte sich auf dem Konto der *famiglia* bedient und was noch schwerwiegender war: Er lieferte gezielt Informationen über den Clan an die Polizei. Sein Todesurteil! Dafür war ich hier.

Konnte sein, dass er homosexuell war, aber das stand nicht in den Infos. Was soll's? Keine Vorurteile, sollte er halt dran glauben, warum nicht? Schließlich hatte ich auch genug Heteros erledigt. Politisch alles korrekt!

»Zwei Karten für die Oper, am Sonntag, 17 Uhr, Loge zwei links«, flüsterte Greenbird, als er den Kaffee serviert bekam, und legte die Tickets auf den Tisch. »Um 16.30 Uhr gibt's eine Einführung!«, witzelte er eindeutig zweideutig, während sein Auserwählter für meinen Geschmack etwas zu tuntig nasal antwortete: »Ach nein, wie toll!«

Kurz nach Greenbird verließ auch ich das Lokal. An der nächsten Kreuzung rief ich ein Taxi und fuhr zur Hamburger Staatsoper. Ich überflog den Spielplan: Sonntag 17 Uhr; Don Carlos, Guiseppe Verdi. Ausverkauft.

»Benötigen Sie noch Karten? Meine Freunde und ich hatten die Loge 5 rechts reserviert.« Ein südländisch aussehender Typ wedelte mit den Eintrittskarten. »Uns ist etwas dazwischen gekommen«, meinte er.

Wir waren uns schnell einig: Er bekam die Kohle und ich hielt die Billets in der Hand. Die gesamte Loge, ein Glückstreffer. So konnte ich mich ungestört ausbreiten. Und Geld spielte ohnehin keine Rolle, die Spesen übernahm die *famiglia*.

Mit der letzten S-Bahn kehrte ich auf den Campingplatz zurück. Während es auf der anderen Seite des Sees noch hoch her ging, herrschte bei den Dauercampern bereits Friedhofsruhe. Leise ging ich auf meinen Stellplatz zu und wollte soeben aufschließen, als mich der helle Schein einer Lampe blendete.

»Halt! Wer da? – Ach Sie! Wat machen Se denn so spät noch vor dem Wohnmobil? Zum Arbeitsdienst nicht antreten, aber bis in die Puppen auf Trallafitti. Dat ham wa gerne.« Vor mir stand der Blockwart von Nummer 11 in Begleitung zweier weiterer Camper, die Stirn- bzw. Taschenlampen und dicke Knüppel dabei hatten. »Entwarnung, Leute. Dat is der Neue! Den müssen wa noch hinbiegen«, instruierte mein Nachbar seine Kollegen und sagte zu mir gewandt: »Wir sind die Nachtwache! Dat kommt schon mal vor, dat die Hippies uns de Reifen plattmachen. Aber nun passen wa uff, nu ham se keene Chance mehr. Dat nächste Mal geben Se Bescheid, wenn Se so spät noch unterwegs sind! Abrücken!« Die Truppe verschwand in der Dunkelheit.

Was war das jetzt, fragte ich mich. Abmelden, wenn ich komme und gehe? Die spinnen doch, die Camper! Ich nahm mir vor, diese Rentnerband das nächste Mal ordentlich strammstehen zu lassen.

Im Wohnmobil fiel ich augenblicklich in tiefen Schlaf. Im Traum sah ich meinen Nachbarn den Trupp Dauercamper in Dreierreihen antreten und marschieren lassen. Die Knüppel wurden von dieser paramilitärischen Truppe wie Gewehre präsentiert und die Leibesertüchtigungen absolvierten sie klaglos.

Am nächsten Morgen fertigte ich beim Frühstück eine Skizze vom Opernhaus und überlegte, wie ich vorgehen sollte. Die Aktion mit Greenbird musste leise über die Bühne gehen, das war klar. Die anderen Besucher zahlten schließlich eine Menge Geld und wollten nicht groß gestört werden. Daher schied die Langwaffe aus. Es würde im Übrigen unmöglich sein, sie in die Loge zu schmuggeln; gleiches galt für Pfeil und Bogen.

Blieb nur das Blasrohr, meine neueste Errungenschaft. Ich räumte den Tisch ab, nahm die beiden Rohre aus dem Etui und schraubte sie mittig am Gewinde zusammen. Mit vier

Pfeilen verschwand ich hinter einer Hecke. Die Bedingungen waren gut, ähnlich wie in der Oper, denn kein Luftzug regte sich und der Abstand passte. Ich zielte auf die Reifen des Nachbarwohnmobils, das kurz darauf mangels Luft etwas tiefer sank. Die Generalprobe war gelungen.

Ich saß bereits wieder vor meinem Kaffeebecher, als mein Nachbar vom Einkauf zurückkehrte.

»Gestern sind neue Vandalen dazugekommen, sehn Se mal!« Er zeigte über den See und reichte mir sein Fernglas. Die platten Reifen hatte er noch gar nicht wahrgenommen. »Sehn Se die rote Kiste da.«

Tatsächlich, ein roter Bulli. Eindeutig, das war Freerks Benno. Hatte ich das gestrige Knallen doch richtig gedeutet. Und alle vier saßen gemütlich davor: Jann Janssen, Freerk Freerksen und Cornelius Cornelius mit Carmen. Also hatte sie gelogen: Sie war gar nicht zum Begräbnis der Oma nach Bremen gefahren. So ein Luder!

Gerne hätte ich herausgefunden, was die Vier im Schilde führten, aber dazu hatte ich jetzt keine Zeit. Gegen 17 Uhr musste ich in der Oper sein und meinen Job erledigen. Anschließend würde ich sofort zurückflitzen, das gepackte WoMo starten und gen Wulfen auf Fehmarn fahren, wo ich endlich meinen wohlverdienten Urlaub antreten wollte. Schon mehrfach war ich dort Gast gewesen. Den privaten Stellplatz in der Dörpstraat mietete ich schon seit Jahren an. Alles, was man für eine gute Erholung brauchte, war vorhanden, es war mein Paradies. Da der Besitzer das Grundstück leider nicht verkaufen wollte, hatte ich auch schon an eine andere Lösung gedacht.

Aber vorher stand diese Arbeit an – Steven Greenbird wartete in der Oper. Pünktlich betrat ich die Vorhalle des Opernhauses und sah mich um. Ich scannte die Umgebung und die Besucher ab; es war nichts Auffälliges zu entdecken, bis auf eine Kleinigkeit: Es liefen verdammt viele Südländer hier herum. Es gab scheinbar keine Hamburger, die sich die Oper ansehen wollten. Seltsam!

Ich humpelte, da ich mir die Blasrohre ans linke Bein gebunden hatte, zum Fahrstuhl und fuhr zur fünften Etage hoch. In der zweiten Reihe meiner Loge machte ich es mir bequem und zog die Rohre heraus. Zusammen mit den Ersatzpfeilen und dem Giftfläschchen legte ich alles auf den Boden.

Während Don Carlos sich in den höchsten Tönen auf der Bühne beklagte, dass sein Vater, König Philipp von Spanien, Carlos' Verlobte selber zur Frau nehmen wollte, inspizierte ich den Zuschauerraum. Mein Eindruck bestätigte sich: es war überwiegend ausländisches Publikum im Saal. Ich überflog die Sitzplätze und konnte Greenbird ausmachen. Er saß allein ganz vorne in seiner Loge und starrte fasziniert auf die Bühne. Sein Kellner war nicht zu sehen, wahrscheinlich hatte er den Professor sitzen lassen.

Ich ließ meinen Blick weiter über die Zuschauer schweifen und erschrak: In der Loge über Greenbird saßen vier Gestalten, die ich nur zu gut kannte. Ich hätte sie überall erwartet, aber nicht hier: Jann Janssen, Freerk Freerksen und Cornelius Cornelius saßen dort feingemacht mit Schlips und Kragen. Sie guckten ebenso wie Carmen Sutra, die ein schwarzes Kleid mit tiefem Ausschnitt trug, geradeaus auf das Geschehen. Fast wäre mir vor Schreck die Giftflasche aus der Hand gefallen. Was hatte das zu bedeuten? Jann Janssen, Freerk Freerksen, Cornelius Cornelius und die Oper – zwei Welten begegnen sich! Egal, das konnte ich hinterher klären, nun ging mein Job vor.

Eine Weile wartete ich noch ab. Dann schraubte ich die Blasrohre zusammen und tunkte die Pfeilspitzen vorsichtig in die Giftflasche. Der letzte Auftrag vor dem ersehnten Wulfenurlaub. Ich nahm Professor Greenbird ins Visier. Er schien begeistert, rückte an die Brüstung und klatschte vehement Beifall. Er schien nicht im Geringsten zu ahnen, dass die *famiglia* einen Killer auf ihn angesetzt hatte. Dabei wusste jeder, dass ein Pentito, ein Verräter wie Greenbird, der sich nicht an das Gebot der Omertà hielt, sein letztes Lied gesungen hatte.

Ich holte tief Luft und jagte das Geschoss durch die Rohre. Greenbird fasste sich an den Hals und zog den Pfeil heraus; aber zu spät. Das Gift wirkte blitzschnell. Er knickte seitlich ein, verlor das Gleichgewicht und stürzte über die niedrige Balustrade in die Tiefe. Seltsamerweise landete er auf den einzig freien Sitzplätzen in dem ansonsten ausverkauften Haus.

Ebenso ungewöhnlich war, dass es keinen entsetzten Aufschrei gab; im Gegenteil: Die Opernsänger brachen ab und schritten feierlich an den Rand der Bühne. Die Musiker im Orchestergraben spielten einen gewaltigen Tusch und ein Feuerwerk mit einer sprühenden Zahl 25 erhellte das Theater. Sämtliche Zuschauer erhoben sich von ihren Plätzen und klatschten in meine Richtung Beifall, während sich ein Punktscheinwerfer auf mich richtete und der Chor das Lied »For he's a jolly good fellow …« anstimmte.

Jann Janssen, Freerk Freerksen, Cornelius Cornelius und Carmen winkten lächelnd zu mir herüber und ein Mann betrat die Bühne. Es war Luigi.

»Lieber Ole«, begann er in seinem Italo-Deutsch, während es im Saal etwas leiser wurde. »Zu deinem 25-jährigen Dienstejubiläum wunsche iche dir alles Gute, migliore amico. Aale sinte gekomen, aale: Deine Freunde aus Esense«, dabei zeigte Luigi auf Jann Janssen, Freerk Freerksen, Cornelius Cornelius und Carmen Sutra, die daraufhin euphorisch applaudierten, »unte die ganze *famiglia* aus Sardegna. Wir haben gedachte, wir maken Betriebsausflug nach Hamburge, zu deinem Jubiläum, eh.«

Während Luigi sich diebisch über die gelungene Überraschung freute, blickte ich völlig perplex über die Zuschauerränge. Alles war inszeniert gewesen, alles. Sie hatten mich schön hereingelegt. Ich war gerührt und wischte mir eine kleine Träne aus dem Auge.

Hilfreiche Geister hatten mittlerweile die Leiche und das Blut beseitigt. Im Foyer wurden Kanapees und Champus gereicht.

»Wir haben ein wenig gesammelt«, sagte Luigi, als er mich im Vorraum der Oper umarmte. »Wir mussten nure ganze wenig nachhelfen, capito?« Lächelnd reichte er mir einen Umschlag. Er enthielt die Grundbucheintragung mit meinem Namen des von mir so geliebten Grundstücks in Wulfen.

»Dorte iste eine kleine Feier geplant«, sagte Luigi. »Den ganzen Campingplatz haben wir reservierte; wir maken Festa, große Party am Spiaggia, am Strandte«.

biografien

Marita Alberts und Jürgen Alberts, beide Jahrgang 1946, leben in Bremen. Zusammen schreiben sie Kriminalgeschichten, die in vielen Anthologien veröffentlicht sind, und Reiseromane. Im Herbst 2011 erschien im KBV-Verlag: »Die verliebten Zypressen. Ein Roman aus der unbekannten Toskana«. Jürgen Alberts schreibt Kriminalromane (eine Serie von 10 Büchern über die Hansestadt Bremen, 1985-1995) sowie historische Romane. Zusammen mit der schwedischen Krimi-Legende Maj Sjöwall hat er 2009 die Anthologie »Kriminelles Doppel« veröffentlicht. 2010: »Goethe und das Taubstummenorchester. Zwei Gaunerromane zum Preis von einem.« (Beide im KBV-Verlag). www.juergen-alberts.de

Richard Birkefeld, 1951 in Hannover geboren, Historiker und Politologe. Er veröffentlichte zahlreiche Texte zur Stadtgeschichte und über kulturelle Phänomene der Moderne. Gleich sein erster Roman »Wer übrig bleibt, hat recht« wurde mit dem *Deutschen Krimipreis* und dem *Friedrich-Glauser-Preis* fürs beste Debüt 2003 ausgezeichnet. Es folgten die Romane »Deutsche Meisterschaft« und »Tod einer Stracke« und zahlreiche Kurzgeschichten. Birkefeld lebt heute als freier Autor und Herausgeber von verschiedenen Anthologien, darunter u. a. (zusammen mit Conny Kuhnert) »Niedertracht in Niedersachsen«, KBV 2012, in Hannover.

Antjer Böker, geb. 17. Januar 1954 in Wilhelmshaven. Kapitän auf Großer Fahrt (AG), Dipl.-Ing. für Seeverkehr, Sicherheitsingenieur mit Zusatzstudium *Gefahrgut See* in England, langjährige Beratungstätigkeit in Nahost und Erstellung eines Sicherheitshandbuches. Hobbys sind Reisen, Auto, Lesen, Jagdhund. Mitglied im Redaktionsbeirat einer großen Deutschen Sicherheitszeitschrift. Mitte der 90er Jahre zahlreiche Publikationen von Fachartikeln in renommierten Zeitschriften in England, USA und Deutschland. Verfasser von Kurzgeschichten.

Guido M. Breuer wurde 1967 in Düren/Rheinland geboren. Er wuchs in der Nordeifel auf. Heute arbeitet und lebt er als freier Schriftsteller in Bonn. Seine Tatorte finden sich vornehmlich in der Eifel. Dort ermittelt auch sein Lieblings-Protagonist »Opa Bertold«, der sich erstmals im Frühjahr 2009 mit »All die alten Kameraden« in das kriminalistische Geschehen der rauen Eifel einschaltete. 2010 folgte »Altes Eisen« und im Frühjahr 2011 »Alte Narben«. 2012 bestreiten Opa Bertold und seine Freunde aus der Seniorenresidenz Burgblick in dem Krimi »Nach alter Mörder Sitte« ihr viertes Abenteuer.

Olaf Büttner schreibt Romane für Jugendliche und Erwachsene, Drehbücher, Kolumnen und mehr. Seine Arbeiten wurden mehrfach ausgezeichnet und nominiert. So erhielt er für »Sommersturm« den *DeLiA 2005* als bester deutschsprachiger Liebesroman. »Die letzte Party« war u. a. 2009 für den *Hansjörg-Martin-Preis* als bester Krimi für Jugendliche sowie für den *Lese-Hammer* als bestes internationales Jugendbuch nominiert und wurde mit einem Stipendium des Landes Niedersachsen gefördert. Im September 2010 erschien der Roman »FILMRISS« bei Ravensburger. www.olafbüttner.de

Christiane Franke lebt an der Nordseeküste, wo auch ihre Romane und der Großteil ihrer kriminellen Kurzgeschichten spielen. Als Herausgeberin ist sie an mehreren Anthologien beteiligt. Sie ist Mitglied im *Syndikat* und betreut bei den *Mörderischen Schwestern* den Norddeutschen Raum. 2003 war sie für den *Deutschen Kurzkrimipreis* nominiert und erhielt für 2011 das Stipendium der Insel Juist *Tatort Töwerland*. Und da sie auch anderen gern das Handwerk des Schreibens vermittelt, ist sie Dozentin für Kreatives Schreiben. www.christianefranke.de

Peter Gerdes, geboren 1955 in Emden; studierte Germanistik und Anglistik. Mitglied im *Verband deutscher Schriftsteller* und im *Syndikat*, seit 1999 Leiter der *Ost-Friesischen Krimi-Tage*. Zahlreiche Anthologieherausgaben und Kurzgeschichten. Im Leda-Verlag erschienen unter anderem »Ebbe und Blut«, »Der Tod läuft mit«, »Fürchte die Dunkelheit«, »Solo für Sopran«, »Sand und Asche«, »Wut und Wellen« sowie »Der siebte Schlüssel«, dem die Jury des Literaturpreises *Das neue Buch* das Prädikat »Bemerkenswertes Buch« zuerkannte. 2011 erschienen »Kurz und schmerzlos – Stahnke ermittelt« und der Kriminalroman »Zorn und Zärtlichkeit«.

Matthias Houben, nach dem Studium von Germanistik, Philosophie und Informationswissenschaften in unterschiedlichen Berufen unterwegs. Lebt und arbeitet als Softwareentwickler in Ostfriesland und schreibt Geschichten, Stories und Erzählungen. Betrachtet sich selbst als Geschichtenerzähler. www.litbit.de

Regine Kölpin, geb.1964 in Oberhausen, lebt in Friesland. Publikationen von zahlreichen Romanen, Kurztexten, auch als Herausgeberin tätig. Unter Regine Fiedler schreibt sie für Kinder und Jugendliche. Regine Kölpin leitet regelmäßige Schreibwerkstätten in der Jugend- und Erwachsenenbildung, und inszeniert unter *Jever ganz mörderisch* historische Stadtführungen. Mehrfache Auszeichnungen. Zuletzt nominiert für den *Kärntner Krimipreis 2008*, 1. Platz *E.G.O.N. 2009*, Stipendium *Tatort Töwerland 2010*. Auszeichnung zur *Starken Frau Frieslands 2011*, sowie 2. Platz bei der Leserwahl vom Krimikiosk zur *Krimiautorin 2011*. www.regine-koelpin.de

Thomas Kastura, geboren 1966, lebt in Bamberg, studierte Germanistik und Geschichte, arbeitet als Autor für den Bayerischen Rundfunk. Er veröffentlichte zahlreiche Erzählungen, Jugendbücher und Kriminalromane, u. a. »Der vierte Mörder« (2006; Platz 1 auf der KrimiWelt-Bestenliste). Zuletzt erschien 2010 »Das geheime Kind«. Die »Brandeisen-&-Küps-Geschichten« sollen zu gegebener Zeit in einem eigenen Band erscheinen. www.thomaskastura.de

Ralf Kramp, geboren 1963 in Euskirchen, lebt in der Vulkaneifel. Für sein Debüt *Tief unterm Laub* erhielt er 1996 den Eifel-Literatur-Förderpreis. Seither erschienen zahlreiche Kriminalromane, Kurzgeschichtenbände und Kinderkrimis. Unter dem Titel »Blutspur« veranstaltet er spannende Krimi-Events in der Eifel. Seit 2007 leitet er mit seiner Frau Monika im *Kriminalhaus* in Hillesheim Deutschlands erstes Krimi-Café und das *Deutsche Krimi-Archiv* mit etwa 30.000 Büchern. www.ralfkramp.de

Tatjana Kruse, Jahrgangsgewächs aus süddeutscher Hanglage mit Migrationshintergrund (Vater Schweizer, Mutter Friesin), lebt und arbeitet abwechselnd in Schwäbisch Hall und Hamburg und campiert selbst nicht wirklich gern im Freien, aber wenn sie es täte, dann selbstverständlich nur wild! Seit dem Jahr 2000 schreibt sie Kriminalromane, u. a. die »Kommissar Seifferheld«-Reihe bei Droemer Knaur. www.tatjanakruse.de

Cornelia Kuhnert lebt und schreibt in der Nähe von Hannover. Sie hat nach dem Geschichts- und Germanistikstudium als Lehrerin an verschiedenen Schulen gearbeitet. Veröffentlicht hat sie Kriminalromane aus dem niedersächsischen Kleinstadtmilieu, zuletzt »Tödliche Offenbarung« bei zu Klampen. Ihre Kurzkrimis stehen in zahlreichen Anthologien. Zusammen mit Richard Birkefeld hat sie »Bock auf Wild« herausgegeben. www.corneliakuhnert.de

Heinrich-Stefan Noelke wurde 1955 geboren. Er ist gelernter Metzger, studierter Betriebswirt, hat in Frankreich, England und Spanien gearbeitet und lebt nun in Osnabrück. Seine Geschichten handeln nicht von Perversen, Verschwörern oder Mafiosi, sondern von Menschen und ihren Strategien, sich durchzusetzen. Wie weit ist man selbst davon entfernt, jemanden umzubringen? Er hat 2006 den Norwegenroman »Das Schwanken am Rande der Welt« veröffentlicht und 2008 den Kriminalroman »Das Kind im Glas«, der in Spanien spielt. 2011 folgte der Osnabrückkrimi »Tod an der Hase«. www.hsnoelke.de.

Regina Schleheck lebt nach Jugend in Köln, Studium in Aachen heute in Leverkusen, fünf Kinder, seit zwölf Jahren Oberstudienrätin am Kölner Berufskolleg, freiberufliche Referentin, Autorin, vielfach ausgezeichnet, Veröffentlichungen vor allem im Bereich Kurzprosa und Hörspiel. Ihr Kurzgeschichtenband »Klappe zu – Balg tot« wird 2012 neu verlegt, 2011 hat sie die »Mordsmütter« herausgegeben. Neben vielen anderen Auszeichnungen erhielt sie den *Deutschen Phantastikpreis* 2008 für das SF-Hörspiel »Mark Brandis – Bordbuch Delta VII« und den 2. *Totenschmaus-Kurzkrimipreis 2009*. www.regina-schleheck

Jobst Schlennstedt, 1976 in Herford geboren. 21 Jahre blieb er der Stadt treu, seit Anfang 2004 lebt er in Lübeck. Zwei Jahre später erschien sein erster Kriminalroman, der den Auftakt zu einer Kriminalreihe um den Lübecker Kommissar Birger Andresen bildete. Hauptberuflich ist er als Projektmanager in einem Hamburger Beratungsunternehmen tätig. 2010 erschien sein erster Westfalen-Krimi, 2011 sein erster Bayreuth-Krimi. Im Frühjahr 2012 erscheint der aktuelle Andresen-Fall »Traveblut«. www.jobst-schlennstedt.de

Anna Schneider wurde 1966 in Bergneustadt im Oberbergischen Kreis geboren und lebt heute in der Nähe von München. Die promovierte Betriebswirtin arbeitete bei einer Großbank im Bereich Personal und war außerdem als Dozentin und Coach tätig. 2008 schrieb sie ihre erste Krimikurzgeschichte und gewann damit den 1. Preis des *Women's Edition Kurzgeschichten-Wettbewerbes*. Im folgenden Jahr wurde sie für den ersten deutschsprachigen *Krimi-Hörbuchpreis* nominiert. Seither erschienen ihre Kurzgeschichten in verschiedenen Anthologien. www.schneideranna.com.

Andreas Schmidt ist verheiratet und Vater zweier Kinder. Er lebt und arbeitet mit seiner Familie in Wuppertal. Die Leidenschaft für das Schreiben entdeckte er als Jugendlicher. 1999 gab er mit »In Satans Namen« sein Krimi-Debüt. 2002 gelang ihm mit »Das Schwebebahn-Komplott« der Durchbruch. Inzwischen sind sieben Wuppertal-Krimis, eine Anthologie sowie ein Thriller erschienen. Seit 2008 ist er hauptberuflich als Autor sowie als Freier Redakteur tätig. Seine Hauptfigur, Kommissar Ulbricht, ermittelt inzwischen auch erfolgreich im Weserbergland und an der Nordseeküste. www.andreasschmidt.org

Manfred C. Schmidt, geb. in Emden und dort aufgewachsen in den Arbeitervierteln Transvaal und Neue Heimat/Barenburg; arbeitet in Esens als Förderschullehrer. Literarische Schwerpunkte sind Kurzgeschichten, Krimis, Satiren, Produktion dokumentarischer Beiträge; beteiligt an zahlreichen Anthologien. Mitglied im *Syndikat* und *VS*. Kurzkrimisammlung »Mord im Milieu« 2007, Krimisammlung des TrioMortabella - »Mord Mord Mord«, 2007. TrioMortabella »Liebe Laster Leichen«, 2009 . Im April 2010 erschien der Debütroman »Gut Schuss« beim Leda-Verlag. Zurzeit Arbeit am zweiten Kriminalroman. www.esens-krimis.de

Jan Schröter, geboren 1958 in Hamburg, ist gelernter Sonderpädagoge und führte eine eigene Buchhandlung. Seit 1995 schreibt er Drehbücher für TV-Serien (»Großstadtrevier«, »Alphateam«, »Traumschiff«) und Spielfilme sowie Reisebücher, Krimis und Romane – zuletzt den Roman »Mogelpackung« (Droemer Knaur).

Insa Segebade, geboren 1969, hat Literatur und kreatives Schreiben bei Hanns-Josef Ortheil sowie Musik an der Universität Hildesheim studiert, wo sie als Stipendiatin der Hans-Böckler-Stiftung auch promoviert hat. Die Schriftstellerin, Journalistin und Dozentin lebt mit ihrer Familie im Ostfriesischen Rheiderland. Zuletzt erschien im IL-Verlag in Basel ihr Roman »Das Geheimnis des Boxers«.
www.insasegebarde.de

Bernd Stelter, geb. 1961 in Unna, ist als Kabarettist, Karnevalist und durch seine zahlreichen Fernsehauftritte als Comedian (»7 Tage – 7 Köpfe«) und Moderator (»NRW-Duell«) berühmt geworden. Als Schriftsteller verknüpft er unter

Anderem seine beiden Leidenschaften Camping und Kriminalliteratur miteinander. Im Jahr 2008 erschien sein erster Camping-Krimi »Der Tod hat eine Anhängerkupplung« (Bastei Lübbe). Er lebt mit seiner Frau und seinen beiden Kindern in der Nähe von Köln und liebt Camping.

Jennifer B. Wind, geb. 1973, verheiratet, zwei Töchter; wohnt südlich von Wien. Die ehemalige Flugbegleiterin, mit Klavier-, Gesangs- und Schauspielausbildung, veröffentlichte Kurzgeschichten und Gedichte in Zeitschriften, Zeitungen und Anthologien; ist seit 2007 im Webseitenredaktionsteam der *Mörderischen Schwestern*, seit November 2011 Chefredakteurin der HP und war 2008/2009 im Mentoringprogramm. Gewinnerin des *Zeilen.lauf* Literaturwettbewerbs 2011, im Rahmen des *art.experience Kulturfestivals*; 2. Platz beim *Broilerbar Kurzkrimiwettbewerb*; war im Finale für den *Wiener Kriminachwuchspreis* 2010.

Klaus-Peter Wolf, geboren am 12.01.1954, lebt als freier Schriftsteller und Drehbuchautor in Norden. Seine Fernsehfilme erhielten nationale und internationale Preise, z. B. den *Rocky Award for best made TV-movies* (Kanada) und den *Erich-Kästner-Preis* (Berlin-Babelsberg) für sein Drehbuch zum Fernsehfilm »Svens Geheimnis«. Klaus-Peter Wolf gilt als leidenschaftlicher Geschichtenerzähler. Seine Bücher wurden in 24 Sprachen übersetzt und über acht Millionen Mal verkauft. So ist seine Ostfrieslandkrimireihe um die Kommissarin Ann Kathrin Klaasen längst Kult geworden. www.klauspeterwolf.de.